临沂半程中学新劳动教育实践研究

雷明贵／著

吉林大学出版社

·长春·

图书在版编目（CIP）数据

临沂半程中学新劳动教育实践研究 / 雷明贵著. --
长春：吉林大学出版社, 2021.3
　ISBN 978-7-5692-8111-8

　Ⅰ.①临… Ⅱ.①雷… Ⅲ.①劳动课—教学研究—中
学 Ⅳ.①G633.932

　中国版本图书馆CIP数据核字(2021)第053114号

书　　　名：临沂半程中学新劳动教育实践研究
　　　　　　LINYI BANCHENG ZHONGXUE XIN LAODONG JIAOYU SHIJIAN YANJIU

作　　者：雷明贵　著
策划编辑：米路晗
责任编辑：周　婷
责任校对：马宁徽
装帧设计：雅硕图文
出版发行：吉林大学出版社
社　　址：长春市人民大街4059号
邮政编码：130021
发行电话：0431-89580028/29/21
网　　址：http://www.jlup.com.cn
电子邮箱：jdcbs@jlu.edu.cn
印　　刷：长春市华远印务有限公司
开　　本：787mm×1092mm　　1/16
印　　张：15.5
字　　数：250千字
版　　次：2021年3月　第1版
印　　次：2021年3月　第1次
书　　号：ISBN 978-7-5692-8111-8
定　　价：75.00元

劳动教育成为这所学校的底色和特色

（代序）

临沂半程中学雷明贵校长的这本著作，系统地总结了他所在学校近几年劳动教育的实践，并做出延伸拓展性研究，是其学校劳动教育经验和认识的积极成果，对于更多地方和学校研究如何结合本地本校实际，贯彻落实中央精神加强新时代学校劳动教育以及深入研究探讨新时代劳动教育的规律和特点也会有重要启迪。

作者对半程中学的劳动教育的实践和认识，有几点很有价值。

第一，激发劳动教育内生动力。雷明贵校长带领半程中学抓劳动教育始于2017年，那时中央关于加强新时代学校劳动教育的文件还没有出台。他担任这所农村中学校长后，发现相当一大部分学生，由于考上普通高中进而考上大学的希望渺茫，根本没有学习动力，呈现出颓废的精神状态，这深深刺痛了雷校长的心。他设身处地为这些孩子的未来着想，引进了职业劳动技能教育元素，让那些过去在学习成绩上丧失自信，无精打采的学生很快显现出自己的强项，成为课堂上、校园里的活跃分子和社团骨干，他们展现出的新的生命状态，令人欣慰。职业劳动技能教育成为学生、老师、家长都欢迎的课程或活动。由此可以看出，激发劳动教育内生动力非常重要，而初心就是学校为每一位学生未来的发展着想。

第二，农村学校的孩子也普遍需要劳动教育。中央高度重视学校劳动教育的精神，有一些人一时并不完全理解，认为学生的任务就是好好学习，考试拿出好成绩。如果说需要劳动教育，那也是针对城市学校的，农村孩子跟着辛劳的父母一起生活，不会缺少劳动。半程中学针对这个问题，做过调研，结果显示，农村孩子在家同样很少做家务以及其他农活。人民群众生活不断改善，独生子女、应试教育等这些时代特点带来的问题，对当代未成年人成长发展的影响不分城乡。半程中学得出这样的认识后，就坚定了在农村学校进行劳动教育的决心。并且经过进一步研究认为，我们既然是农村学校，就应当把劳动教育作为自己的底色，并充分利用好本地的自然条件和各种有利条件做出自己的特色。

第三，全面贯彻中央加强学校劳动教育的最新精神，创建完整的新时代劳动教育课程体系。中央关于加强劳动教育的文件发布后，半程中学深入学习领会新时代劳动教育的重要意义，迅速行动。明确了要打造"以劳树德、以劳增智、以劳健体、以劳育美、以劳创新"的特色目标。他们与有关专家和专业机构一起，根据中央精神，结合学校实际，在学校原有兴趣社团、职业教育、劳动体验三结合的内容形式基础上，拓展升级，设计开发了六大课程模块。从低年级开始，循序渐进地进行全覆盖，包括家务劳动、社区服务、校内岗位体验、田间劳动、职业体验和创新劳动。六大板块实现"课内与课外对接""学校与家庭、社会对接""学业与职业对接"。

我相信，半程中学劳动教育的这些思路和做法将在今后实践中产生积极效果；我希望，半程中学劳动教育实践经验能对更多学校发挥示范带动作用。

徐长发

二○二一年二月十日于北京

（作序者系教育部基础教育劳动教育指导专委会主任委员、中国教育学会中小学劳动技术教育专业委员会理事长、中国教育科学研究院原党委书记。）

序：活学致用　偕行致远

提起劳动教育，总会想到孟子那段脍炙人口的论述："故天将降大任于是人也，必先苦其心志，劳其筋骨，饿其体肤，空乏其身，行拂乱其所为，所以动心忍性，曾益其所不能。"

一位考入北大的女孩发文"感谢贫穷"，寒门出身的她过早地扛起了生活重负，用劳作对抗贫穷，铸就自强性格，也实现了人生蝶变。

生于农村长于农村的我，自幼与打猪草、挑饮水、忙麦收等劳动相伴，经历了夏日烈焰的炙烤、狂风暴雨的洗礼，体悟了超越疲劳的坚持，懂得了重复劳作的枯燥和艰辛……这些是成长经历的苦难，更是生活积淀的财富。在机关工作多年后，我又来到农村学校任校长，看到学生们红扑扑的脸蛋，就仿佛看到了童年的自己。于是，用记者的眼光发现问题，用共产党员的意志战胜困难，用教育者的情怀服务师生，无差异地悦纳每一名师生，努力给每一个生命向上的理由。

在一次收获节上，40多名地地道道的农村学生，竟无一人会刨地瓜，近半数学生分不清韭菜和麦苗……1600多名学生参加的问卷调查显示，42%的学生从不做家务。另一个数字是，农村初中的普高升学率不足40%，相当一部分学生初中毕业就终止学业，直接流入社会。

站在九年义务教育的终点上，审视公平、均衡、有质量的教育理想，目送那些因考不上普高而投入新农村建设的毕业生们，一种强烈的使命感油然而生：农村初中必须改变，尤其要改变学习成绩居于中后位置的学生在学校被轻视、被漠视甚至被忽视的现状，代之以被悦纳、被尊重、被赏识，让每一名学生都有归属感，让我们每一天过得都有成就感，让校园成为教师幸福、学生快乐、家长满意、政府放心、社会赞许的乐园。

这样的改变如何实现？路在何方？中职院校的到校招生给我带来了启发，于是，紧锣密鼓地对接商谈，引进10余所中职院校的拳头专业，在校内建成了30多个兴趣社团，让每一名学生找到兴趣，因为喜欢而选择，因为选择而坚持，因为坚持而走得更远，这无疑是一条实事求是的发展路径，也是学校做劳动教育的初心和动力。

在2018年的全国教育大会上，习近平总书记把劳动教育纳入培养社会主义建设者和接班人的总体要求，明确提出构建德智体美劳全面培养的教育体系。对此，我们深入学习、系统把握，并南下上海普陀、浙江新浦、浙江富阳，北上黑龙江齐齐哈尔等全国劳动教育名校学习考察，对标学校实际，着力从"以劳树德、以劳增智、以劳健体、以劳育美、以劳创新"5个维度建构校本"新劳动教育"课程体系。同时，将其作为"元教育"，各学科全方位渗透融合；将其作为"全教育"，分学段、进阶式系统设计，形成了"田间劳作、家务劳动、社区服务、传统技艺、职业体验、创新劳动"6个板块36门课程的顶层框架，初步完成了"红色劳动教育""二十四节气""家庭园艺""创新课程之无人机"等18门课程范例的整理提升，构筑起全方位、立体式、多层次的新劳动教育课程育人体系。

中共中央、国务院发布的《关于全面加强新时代大中小学劳动教育的意见》，是国家对新劳动教育做出的顶层设计和全面部署。我们秉持"问题即课题"的科研精神，基于"培养笃学日进温暖有力的世界中国人"的育人目标，提出了"劳动相伴，点亮人生"的"新劳动教育"课程理念，成功立项山东省教科院课题"校本课程体系构建与学校特色发展研究"、山东省基础教育改革项目"农村初中劳动教育课程体系建构与实施研究"和山东省规划办专项课题"疫情下的初中学生劳动教育研究"等，并积极申报国家级课题。目前，已完成建设三大类课程群：一是包含了家政服务、校内岗位体验、社区服务主题的"基础型劳动课程"，二是以传统技艺创作、田野实践、科技创作为主题的"创生型劳动课程"，三是以职业认知、职业体验、职业探究为主题的"发展型劳动课程"。学校所做的不是单纯的劳动实践，而是以劳动实践为载体，以学校育人目标为统领，连接家庭、学校、社会，与德育、智育、体育、美育相互融合，形成的一体化的劳动教育课程体系。

《深化新时代教育评价改革总体方案》要求，到2035年，基本形成富有时代特征、彰显中国特色、体现世界水平的教育评价体系。学校在实行动态生成的档案袋评价、劳动实践记录手册评价、设计星级阶段性评价单的基础上，又委托相关企业开发出劳动教育评价APP，利用信息化手段和大数据功能，从积极参与、实践操作、服务意识三方面，分别对学生的劳动教育效果进行自评、组评和他评，并发放"劳动实践护照"，评选"劳动达人"，及时给予学生正向反馈，进一步促进劳动教育的有效实施。

值得庆幸的是，在学校实施新劳动教育课程群开发实践中，连续四年蝉联全区教育教学工作镇街中学第一名，获评山东省教育系统先进集体、山东省乡村温馨校园等多项殊荣。在改革创新的蝶变过程中，得到了"人民教育""中国教育报""中国教师报""山东教育""山东教育报"、山东教育电视台等多家教育媒体的关注和报道，特别感谢李功毅、张圣华、吴绍芬、王友文、范宗武、魏海政、管恩武、张桂玲、任衍国、刘鹏、梁娜等专业媒体人给予的高端引领。山东省劳动教育技术专业委员会主任党好正，临沂市教科研中心的丁敏、曲雪梅、兰山区教研室的房建全、魏长征、姜佳国、王维审、范奉华、樊世静等专家多次入学校指导，及时释疑解惑，使该项研究达到了较高的专业水准。实践过程中，兰山区领导李春仲、王辉、谢华东、韩东、田宗春，兰山区教体局王金峰、李公德、付红军、苏振北、刘焕成、邵冉、房映雪、魏青海、周云剑等领导给予了大力支持。校长会、行知教育研究院的徐启建、王洋、谢勇、商林远、王元福等全程助力，在此一并感谢。更幸运的是，中国教科院原党委书记、教育部基础教育学术委员、劳动技术专业委员会主任徐长发多次对课题研究给予亲切指导，并在百忙中为该书作序，在此谨向他们致以最衷心的感谢。

面对清样，我又感觉它极不成熟，逻辑上的不严密，甚至个别材料上的空泛，都是存在的。之所以将一本不太成熟的材料公之于众，目的就是诚邀有志于劳动教育实践研究的同人们，和我一起在最短的时间内，用最大的努力去完善它。为此，恳请得到各方面出于善意的批评和指教，果如此，善莫大焉，慰莫大焉。

活学致用，偕行致远，谨为序。

雷明贵

2021年6月

目　录

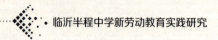

第一章 起　　源

在2018年全国教育大会上，习近平总书记将原来"四育并举"（德、智、体、美）的提法上升为"五育并举"（德、智、体、美、劳），将劳动教育重新确立为教育的目标之一。至此，沉寂多年的劳动教育终于重归公众视野。

2020年3月20日，中共中央、国务院印发《关于全面加强新时代大中小学劳动教育的意见》，强调要围绕培养担当民族复兴大任的时代新人开展劳动教育，将劳动教育上升至国家人才战略层面的高度，并且首次对新时代劳动教育做了顶层设计和全面部署，可谓意义重大。

大方向虽已指明，但究竟如何开展新劳动教育，具体运用哪些形式，实施哪些做法，对于国内很多地区和学校来说，还是一片空白。

但我校却很早就开始了对劳动教育的探索。为了构建一座劳动意义上的"黄埔军校"，促进学生夯实劳动之根基，养成劳动之习惯，培育劳动之素养，获得劳动之情趣，体会"劳动最光荣、劳动最伟大、劳动最美丽"的真理，我们已经努力了很久。

为什么会这么早呢？这缘于我亲身经历的两个小故事，它们对我的心灵产生了非常大的触动，使我深刻认识到，劳动教育对我国乡镇及农村学子的成长和发展具有巨大的价值。

十年前，我在区教体局工作期间，参与了一个研究学生行为习惯与未来职业发展趋向之间关系的课题，需要对学生的行为习惯养成进行细致入深的观察。有一次，我去到一所中学做调研，遇见两名学生打扫教室卫生，清理完地上的垃圾，瓷砖上还残留着一些污渍。这时，一个同学先用湿拖把将地面拖干净，又用干拖把拖一遍，极为认真；而另一个学生不但不干，还取笑干活的同学笨拙不会取巧。

于是，我上前问询那个被取笑的同学，明明很辛苦，为什么要这么认真拖地？他回答道，只有按这种方法，地面才会像镜子一样干净，才算把这件事做好。后来，我特意嘱咐他们的班主任仔细留意这两个学生未来的发展。通过后续的跟踪调查，他们的人生轨迹与那天拖地的情况别无二致。认真拖地的那个同学考上了心仪的大学，参加工作以后，因为认真负责，被委以重任；反观那位取笑他人的学生，尽管当时学习成绩也不错，但做事马虎，参加高考时与大学失之交臂，几经周转，最终成了一名快递员。

这个故事之所以让我如此难忘，是因为它带给我们一个深刻的启示：对待劳动的态度不同，后面的人生境遇也迥然相异。

民国著名教育家蔡元培曾说："劳动是人生一桩最要紧的事体。"但我们有多少教育人，把这桩顶重要的事丢在了脑后？在很长一段时间，智育压倒一切，唯分数现象极为普遍。但教育不应是万人争渡的"独木桥"，而应是万枝同艳的春天。

在智能化时代加速到来的今天，劳动教育并没有因为时代巨浪的反复冲刷褪去颜色，反而愈发彰显其无可替代的耀眼价值和内涵。劳动是一个人生活的基础，成长的路径，也是获得幸福的源泉。从耕读时代到信息社会，尽管劳动的形式几经更替，但以不懈劳动砥砺出坚韧意志和创造能力的精神内核永不改变。

　　另一个故事发生在我初任半程中学校长时。有一天，我在学校检查工作，发现一名初三学生上课期间一个人在操场的篮球架下玩耍。我问他为什么不在教室上课，他竟说是因为自己学习基础太差，上课听不懂，睡了三节课了，实在睡不着，老师就允许他出来活动活动。

　　听到他的回答，那一刻我的心好像被针狠狠地扎了一下，生疼。

　　我们半程镇是一个辖61个自然村的山乡镇，学校里大部分学生都来自这些自然村。家长们有的务农，有的外出打工，有的做点儿小买卖，他们中多数既没有能力也没有精力去辅导孩子的学习，更没有条件给孩子报辅导班，对于孩子学习的期望值远远低于城市家庭。学生进入初中后，经过一两个学期，他们就能大体掂量出孩子在班级年级所处的位置，假设经过一番努力成绩仍然提不上去，也就顺其自然了。能考上高中是幸运，考不上高中才是常态。至于分流去上职高还是技校，那只是一种无可奈何的被动选择。所以，很大一部分学习成绩处于中下游，无望考上普高的学生根本没有学习动力，整天在学校浑浑噩噩"混日子"。

　　怎样才能为这种农村子弟找到一条新出路，让他们为自己的人生找到一个努力的方向？

　　当前，我国初中阶段学生因不同的毕业流向而分层：一类是学业成绩处于中上游，毕业后能考入普通高中，奔高考上大学；另一类是学业成绩不够，则进入职高或技校；还有一部分学生连职高和技校也进不去，初中毕业后就直接流向社会了。

　　农村乡镇初中的学生毕业后不能升学普高的比例，比城市初中要大得多。以山东省临沂市为例，临沂市区初中学校每届毕业生能够升入高中的为70%，进入职高或技校的占20%，另外10%则流入社会。而我校每年毕业生能够升入普通高中的只有38%，进入职高或技校的占35%，流入社会的占27%。

　　从推进教育公平，提升办学质量的角度而言，学校要一视同仁地对待这两类学生，努力为其提供适合自身发展的优质教育。也就是说，学校既要努力提高有学业能力的学生的学习成绩，提升学校升学率；也要关注那些无望升入普高的学生，帮助他们找到学习方向乃至人生目标，激励他们增强自信，提升他们的学习动力，从而获得圆满幸福的人生。

这是一个对于众多农村乡镇初中而言，具有普遍性意义的难点问题。这就是城乡差别带来的教育差别，这就是半程中学必须面对的实际问题。

一直以来，对于教育分流影响学生的学习和生命状态，学校感到十分痛心和无奈。为人师者，都有一腔拳拳爱生之心，自然不愿轻易放弃那部分无望升入普高的学生，然而却苦无良策。如何让两类学生都拥有向上的生命状态和发展前景，特别是那些无望升入普高的学生，成了我最大的心结。

你听过"羊群的悲哀"吗？据说草原上的羊群，走在前面的羊才能够吃到鲜嫩的草，走在后面羊只能吃剩下的。为了争夺食物，谁都不愿落在后面，后面的羊便会努力跑到队伍的前面。于是，羊群开始盲目地往前奔跑，然而，路上是否有危险，已经鲜有关注；脚下的食物是否已经足够，也鲜有关注。最终，羊已忘记了为什么出发，也忘记了自己想要什么……

我相信很多学校都有"羊群的困惑"：一味追求升学率，盲目往前冲，最后搞得所有人身心俱疲，学生在书山题海中枯寂了内心，没有丝毫幸福感可言，这一切难道就是教育想要的吗？

我认为，要破解这个难题，新劳动教育具有重要意义。为此，经过多番考察学习，在国家级、省级专家的指导下，我校反思教育的本源与价值，提出将"兴趣社团、职业教育和劳动教育"三结合的新劳动教育实践，并成功申报山东省教育科学研究院资助的课题"校本课程体系构建与学校特色发展研究"，后来被业内当成新劳动教育研究的重要参考样板。

半程新劳动教育始终以人的生命成长为核心，让学校充盈生命文化的内核，追求"新劳动教育为学生终身发展和人生幸福奠基"这一不变的教育哲学命题。我校十分重视师生实现人生幸福所必需的劳动观念、劳动能力和劳动品质的提升，致力于让学校成为一个真正有意思、有意义甚至有意蕴之所，努力实现成为新劳动教育标杆学校的教育追求，与孩子们"相伴一程，守望一生"。

我坚信新劳动教育拥有持久的生命力，能够经得住一切风浪的考验：它是基于学校发展现状提出的，因而具有独特性和现实性；是基于学校"学生本位""人本和谐"的教育理念和"相伴相成，自力笃行"的核心价值观提出的，因而具有传承性和挑战性；是基于"全心全意为师生服务，给每一个生命向上的理由"的价值追求提出的，因而具有普适性和示范性；是基于学校教育提升的现实需要提出的，因而具有规律性和辐射性。

如果从系统论的角度解读，新劳动教育是一个综合的、动态发展的要素集合，有着其独立的发展体系，具有教育基本规范、专业知识集合、先进认知方法、特色课程建设、指导实践的现实能力和充足的社会保障支撑。大体来说，我校新劳动教育的整体设计与落地执行主要从以下几大板块展开：

一是树立新劳动教育的价值追求。理念是人们经过长期理性思考及实践所形成的思想观念、精神向往、理想追求和哲学信仰的抽象概括。教育理念决定着学校办学的方向，也指导着学校治理的实践，更影响着师生的成长发展。故而我们提出"伴成教育"，旨在打造"温暖有爱，笃力前行"的半程教育特色，并以"培养笃学日进、温暖有力的世界中国人"为育人目标，使之成为全校师生高度认同、积极实践的价值取向。

二是设计新劳动教育的课程体系。随着"伴成教育"办学思想的日臻完善，我校坚持"相伴一程，守望一生"的教育追求，以新劳动教育特色品牌为抓手，建立了"以劳树德、以劳增智、以劳健体、以劳育美、以劳创新"5个维度，"田间劳作、家务劳动、社区服务、传统技艺、职业体验、创新劳动"6大板块36门课程的顶层框架，构筑了全方位、多层次的新劳动育人体系，实现了乡村基础教育人才的多元化培养，极大地推动了学校内涵式发展。

三是培育新劳动教育的师生团队。教师和学生应当是"站在学校正中央"的主人公。建设着眼成长、心向未来的师生发展共同体，是新劳动教育的使命和目标。我校积极开展新劳动教育师生团队建设的实践研究，旨在从新劳动教育层面探索教师团队发展、学生团体成长的新路径、新策略，努力提升师生学习工作的幸福感。

四是打造新劳动教育的课堂样态。课堂是师生享受学习、体验幸福成长的重要平台，半程探索了"田间劳作、家务劳动、社区服务、传统技艺、职业体验、创新劳动"6大板块36门课程的研发和实施路径，探索新劳动教育课堂实践新模式，研讨"新劳动教育课堂的样子"，培植新劳动教育课堂的核心元素，研发新劳动教育课堂的操作样本，总结新劳动教育课堂的实践经验。同时根据村镇学生特点及需求发展核心素养，实现个性化表达，培养学生基本动手能力、合作包容精神和责任创新意识。

回溯四年来，我校在各级领导的支持下和多位专家的指导下，开展了多维系统的学习研究和总结反思，凝练、提升了新劳动教育的教育教学成果，主要经历了以下四个阶段：

第一阶段，初步调查阶段。经过不断的学习、思考，我们对"新劳动教育"和"新劳动教育标杆示范学校建设"有了进一步的认识和更加深刻的思考。在专家、导师的指导下，我们进行问卷调查和分析。调查一："倡导新劳动教育，建设新劳动教育标杆示范学校"问卷调查，向教师、学生和家长发放调查表1200份，全部有效收回。调查二：关于"我的兴趣爱好和职业理想""老师和家长如何助力学生的新劳动教育"等，对教师、学生和家长三类群体进行问卷调查。经过统计分析，我们了解了基于学校的劳动教育现状，学生、教师和家长对"新劳动教育"的认知状态以及他对新劳动教育、新劳动教育标杆示范学校、校园成长生态的"应然"描述，为进一步实施研究提供了基础保证。

第二阶段，学习研讨阶段。为打好"新劳动教育标杆示范学校建设的实践研究"的根基，我校持续扎实有效地开展学习研讨活动，并将之贯穿新劳动教育课题研究的始终。一是编辑18本"新劳动教育的全课程教材"，并撰写一万余字的文献综述供课题组和全校老师学习研讨；二是分教研组开展"新劳动教育课堂的样子"研讨活动，各个教研组整理后在全校汇报交流，深化集体认知；三是分校区（半程中学校本部和半程中学金锣校区）、分年级开展"做一名合格的新劳动教育的老师"座谈会，明确教师应当努力的方向；四是分年级开展"优秀新劳动教育班队大家谈"及班级"新劳动教育故事"联展活动，探索"新劳动教育的优秀学生"的培育路径与策略；五是开展"新劳动教育兴趣团队的沙龙活动"等，使学生和教师对新劳动教育课堂、幸福师生、快乐体验、标杆示范学校等有了较丰富的感性认知和较深刻的理性思考。

第三阶段，实践研究阶段。为了将"新劳动教育标杆示范学校建设"的思想认知转化为可落地实操的实践行动，我校开展了基于校本的新劳动教育实践研究。开题论证会后，我们根据专家建议和学校实际，成立了新劳动教育研究中心，统领新劳动教育的全面研究和管理工作，开展了四个方面的研究：一是基于校本的新劳动教育管理的实践研究，旨在提升教师的新劳动教育价值观念，形成核心价值认识，开发实践案例等；二是基于校本的新劳动教育教师的实践研究，旨在厘清教师对于新劳动教育的期待、变化、发展状态等，对新劳动教育授课教师的建设进行动态调控，进行认知引导以及实践策略改进；三是基于校本的新劳动教育兴趣团队的实践研究，旨在进行兴趣团队文化建设、建构策略、活动反思、评价标准等方面的研究；四是基于校本的新劳动教育课堂的实践研究，旨在研究新劳动教育课堂的特质和构成要素、实施策略及评价标准。

第四阶段，总结深化阶段。为了更好地总结研究经验，深化新劳动教育的研究和管理，我们按照研究目标，主要聚焦了课题的研究成效，通过个案跟踪、行动研究等方法提炼典型案例，先后编辑了《新劳动教育课堂的样子》《校本课程体系构建与学校特色发展研究》《2020年山东省教育科学规划课题"疫情与教育"专项课题》《农村初中劳动教育课程体系的开发实施研究》等成果，校本教材《红色劳动教育》《田园课程》《版画》《木工、自行车、电动车的维修》《二十四节气》《扎染》《篆刻》《职业岗位体验课程》《创新课程之APP开发》《创新课程之python编程》《创新课程之开源硬件》《家庭园艺》《家务劳动之烹饪、衣物洗涤、编织》《剪纸》《水的净化》《无土栽培》《养猪》《沼气》等。我们还全面、系统地提炼了"新劳动教育学校建设"的实践经验，形成总结性研究报告。

我校新劳动教育的实践研究得到了山东省教育督导学会、山东省教育科学研究院和市教体局的大力支持，得到了国内领先的高端教育科研平台校长会的鼎力支持。山东省教育督导学会、山东省教育科学研究院的领导和专家多次来我校考察指导工作，并先后在我校举办相关座谈会。山东省教育督导学会主办"2019课题培训会"，我主讲了《科研开花、学校蝶恋》；校长会主办的"全国品质学校建设研讨会暨2019全国校长会"，我受邀主讲了《临沂半程中学"伴成教育"思想实践与探索》典型经验，其主办的"第一届亚洲基础教育名校年会"，我受邀主讲了《立足课程：探索农村教育新样态》；山东教育电视台《教育筑梦人》栏目推出时长25分钟的《半程中学里的"伴成教育"》，

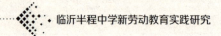

讲述了"伴成好故事"，传播了"伴成好声音"。

可以说，在各级领导和权威专家的指导下，在半程新劳动教育领导小组的潜心研究及全校师生的积极参与下，我校新劳动教育的实践研究初步取得了预期成果，学校文化品质得以进一步提升，发展内涵得以进一步丰富，办学特色得以进一步彰显！

第二章 劳动教育

从事教育工作26年来，随着年龄的增长和经历的丰富，我对教育的本质逐渐有了比较理性的认识，对教育的基本规律有了更加深刻的理解，对学生的成长需求也有了较为准确的把握。无论是做教学研究，还是搞教育管理，我感到自己已经比较从容了、成熟了。

2017年8月，通过校长职级制改革后的严格程序，已逾不惑之年的我迎来了人生的一次重大转型——被派往兰山区北部农村的半程中学担任校长。由于过去我曾在教学一线岗位工作十几年，又在兰山区教体局工作多年，同时长期兼任《山东教育报》兰山区教体局记者站站长，多年的教育管理和教育新闻采访经历使我在学校管理建设上有了一定的积累。

特别是通过系统的理论学习、高端的专家指导、丰富的实践研究和深刻的工作反思，我对教育的本真意义、学校的价值旨归有了更为深刻的思考。在全面总结半程中学文化传统的基础上，立足我国基础教育的发展要求、社会文明的美好期盼以及学校教育的现实诉求，我萌生了"新劳动教育"的办学主张，并得到了全校师生一致的拥护和支持。

4年来，得益于新劳动教育的蓬勃开展，我校从教学质量一直难以提升的"困难户"一举跃升为全区教育教学工作镇街中学连续四年第一名，从学生流失数量达500余人到全部回流，从"问题餐厅"华丽转身为"全区十佳"，从一所濒临招生困境的农村薄弱学校到"山东省教育系统先进集体"，等等，新劳动教育已经在我校结出了丰硕的果实。

为了进一步促进新劳动教育的教研工作，在专家指导下，我主持申报并成功立项了山东省基础教育改革项目"农村初中劳动教育课程体系构建与实施研究"和山东省省规划办专项课题"疫情下的初中学生劳动教育研究"两大课题，并积极申请国家级劳动教育研究课题。我们组建了由校长挂帅，教学骨干、优秀教师大力参与的研究团队，并邀请了一批在国内外有重大影响力的专家学者，组成专门指导团队，全力推动我校新劳动教育的研究进程。

一、劳动教育的研究背景

为了进一步深化新劳动教育研究，我们编印了大量参考文献，组织全体老师学习研讨，帮助老师认识到劳动对人成长发展，对社会有序运行，对人类文明进步的无可替代的价值所在，认识新劳动教育对师生成长、学校发展、教育改革所承载的重要意义。

（一）实践劳动教育是社会文明进步的需要

人类是通过劳动来认识、改变、创造世界的。正如大发明家爱迪生曾说过的那样："世间没有一种具有真正价值的东西，可以不经过艰苦辛勤的劳动而能够得到。"

翻开人类文明史，我们会感受到它同时也是一部人类的劳动史。世界上每个个体所追求的最高目的，都需要劳动的介入。劳动是人类区别于动物的进化"分水岭"，更是人获得解放和发展的动力源泉。俄国教育家乌申斯基曾指出："劳动是人类存在的基础和手段，是一个人在体格、智慧和道德上臻于完善的源泉。"

但是，"劳动"到底是什么？从古至今，人们都没有给出过一个准确的、公认的定义。尽管如此，却丝毫不影响我们对劳动的理解、认识与憧憬。西方先哲苏格拉底认为，劳动是由智慧和知识决定的；柏拉图认为德行和智慧是人生的真劳动；亚里士多德则认为劳动是关于人的功能之最充分的发挥，"劳动是心灵合乎完全德行的活动"。

我国历代哲学家对"劳动"也有着丰富而深刻的阐释。老子认为，人类回到"自然态"中，劳动必不可少，只有成为"自然人"才能劳动得其所、劳动得自由、劳动得幸福。而孔子则主张人的劳动要建立在对社会的奉献上，主张个体的价值要融汇于集体的价值中来显现，重视个人的品德，倡导仁义之道、君子之道。他正视现实生活，主张建立"天下为公"的"大同世界"，以劳动来到达"使老有所终，壮有所用，幼有所长"的理想社会。

在《辞海》中，"劳动"被定义为"人类创造物质和精神财富的活动，包括体力劳动和脑力劳动"。在《现代汉语词典》中，"劳动"的含义是：第一，劳动是通过作用于劳动对象，实践目标的活动；第二，指活动锻炼身体；第三，犹言偏劳，表示感谢，如白居易《初到江州》诗"遥见朱轮来出廓，相迎劳动使君公"；第四，马克思主义学说的基本观点，认为劳动是指人类有目的地用自己的体力和智力改变自然物，使之成为满足人类生活所需要的物品的实践活动；第五，总体来看，劳动是人生的重大行为，往往体现主观性与客观性的统一、物质性与精神性的统一、个体性与社会性的统一、过程性与终极目的性的统一。

及至十九世纪，空想社会主义者罗伯特·欧文在英国纽克兰纳开展了劳动生产与教育相结合的实验。马克思充分肯定了欧文的实验，在此基础上提出了教育与生产劳动相结合这一全面发展思想。他在《资本论》中指出："未来教育对所有已满一定年龄的儿童来说，就是生产劳动与智育和体育相结合，它不仅是提高社会生产的一种方法，而且是造就全面发展的人的唯一方法。"并将之作为改造社会的最有力的手段之一，这也是共产主义教育的萌芽。这个理论创造为解决工人阶级的片面发展，进而为整个人类的全面发展提供了理论基础。

新中国成立以来，教育始终以马克思主义"人的全面发展"学说为目的，坚持教育与生产劳动相结合。首先是毛泽东同志提倡"人民教育"，即学校必须为工农开门的方针，这是坚持教育为工农大众服务的原则。改革开放以前，学校教育不但有生产劳动的课程，还会安排学工、学农活动。学习的重点是劳动态度、劳动观念和劳动意识的学习，是劳动价值观的习得。

对于身心都还在成长的青少年而言，劳动不仅能够增强动手能力和实践能力，也能够增强个体独立性、奋斗精神以及团队协作意识。当下，正处于信息时代加速迈入智能时代的特殊历史节点，学习和生产的内容与形式都发生了质的改变。在这种情况下，新劳动教育如何开展成为争议性极大的话题。

《关于全面加强新时代大中小学劳动教育的意见》中明确提出劳动教育要"适应科技发展"。如何适应？我认为，学校要"基于科学"开展劳动教育，需要遵循科学精神，符合科学知识，充分利用科技成果。

学校给学生提供的劳动教育应该少些"粗糙""朴素"的劳动，真正发挥学校的独特价值，多将一些蕴含科学精神与知识，且经过精心设计的劳动提供给学生。如此，学生才更有可能在参与劳动的过程中体会到劳动的丰富性、层次性，进而感悟到劳动的时代价值与魅力。此外，科技的快速发展，生成了一大批科技产品，其中的一些产品，对于学校开展劳动教育具有良好的价值。

我们要重视新时代劳动教育形式的多样化，但更要重视劳动对于"人的全面发展"的不可替代的意义，认识到它归根结底是培养社会主义劳动者的一种必须。否则新劳动教育极有可能走上形式主义的歧途，重形式而轻内涵，不足以培育社会主义建设者和接班人，难以真正"托起中国梦"。

（二）实践劳动教育是教育改革发展的需要

20世纪90年代，由塞利格曼提出的"积极心理学"思潮在西方兴起并快速发展，为人类追求劳动教育提供了现实的理论基础。

积极心理学重点研究人类积极的心理品质与潜能，主张以人固有的、潜在的、具有建设性的力量、美德和善端为出发点，提倡积极思维，以乐观的态度看待人生，关注人的美德、力量和积极品质，注重内心和谐，让生活更有意义，充分体现了"以人为本"的思想。

在研究内容上，积极心理学主要包括积极的情绪体验、积极的人格特质和积极的社会关系三个方面，引入劳动教育层面，则表现为提高学生劳动兴趣、培养学生劳动精神、营造学生劳动氛围。由此可以看出，积极心理学无论是价值取向还是研究内容，都为新劳动教育的实施明确了实践路径。

当下，世界各国都在积极推动教育改革，探索新劳动教育的规划路径和实践策略是必不可少的一环。而教育学、心理学、管理学等重要学科的与时俱进，也为新劳动教育的快速发展装上了驱动引擎。

在我国，新劳动教育是教育改革迈向深水区的必由之路。因为教育不仅是知识和技能的简单传授，更是一项培养人、塑造人的活动。"十三五"以来，我国教育改革的一个突出亮点就是德智体美劳"五育"并举。

为适应教育改革与发展的需要，我们必须重新思考新劳动教育在学校教育中的价值定位。从学生成长发展的视角，从人与自我、他人、社会的关系的视角，从未来社会人才定位的视角，重新审视新劳动教育的意义所在。

劳动教育能够促进学生劳动意识、劳动技能和劳动素养的提升，这是一个普遍的共识。但是，劳动教育不是万能的，也是根据各个地区、各个学校教学水平的差异而有所不同。

法国著名哲学家卢梭曾说："误用光阴比虚掷光阴损失更大，教育错了的儿童比未受教育的儿童离智慧更远。"失当的劳动教育，不仅不能达成预期的教育目的，还会让其走向反面。在这方面，惨痛的教训、负面的影响不断出现，应该引起广大教育工作者的关注和重视。

要关注和改进学校劳动教育的现状。当下，学校师生劳动意识缺失的现象较为普遍。现实的劳动教育环境里，劳动概念窄化、劳动体验淡化、劳动观念异化、劳动能力弱化普遍存在，这都让我们对新劳动教育的理想生态更加向往。促进学生劳动意识、劳动能力和劳动素养的综合成长，成就教师劳动教学专业素养的提升，成为学校教育迫切需要研究的课题。

要促进学校师生劳动教育的价值回归。当下，学生学习负担普遍较重，功利化的教育观、人才观及应试教育的指挥大棒，无不让劳动教育偏离了本真的意义和价值。如何推动学校新劳动教育实现价值回归，是每一位教育人应当自我问询的问题。《国家中长期改革和发展规划纲要（2010—2020年）》明确提出，把促进学生健康成长作为学校一切工作的出发点和落脚点，教育的理想就是让所有学生成为幸福的人。劳动是获得幸福的终极源泉，理想的学校教育应该为成就学生的幸福人生发挥重要的、应有的作用。

（三）实践劳动教育是学校内涵提升的需要

新劳动教育不是简单的劳动技能培养，更是一种意识养成教育。2016年9月13日，《中国学生发展核心素养》发布，突出强调了学生劳动意识的培养。核心素养以培养"全面发展的人"为核心，在"社会参与"中的"实践创新素养"中明确提出了"劳动意识"这一基本要点，即尊重劳动，具有积极的劳动态度和良好的劳动习惯；具有动手操作能力，掌握一定的劳动技能；在主动参加的家务劳动、生产劳动、公益活动和社会实践中，具有改进和创新劳动方式、提高劳动效率的意识；具有通过诚实合法劳动创造幸福生活的意识和行动等。

我认为，新劳动教育要让学生在系统学习文化知识外，有目的、有计划、有组织地参加日常生活、生产和服务性劳动，即在将教育与生产劳动作为两个独立系统的基础之上，通过科学技术将二者有机结合，让学生动手实践、出力流汗，接受锻炼、磨炼意志，培养具有正确劳动价值观和良好劳动品质的时代新人。

在此过程中，要着重强调对学生劳动观念、劳动意识和劳动习惯的培养。学校教育者需要把握学生在未来工作和生活中必备的基本劳动素养、劳动品质和劳动习惯，通过学校各类实践活动让学生充分体验劳动过程，培养学生成为尊重劳动、热爱劳动和以劳动为荣的社会公民。

作为一所多年打造新劳动教育的标杆示范学校，我们半程中学拥有丰厚的文化积淀和优良的办学传统。为更好地推进教育改革，我们在传承"学生本位"的思想基础上，提出"相伴相成，自力笃行"的办学理念，实践"成人为先，成才为本"的办学宗旨。为此，我们确立了"倡导新劳动教育，建设劳动教育全国标杆示范学校"的办学主张，并将其列为学校"十四五"发展规划的重要目标，在教育实践中学习和探究全国新劳动教育标杆示范学校的成长之路。

随着学校的快速发展，我校已经从"一个校区"发展成为"一校两区"的教育集团，成立了以半程中学为领导的伴成教育共同体。进入新的历史发展阶段，学校接下来面临着原有的优质资源受到稀释，新课程改革进入深水区，学校内涵发展亟待丰富，社会对学校教育寄予厚望等现实问题。这些问题无一不制约着学校教育品质的进一步提升，需要通过科学的理念引领、务实的实践研究加以解决，通过"强化管理创新、优化队伍建设、深化课程改革、提升文化内涵、打造品牌特色"等路径实现办学理想。

全面开展新劳动教育这几年来，我校各方面工作都取得了巨大的进步，这让我深刻感受到新劳动教育的重要性和有效性，可以说再怎么强调都不过分。大到创造力的发掘，小到生活常识的积累，都离不开劳动教育。"纸上得来终觉浅，绝知此事要躬行"，新劳动教育不仅是教会学生们简单的洗衣做饭、打扫卫生，也是教育他们对待学习躬身修行，用身体"丈量"世界。

二、新劳动教育的理性表达

（一）劳动与教育的关系

什么是教育？德国著名哲学家雅斯贝尔斯有一个极富诗意的回答："教育的本质意味着，一棵树摇动另一棵树，一朵云推动另一朵云，一个灵魂唤醒另一个灵魂。"同样的含义，杜威则表述得更加精辟："教育即生长。"

在我的理解里，所谓"生长"，是基于生命自身的内在渴望，是源于自我发展的内在潜能，更少不了教育阳光雨露般的滋润培育。这种"生长"应该是自然的、自由的、自主的，仿若万物拔节生长的蓬勃益然，葵藿追逐太阳的不知疲倦。

"生长"着的生命是自由的生命，是幸福的生命，更是劳动的生命。"离开劳动，不可能有真正的教育。"苏联著名教育家苏霍姆林斯基这句话，至今依然能给我们以深刻的启示。

劳动教育是学生成长的必要途径，具有树德、增智、强体、育美的综合育人价值。如果劳动教育一再缺位，影响的是教育的多元性，损害的是学生综合素质的养成。

劳动的乐律应当响彻生命"生长"的始终，促进"人的社会化、理想化"的发展得以实现。学校教育理应肩负起"通过教育提升人的劳动观念、劳动能力和劳动素养，增强人的劳动感受和劳动体验"的时代使命。

学校应当在常规的文化知识学习之外，有目的、有计划地组织学生参加生活劳动、生产劳动和服务型劳动，让他们在一蔬一食、一伸手一弯腰的家务劳动中提升生活技能，在学工学农等劳作中感受劳动成果的来之不易，在公益劳动、志愿服务中增进社会责任担当，才能真正培养起学生正确的劳动价值观和良好的劳动品质，一层层夯实成长的基石。

劳动既然是人在特定环境下的主观行为，或特定情景中的心理折射，那么人的个体差异就决定了其对劳动的理解，认知的差异就决定了其对"劳动"的感受程度的不同。

在校园里，老师和学生对劳动的认知与理解是学校新劳动教育的起点，对促进学校新劳动教育有序形成具有重要的意义。教育与劳动是一种水乳交融的关系，我们也许不太容易从学理思辨的角度去厘清，但我们可以走进校园，走进与教育最密切相关的人群，从他们的理解中，我们可以品味出教育与劳动的关系意蕴。

（二）新劳动教育与教师

近几年，我校常常和大家聊劳动、话劳动、唱劳动，分享属于半程老师的劳动认识。已经从教近三十年的田士宏老师认为："新劳动教育就是修炼心态，收获成果时，告诉自己知足常乐；劳动过程出现失误时，亦能让自己心平气和。心态决定状态，有了好心态就有了好心情。教师有了好心情，就能笑对生活，就能爱每一个学生，就能通过言传身教让学生接受情感的洗礼、引导和激励。"

从田老师的话语中，我们不难看出，新劳动教育能够让教师的心境得到提升。世界上没有两片相同的叶子，面对个性鲜明的青少年学生，教师必须要保持开放的胸怀、包容的气度，无论遇到怎样的困境都需淡然处之，泰然自若。新劳动教育就是这样在师生之间播撒下和谐友爱的种子，让教师进一步掌握教育艺术，闪烁教育智慧。

正如中国著名教育家叶澜老师说："教师是一种使人类和自己都会变得更加美好的职业。教师以其创造性的劳动去实现自己的生命价值，并在创造性的劳动中享受因过程本身而带来的自身生命力焕发的快乐。"

这种教师的气度还表现为甘为人梯的精神。孟子说："君子有三乐，而王天下不与存焉。父母俱存，兄弟无故，一乐也。仰不愧于天，俯不怍于人，二乐也。得天下英才而教育之，三乐也。"此三乐中，一家人和睦相处，是亲情之乐；为人处世问心无愧，是自身之乐，以上二乐，很多人都有机会体验，但三乐就不同了，并不是人人都能"得天下英才而教育之"的，这是教师独有的责任、感受和体验。

陈凯老师是我校最早的兴趣社团——吉他社的创始人，同时也是新劳动教育课程研发团队的主要参与者之一。他表示："半程中学的新劳动教育是一场双赢的盛宴，在过去几年里，通过新劳动教育培养升入职业院校的学生人数连年翻番。我们老师的教学能力和管理能力也在相互促进中不断提升，我就是在这个过程中被雷校长发现并培养起来的。2019年8月，我壮着胆子参加了学校中层管理的公开竞聘演说，经过全校教师投票推荐，最终学校聘任我为党办主任，我成为学校最年轻的部门管理者。我很高兴，但高兴的不是'升官'，而是同事和学校给我的充分肯定，能够在人才济济的半程中学，得到更多的机会发展自己，在更大的平台上展示自己，更好地为大家服务，体现自己的价值。"

是啊，半程教育人的职业成就感来源于新劳动教育的魅力，这种魅力激励我们做新劳动教育文化的传承者、现代优秀文化的创造者、未来先进校园文化的引领者，让每一个身处校园的个体都能身处公平公正、合作竞争、积极进取的校园文化氛围中，让劳动教育带来的成就感在彼此心间传递。

曹庆波老师是山东省美术家协会会员，曾被评选为市优秀青年。他和大家交流时说："回望自己近十年的工作经历，感受很深，从普通老师到班主任，从教学骨干到教研组长，从优秀教师到年级主任，我见证了半程中学的新劳动教育发展。不让每一个学生掉队，给每一个家庭带来希望，让每个学生的每一步都走得那么坚定、那么踏实。一点点成长，一点点进步，给家庭和社会都带来巨大的希望。"

身为学校新劳动教育研发体系的组长，也是主管教学的学校教务处主任，李玉杰老师是全校最繁忙的老师之一。他多次在新劳动教育的教师培训会上表示："新劳动教育的实质是什么？我们半程中学结合新时代发展需求，从立德树人的视角对劳动教育重新进行了诠释和架构。我们认为，新劳动教育的基本原则是：立足于'人的全面发展'的教育形态；在教育目的和内容上，突破传统劳动教育的局限，让学生回归生活，在生活中发现真实问题，在实践中创新，学会合作分享；在教育功能上，实现从工具性到存在性的转型；在实践形式上，从单一走向多元、整合。"

负责每周三新劳动教育排课的张晓老师在课后的教学反思中这样写道："几次授课，收获颇多，课堂上的每个孩子都积极表现，课堂教学与学生情感是水乳交融的。很多过去不会或者不愿意动手的同学，经过课堂学习，动手能力普遍提高，甚至在课下都会把自己在家的作品小视频和家长的表扬发给老师。"

王鸿老师认为："学生的每一件作品，从寻找、发现到雕刻、打磨、成型无不凝聚了他们的劳动汗水和智慧的结晶。审视他们的每件作品，呈现在我们面前的不仅是艺术美，更能体会到在创作过程中学生的体力得到了锻炼，不断增强。知识不断积累、沉淀。技法不断成熟。也能体会到他们内心的执着，创作的快乐和成功的自豪。我想，通过新劳动教育能有效地促进学生德、智、美、劳全面发展。"

快要退休的姜利合老师则深情地表达："我们的老师在做好主课教学任务的同时，积极投入新劳动教育课程的研发及教学过程中，不计较任何的付出和得失，只为了不让任何一个孩子掉队。当你看到班里的孩子都进步了，你就会感到成功和幸福；老师的幸福很实在，当你喉咙哑了，学生倒来一杯热水，递来两片含化片，你就会感到温暖幸福；老师的幸福很普通，当家长向你表示谢意、当领导向你表达肯定，你就会感到自豪和幸福。"充满激情的王艳洁老师认为："新劳动教育就是教师和学生整体快乐成长的幸福互动。"

这几位老师的感言，让我们更有理由相信："教育"与"劳动"无法割舍。借用我校特岗教师刘波的话："我们的新劳动教育一定与职业相关，与学生相关，与爱相关。教师最大的幸福就是在付出后获得成功，在体现自身职业价值的同时，实现自我人生的意义。"

由此我们可以认定，在工作中教师是可以感受劳动的魅力和乐趣的。因为劳动是一种甜蜜的感受、一处心灵的满足，是能令人快乐的事情。当你以积极的姿态行走，每一刻都能体味到不同的劳动。新劳动教育是体现在职业生活过程中的快乐体验，是源自给每一生命向上理由的满足、自豪。

（三）新劳动教育与学生

我曾在一个月内主持召开了六次学生代表座谈会，每次从一个年级随机抽取50名左右学生，以"你心目中的新劳动教育是什么样子？你最喜欢的劳课教育课程是什么？你觉得怎样才会更加喜欢劳动？"为主题，对低年级的同学进行访谈，对中高年级的同学进行问卷调查。

为获取真实客观的信息，我没有让班主任或辅导员参与，只我一个人和这些学生代表交流聊天。在这个过程中，我能感觉到学生对于新劳动教育的认知更具体、更实在，也更具感性。他们的表述从校园到家庭，从老师到家长，从自己到同伴，结合自身实际情况，充满个性，充满童真。

下面是对五年级同学进行问卷调查的结果进行梳理后的一个呈现。

第一题：你对现在学校的新劳动教育满意吗？

结果一："满意"有250人，占99.2%

理由说明：（部分）

学校有各种各样劳动教育课程，我可以根据兴趣自由选择

在学校可以学到很多知识，也可以认识很多朋友

老师教得很好，我很愿意参与

我可以自己学会做蛋糕，这是很神奇的事

学校不仅教给我们知识和做人的道理，还让我们学会了好多技能

老师手把手地教我们学习吉他，我可以弹一首完整的曲子了

无人机这在电视里才能看到的，我竟然可以在学校里操控它

我一直想学跳舞，没想到学校里竟然有这样的课

都不敢想象，会有这么多健身器材

老师看到我不会，也不批评我，还是那么认真地教我

学校的环境很好，老师说话都很温柔，不懂的地方老师都会讲懂

一人一个平板电脑，真的很酷

我敢说任何一个学校都不会有这么专业的老师

我的画竟然被老师表扬了

校长、老师对我们非常和蔼可亲，老师上课也非常有趣

我学会了无土栽培，以后可以自己种菜了

自己体验劳作，才真正懂得了粒粒皆辛苦的道理

……

结果二："不满意"有2人，占0.8%

理由说明

因为有时候，同学不和我玩

希望老师可以带我们游学体验

第二题：你觉得家长对你参加新劳动教育课程是什么态度？

结果一："支持"有人，占99%

理由说明：（部分）

爸爸妈妈看到我会自己做家务，很开心

我在家里炒了土豆丝和西红柿鸡蛋，全家人都震惊了

洗衣服，过去不敢想，现在变成真的了

爸爸妈妈辛苦一天，看到我跳的舞好开心

以前很迷茫，现在知道我以后要做什么，爸妈很支持

爷爷都惊讶我会种地了

我给爸爸妈画了一幅画

蒸馒头、蒸包子，全家人吃得好开心

……

第三题：你最喜欢哪一种劳动教育？

第四题：你最想通过校长向家长提出哪些意见和建议？

第五题：你心里有哪些话想对校长说？

（依次设计）

另外，从伴成教育学校发展共同体学校的其他年级的问卷或访谈看，孩子们表达的意愿既是丰富多元的，也是相对趋同的。这符合学生的年龄特征，也反映了学生的个性差异。具体如下：

一年级学生认为：我学会了扫地、拖地、叠被子，还可以玩，老师和同学的陪伴和爱护，让我很开心。

二年级学生认为：在学校里，我可以当保安，为大家服务，我也可以当小厨师，为大家分发食物，还可以体验做面包的快乐。不同的角色体验，让我更有自信了。

三年级学生认为：在老师的带领下，我们走到博物馆、图书馆、福利院等地方参观，然后帮助他们做一些小活动，同学一帮人，一起协作，大家很开心。

四年级学生认为：真没有想到，我也能学会剪纸、国画、书法等，而且还有民间的艺人来到课堂手把手地教我们，看到自己也能将一张纸剪出千变万化，父母都很高兴。

五年级学生认为：在老师的带领下，我们到田间地头，像农民伯伯那样下地劳作，很辛苦，但是很快乐。真正体味到"谁知盘中餐，粒粒皆辛苦"的道理。

六年级学生认为：电脑编程、3D打印和无人机驾驶，这些电视里才能看到的、感受到的，我们可以在劳动教育课上，亲手操作，一切太神奇了。

七年级学生认为：在老师的带领下，我认知了12种社会职业，我可以说出它们的名称，负责什么，更为关键的是我可以选出哪一个职业是我最喜欢的。

八年级学生认为：在学校的高仿真设施道具和模拟场地里，老师指导我们选择不同的职业体验主题店，然后扮演和体验各种行业成人职业角色，很真实，在实践和玩乐中培养了自己的职业理想。

九年级学生认为：老师根据我们每个人的兴趣爱好，帮助我们进行职业分析，然后指导我们从求职到面试再到从业一整套真实实践。不管我们是要升学还是就业，这都让我们和社会更贴近了。

当我们探讨影响新劳动教育的相关因素时，我们到底在谈论什么？我想，成长环境的温馨、人际关系的和谐、学习内容的适宜、活动形式的丰富、发展评价的激励等都将影响教育者和教育对象的"劳动体验"，产生相应的劳动感受，从而决定不同的"劳动指数"。研究这些，对实施新劳动教育意义重大。

尽管对"新劳动教育"的理解与表达不尽相同，但它们有着共同的特点：

第一，"新劳动教育"是使学生树立正确的劳动观，养成劳动习惯，热爱劳动和人民的教育，是德智体美劳全面发展的主要内容之一。

第二，"新劳动教育"所获得的体验和感受，是受到个体劳动观念、劳动能力和劳动素养影响的，对不同的人或相同的人处在不同的时空，其感受和体验是不一样的，因而其"新劳动教育"的程度也是不尽相同的。

（四）新劳动教育的内涵

《尚书·无逸篇》说："不知稼穑之艰难，乃逸乃谚。"然而环顾我们周边，青少年"不识稼穑"的现象，并不罕见。我们的孩子或许早已在网络世界中遨游万里，但却因为"课业忙""没时间""不重视"等原因，越来越少的孩子走进真正的实践。

近年来，劳动教育总体出现了诸多问题：劳动的独特育人价值在一定程度上被忽视；劳动教育在学校中被弱化，在家庭中被软化，在社会中被淡化；部分学校劳动教育的教学内容和方式方法比较陈旧，与家庭和社会生活脱节的问题比较明显；中小学生劳动机会少、劳动意识缺乏，社会上出现了一些学生轻视劳动、不会劳动、不珍惜劳动成果的现象；与德智体美相比，劳动教育受重视的程度还不够高，经常处于"喊起来重要，教起来次要，考起来不要"的尴尬境地。

并且，劳动教育不等同于劳动，这是两类性质截然不同的人类实践活动。后者主要以创造直接的物质财富和精神财富为首要目的，而前者则以学生劳动素养的培养为活动目标。

因此，劳动教育本质上是一种教育实践，教育性是其首要属性。审视当前的劳动教育，可以看到由于对"劳动"概念存在种种误读，劳动教育被曲解为技艺学习、休闲娱乐、惩罚手段。劳动教育的种种价值畸变表征，遮蔽了劳动教育的本真意蕴。

新时代劳动教育的内涵较之以往有了很大延伸。首先，体现在价值观方面。人不同于其他生物的根本特征，在于人需要存在的理由，即价值感和意义感。而劳动正是使人获得价值感和意义感的一种独有的、自觉的对象性活动。新时代的劳动教育要引导学生懂得"劳动最光荣、劳动最崇高、劳动最伟大、劳动最美丽"的道理，形成劳动创造美好生活、劳动不分贵贱的积极劳动价值观。

其次，体现在内容观方面。随着新型劳动的不断涌现，新劳动教育必须主动扩容以涵盖变化着的劳动现实，针对劳动新形态，深化产教融合，改进劳动教育方式，树立发展的内容观。

再次，体现在消费观方面。消费社会要求劳动教育除关注基本的生产劳动外，更应关注作为消费的劳动。当前青少年普遍存在攀比与过度消费的现象，侧面反映出消费教育在学校教育中的缺失。

最后，体现在闲暇观方面。斯宾塞认为，在生产方式达到圆满、劳动力得到最大化节约时，闲暇时间会大量增加且占据重要地位。随着人们劳动时间的减少和闲暇时间的增多，身心合一的、主动的、创造性的劳动是使人从"沉重的肉身"和"横流的欲望"的奴役状态中解放出来的现实载体，劳动教育必须涵盖正确的闲暇观。

总体来说，传统印象中应该和田地庄稼、纺织种植等一干劳动技能相关联的劳动教育已经不能满足时代发展的需求。今天的社会已经逐渐城镇化，生活方式正在逐渐远离土地，面向"云上"的信息网络，劳动教育也应该更加注重思维人格的发展，以适应未来时代。

（五）新劳动教育的意义

苏霍姆林斯基说："理想的教育是培养真正的人，让每一个从自己手里培养出来的人都能幸福地度过一生。这是教育应该追求的恒久性、终极性价值。"教育的对象是人，给每一个生命向上的理由，这是教育的使命。新劳动教育就是孕育劳动的教育，通过深入体验劳动、感知劳动、学习劳动、掌握劳动，培养人的劳动情感、劳动能力、劳动素养和劳动品德，使人向上向善，通过自己的双手创造幸福的一生。

如果再具体一些，我认为所谓"新劳动教育"，就是让学生在丰富多元的校园生活中，兴趣得到激发，习惯得到培养，能力得到提升，个性得以张扬，每个人都能享受到学习的快乐，获得成功的体验以及鲜活的、真实的生命成长；教师在富有创造性的工作实践中，通过自己"幸福地教"，促进学生"快乐地学"，在成就学生向上发展的同时，最大了限度地实现自我职业价值，享受教师职业所赋予的尊严与满足；同时辐射家庭和社区，促进社会的和谐。

新劳动教育的特点还体现在教育主体和教育客体及其他相关因素之间的内在统一性上，即学生快乐、教师幸福、家长安心、政府放心、社会赞许的内在统一。这五者之间是紧密联系，也是相互促进的。教师是学生快乐的创造者，教师影响甚至决定学生的成长。同时，学生的发展也反作用于教师、家庭、政府和社会。

我校坚信，新劳动教育要以尊重人、理解人、满足人、服务人、发展人、成就人为出发点和归宿，努力促进师生全员发展、自主发展、个性发展、和谐发展，让每一个学生都拥有成长的快乐，让每一位教师都享受职业的幸福。基于此，学校以"建设着眼成长、心向未来的师生成长共同体，建成教师幸福、学生快乐、家长满意、政府放心、社会赞许、省内外有一定影响力的齐鲁名校"为办学目标，在实践活动中创造、生成丰富的劳动资源，培养出更多尊重劳动、体验劳动、创新劳动的学生。

我认为，认识、理解新劳动教育不能仅仅停留在感性的表象层面，不能认为新劳动教育是一种高调的标语或口号，是一种固化的教育模式，或者是一种简单的教育现象。新劳动教育有着丰富而深刻的内涵，通过我校多年来劳动育人的相关经验，我们可以从四个方面来剖析。

作为一种教育理念。新劳动教育的本质是人生观的教育，不仅要培养学生的劳动技能，还要让学生在劳动中体会"劳动创造人"的价值论断，进而树立正确的人生观。我校以"相伴一程，守望一生"作为核心办学价值观，发现、理解、创造、分享、传播新劳动教育，教会每个个体绽放生命的价值，成为社会的栋梁之材。

作为一种教育目标。新劳动教育的根本目的在于实现人的自我实现和全面发展。正是通过新劳动教育，人的潜能才能够更好地发展和解放。学生在劳动中自我确证，自我纠正，自我升华。新劳动教育赋予人主体创造和自我超越的概念特征，学生接受这样的教育，就是一个自我成长与自我完善的生命过程。

作为一种教育实践。新劳动教育通过劳动管理实践、劳动团队建设、劳动课堂打造、劳动活动开展等，让教师幸福地教，学生快乐地学。故而在规划和实施新劳动教育活动时，校长需要三思而后行，想一想我们的活动是否指向于学生的幸福成长、是否指向于学生的身心健康、是否指向学生的年龄特征、是否关注学生的专业发展与职业体会、是否关注学校的内涵提升和特色建设等。有了这样的思考过程，我们就会距离"新劳动教育"近一些，更近一些。

作为一种教育生活。新劳动教育致力于让师生享受幸福快乐的教育生活，促使学校管理者坚持科学、民主、人文、开放、创新的学校管理，依法治校、夯实基础、改革创新、立德树人，促进师生全面、自主、个性发展，提升普惠、公平、优质、独特的教育品质。这既是对新劳动教育终极意义的思考与追求，也是对当下新劳动教育不足的现实提出的治疗计划与行动。

"培养笃学日进、温暖有力的世界中国人"这一育人目标始终贯穿我校新劳动教育的始终。半程新劳动教育不仅要给每一个学生一个幸福的童年，还要给每一个学生一个不断向上的人生；让每一位老师都拥有物质富足、精神充实和心灵美满的幸福生活，"特别会工作，特别会生活，特别能创新，特别能奉献"；让学校成为使人向上向善的地方，辐射带动家庭、社区乃至社会的和谐发展。因此，可以说，新劳动教育是人生前行的助力和社会发展的保障。

（六）新劳动教育的误区

当前一些地方和学校对于新劳动教育的理解还存在不同程度的观念偏差，从而不可避免地导致新劳动教育实践上的种种问题。其中，最突出的问题是将劳动和新劳动教育概念简单等同，在很大程度上导致了新劳动教育在实践中的教育缺位。直接表现就是新劳动教育在实践中的教育性并未得到充分彰显，陷入了形式上、资源上和评价上的误区。

1.形式误区：将直接参与劳动代替劳动的教育设计

当前，很多学校在开展劳动教育的时候，往往缺乏教育设计，直接用生产劳动来代替劳动教育，在很大程度上造成了劳动教育过程中劳动有余而教育不足的结果。具体表现为：一是存在学生在观念上将参与劳动视作其逃离学校学习生活的一种带有休闲性质的娱乐活动，而不是将其视为一种严肃的教育实践；二是学生从直接的劳动中所获得的经验和感受，不是必然就具有正面的教育价值，甚至有可能导致负面的教育效果，如学生会因为参加各种劳动而更加厌恶劳动等。

实际上，劳动和教育遵循着不同的行动逻辑。劳动，更多致力于创造特定的物质财富和精神财富。在这一过程中，劳动者更多是扮演着劳动力的生产要素作用，生产性而不是教育性是劳动的基本属性。此外，劳动作为人类的一种重要实践形态，虽然蕴含着非常重要的教育因素，但如果这些教育因素缺乏自觉的教育设计，就只能是一种潜在的教育力量，其对学生的教育影响必然是自发的而不是自觉的。如果缺乏必要的教育引导，那么，学生就容易被劳动中体力和智力的艰苦付出所引发的生理或心理紧张所压迫，从而对劳动本身产生负面的情感体验，甚至是错误的劳动观念。

2. 资源误区：将劳动教育资源简单等同于劳动资源

劳动教育的有效推进，离不开必要劳动教育资源的支持。在很大程度上，资源问题是当前制约劳动教育顺利开展的关键性问题之一。特别是对一些城区学校而言，相关劳动教育资源的匮乏更成为其劳动教育有效推进的瓶颈。正因如此，很多学校在推进劳动教育方面所做的首要工作，就是要抓劳动教育资源建设。但在具体实践中存在的最大问题，可能就是误把劳动和劳动教育简单等同，从而在很大程度上导致劳动教育资源的开发变成了劳动资源的开发。

当前，很多学校把劳动教育与"学工学农"简单等同起来，所谓的劳动教育资源开发基本上也是围绕着工农生产所需要的生产资料而展开。比如，一些学校为了推进劳动教育，千方百计把学校可利用的空间都开发成学生进行种植活动的场地。如果以这一思路来开发劳动教育课程资源，只会将生均占地面积较小的学校导向一个难以为继的困难境地。

3. 评价误区：将劳动成果取代劳动教育效果

劳动教育评价是确保劳动教育有效推进的关键性因素。可以说，有什么样的劳动教育评价导向，就会有什么样的劳动教育实践追求。当前，在劳动教育评价方面，同样也不同程度地存在着将对劳动的评价方式直接迁移到劳动教育评价上的现象。具体表现为：更看重学生在特定劳动形态方面的物化产出，却忽视学生在劳动过程中的真实体验和感受；更在意对学生技能性劳动素养的考核，却忽视价值性、精神性劳动品质的评价。这就使得劳动教育评价往往只见物而不见人，只见生产而不见教育。

第三章 劳动第一

何谓"劳动第一"？我认为，从半程中学的层面来说，就是要"办劳动教育，建劳动学校，当劳动教师，育劳动学生，做劳动第一"。

一、劳动第一要把握好"四大原则"

劳动第一，不是一个简单的口号，而是一个系统的实践工程。我校提出并践行"劳动第一"，就是希望打造具有半程中学特色的新劳动教育，换言之，就是要通过"劳动第一"的树立，突出和强化新劳动教育，并明显区别于过去的传统劳动教育。首先，我们将从我校新劳动教育的四大原则进行详细解读。

（一）学校：第一家园

我校把"劳动第一"作为新劳动教育的办学基调与文化底色。在学习实践中，形成"高度认同的价值取向"，不断借鉴运用现代教育理论，深入探究劳动第一的实践路径；在工作实践中，提供"动态发展的制度保障"，对涉及学校发展、教师成长等的重大问题，充分发扬民主、科学的决策精神；在新劳动教育实践中，打造"自觉规划的第一行为文化"，充分发挥师生主观能动性，促进师生在规则意识下的个性发展；在生活实践中，萌发"追求第一的积极心向"，激励师生的进取意识和卓越追求；在校园里，力争"打造伴成教育品牌，助力师生幸福人生"，让学校真正成为师生心灵向往的学园、流连忘返的乐园、刻骨铭心的"第一家园"。

（二）教师：第一使者

教师是学校教育最重要的资源，也是决定新劳动教育品质高低最核心的要素，更是我校打造"劳动第一"最有力的使者。实践劳动教育，让教师成为劳动的第一使者，包含两层含义：

首先，教师队伍已经在劳动教学中形成了强大的专业优势。我校早在2017年就自发自觉地根据教师的兴趣爱好和特长，成立了三十多个教师兴趣社团。其中有的社团，诸如石景制作、国画、剪纸和雕刻等，省级雕刻、美术学会的会员和当地有名的非物质文化遗产传承人等都参与其中。后来，我校逐步实现教育教学课程化，又推出了无人机、编程、3D打印、智能硬件等课程。

其次，教师是"促进劳动教育"第一人，同时也是劳动教育内容的第一发现者、理解者、创造者和传播者。教师把自己科学的劳动观念、优良的劳动品质和较强的劳动能力，移植到学生身上，使其内化为学生的品质，为学生的人生发展奠定坚实的基础。

（三）学生：第一主体

实践"劳动第一"，要立足学生视角，为学生的成长与发展服务，让每个学生都能参与"健康快乐的学习"，拥有"自由自在的成长"，实现"富有个性的发展"，享受"充满幸福的生活"，都能成为"最好的自己"，给学生一个美好的校园回忆，为学生的人生发展打好坚实的底色。

我校通过创设丰富多彩的新劳动教育课程，为学生提供学习实践和交流展示的平台，激励学生自我教育、自主发展、个性成长，实现"我的学习我做主""我的成长我负责""争做劳动第一"，真正把时间还给学生、把活动交给学生、把责任传给学生、把快乐留给学生，让每一个学生都能根据自身实际情况，成为自己最擅长的第一。

（四）资源：第一保障

"劳动第一"需要优质的教育资源做支撑。学生劳动观念、劳动品质和劳动能力的形成与发展，必须以优质的教育资源作为依托。优质的教育资源也是我校敢于树立"劳动第一"的追求的底气和保障所在。

我校新劳动教育得到了上级教育局、教研所、政协等多方的肯定，得到了金锣集团的大力支持，得到了国内领先教育智库校长会的鼎力相助。快速发展之下，我校已与临沂中小学生综合实践基地、半程镇中心小学、临沂市兰山区教师进修学校附属小学、半程镇中心幼儿园等结成学校发展共同体，实现了新劳动教育"系统化设计、全程化育人、区域化推进"的新格局。

二、劳动第一的实施路径

我校践行的"劳动第一",是在科学先进的教育哲学引领下,为成就人的当下及未来发展、促进学校内涵品质提升而进行的创造性实践活动,并从以下五大切实路径和有效策略全面铺开。

(一)形成正确的劳动教育观念

"以劳树德、以劳增智、以劳健体、以劳育美、以劳创新"是新时代中国特色社会主义新劳动教育的重要特征。劳动教育本身的元教育学特质,决定了其在学校教育体系中独特的育人地位。因此,我校打造"劳动第一"符合历史发展的潮流。

"劳动第一观"是师生对新劳动教育的看法、标准和实践途径,是人生观和世界观在新劳动教育方面的外显。正确的"劳动第一观"要求师生学会正确处理新劳动教育与个人发展的关系,当前劳动教育和未来职业发展的关系,创造劳动过程和享受劳动果实的关系。人只有真正了解什么是"劳动第一",才能够充分享受到劳动带来的成就感和满足感。

我认为,劳动第一的真正目的应该是给予每一个学生向上的理由,给予每个学生完整人生的成全。我也坚信,只要教师心怀正确的学生观、教师观、教学观、教育观,在心中种下一颗"劳动第一"的种子,新劳动教育事业就会如参天大树一般枝繁叶茂起来。

(二)培养高尚智慧的道德情操

劳动第一是符合真、善、美等正向价值追求的,是与高尚道德情操相联系的。越是道德素养高的人,劳动觉悟就越高,对劳动教育的感受能力就越高,越能从劳动教育中体验到人生的价值和意义,得到快乐、满足和幸福。

马克思曾断言:"如果人只是为了自己而劳动,他也许能成为有名的学者、绝顶的聪明人、出色的诗人,但他绝不可能成为真正的完人和伟人。"在他看来,只为自己劳动的人是人格和心灵不完善的人,永远不可能成为真正的完人和伟人。反过来,一个爱别人的人,一定是一个自由的人,而且是一个能让别人自由的人。一个人只有在爱的状态下,才可能践行劳动教育的真正价值。

因此，我校追求的"劳动第一"，是劳动、幸福和爱三位一体的原则。在"劳动第一"的创造与达成过程中，新劳动教育是与高尚、智慧等道德准则高度契合的，以道德的方式展开，旨在培养我校广大师生的高尚道德。

（三）营造师生向上向善的环境

人是社会动物，都生活在特定的环境中，并在其中产生各自的社会体验。我们要追求"劳动第一"，就要关注每一位师生，为他们提供良好的氛围，满足他们发展的需要，帮助他们快乐学习、幸福工作，极力提升师生的主观幸福感。

我校要真正成长为师生共同成长、共同发展的精神家园，最重要的是要加强校园文化建设。我校精心为教师营造优美舒适的工作环境，建设了为教师高度认可的制度环境，最终创设了愉悦和谐的心理环境。通过加强文化环境建设，让教师感受身为人师的崇高及责任重大，体验教育的乐趣，更好地为践行劳动第一。

这在2017年以前，是不敢想象的。我刚来到这座乡山中学时，发现学校从师资建设、制度建设到校园环境建设都存在着缺位。有问题就要解决问题。我作为一校之长，一定要先把脉好学校的发展，不让任何一个师生掉队。

打造"劳动第一"，既要给每个学生向上的理由，也要给每个老师向上的理由。我校把每个教师都视为"想发展、可发展、能发展"的"最重要"的人，既重视教师个体的成长，又关注教师群体的发展；既重视教师业务水平的提高，又关注教师师德行为的规范；既重视教育教学的状况，又关注教师的身心健康。竭尽全力让学校的每一项工作都能使教师感受到身处学校"大家庭"的温馨，看到自己在这个集体中发挥着"不可替代"的作用，体验到自己被领导重视、被同事尊重、被学生和家长认可的价值，从而产生一种强烈的归宿感和成就感。

（四）发展教师享受职业的心理

"劳动第一"不仅是一种劳动实践，也是一种心理体验，它与个体的心理品质和心理状态紧密相关。健康健全的人格和乐观积极的生活态度，是获得幸福必不可少的核心要素。学校要引导师生适时调整自我期望水平，建立良好的人际关系，引导个体自我认同、自我尊重、自我爱护。

　　"劳动第一"的良好心理具体有什么体现呢？我想这就好比三位教师授课劳动教育，当你问他们在做什么，第一位老师回答："我在干工作，很辛苦，我讲完才可以回家。"第二位老师回答："我在为学生讲授劳动教育的课程，这份工作虽然辛苦，但是有很多节假日，还可以养家糊口。"第三位老师骄傲地回答："我在培养明日之星，为每一个学生插上腾飞的翅膀，并帮助他们成为祖国的栋梁之材。"

　　同样是老师，同样是在讲授劳动教育的课程，三人的感受明显不同：第一位视工作为负担，第二位视工作为责任，第三位无疑是"劳动第一"的代表，视工作为生命的享受。

　　高尔基曾说过："工作快乐，人生便是天堂；工作痛苦，人生便是地狱。"对于很多人来说，工作是生活中最主要的活动。也可以说，劳动是生活最主要的内容，是生命最主要的组成部分，也是人生快乐的基础和源泉。

　　我认为"劳动第一"源于对学习和工作的热爱，源于自己对学习和工作的自觉担当。我们推出"劳动第一"，就是要每一位师生在新劳动教育的过程中体验到劳动的快乐和幸福。

（五）提升适应时代的劳动能力

　　新劳动教育的最终目的是为了帮助学生更好地生存和发展，在争做"劳动第一"的过程中获得幸福。而一个人通过劳动教育获得的幸福程度，极大地受到他劳动能力的影响。人的能力素养是知、情、行的统一，劳动能力包括发现劳动兴趣、体验劳动过程和创造劳动价值的能力。

　　新劳动教育需要培养支撑学生终身发展、适应时代要求的劳动能力。半程制定了阶梯形能力目标体系，分为基础性目标和职业性目标。基础性目标指向个人全面发展的基本能力，包括自觉学习、独立生活、自主调适的自理能力；服务他人的能力；联结社会的能力。

　　职业性目标指向现代职业发展的核心技能，包括与人交流、数字应用、信息处理、与人合作、解决问题、自我学习、创新革新、外语应用等能力。半程通过在日常教育教学中强化职业能力的培养，帮助学生逐步形成未来从业的必备能力，引导学生处理好个人与社会的关系，激发学生的好奇心、想象力和创新思维，鼓励学生勇于探索、大胆尝试、创新创造。

三、劳动第一的实践建构

"劳动第一"的实践研究必须坚守新劳动教育的本真追求，必须立足校本实际，在新劳动教育的旗帜下，坚持做"劳动第一"的理想信念，以新劳动教育的核心理念引领教育教学的实践，将其融于日常的教育教活动之中，努力摸索适合自己的、富有成效的实践建构。我们尝试通过"一二三四五六"的具体实践来达成既定的愿景和目标。

（一）形成"一种"理念

我们把"全心全意为师生服务，给每一个生命向上的理由"作为统领工作的指导思想和学校管理的实践哲学，通过新劳动教育的文化引领和实践带动作用，让教师"幸福地教"，学生"快乐地学"，并且融入家庭，辐射社区，促进社会的和谐、良性发展。

我校坚持"成人为先，成才为本"的人本主义哲学思想，准确把握"劳动第一"的核心内涵，突出人的主体地位，把人作为学校教育的核心，调动人的主动性、积极性和创造性；开发人的内在潜能，通过人的创造性工作来提升新劳动教育的工作效能；尊重人的生命价值，发展人的个性，谋求人的自由、全面、和谐发展。在这个过程中，"成人为先，成才为本"既是学校的顶层指导思想，也是落地实施的策略和方法。

我校立下"建设着眼成长、心向未来的师生成长共同体，建成教师幸福、学生快乐、家长满意、政府放心、社会赞许，省内外有一定影响力的齐鲁名校"的办学目标，力图最大限度地创设适合的环境，让所有人的潜能都在其中得以充分发挥。

半程的出发点和归宿就是为了"人"的全员、全面、自主、个性和可持续发展。学校积极营造诚信友爱、和睦相处、合作共赢、充满活力的人际环境，让师生得到应有的尊重和发展，从而实现学校的人、物、事、景、情的高度和谐。而师生在得到自主、全面、协调、个性发展的同时，也会引领家庭、政府和社会的进步、文明、和谐。

"相伴一程，守望一生"是我校永恒的教育追求。新劳动教育始终以人的终身成长为发展目标，在实践活动中创造丰富的、与劳动第一相匹配的优质资源，培养出更多能发现劳动、体验劳动、分享劳动、创造劳动的人。我校通过文化引领和教育实践，以尊重人、理解人、服务人、发展人为学校工作的出发点和归宿；通过教师"幸福地工作"，促进学生"快乐地成长"，培养"劳动第一"引领下的学生劳动观、劳动品质和劳动能力，让教师在教书育人的同时实现自我价值，享受事业幸福。

（二）达成"两让"目标

学校最重要的人就是学生和教师。建设新劳动教育标杆示范学校最根本、最重要的任务，就是服务好、发展好每一位教师和学生，让教师和学生在实践中确立正确的劳动观念，培育良好的劳动品质，提升劳动能力，成就师生的"劳动第一"。

第一目标是"让每一个学生都获得向上的理由"。乌申斯基说过："教育的主要目的在于使学生获得幸福。"学校要坚守学生立场，一切以学生的需求和发展为导向，尊重教育教学规律，尊重青少年身心发展规律，努力为学生提供适宜的成长环境和优质的教育服务，让每个学生都能竞相自在地绽放，快乐幸福地成长。通过学校的劳动教育文化浸润、教师的因材施教、学生自主的学习体验，新劳动教育将成为学生快乐成长最重要的方式之一。

"没有爱就没有教育"是一条真理，也是教育人的信念。作为教师，我们要让每一个学生都享受师爱。师爱对学生的成长和发展具有重要的意义。因为在师爱的滋润下，学生不仅乐学，而且会形成积极向上的精神品质，在学习和成长过程中享受快乐和幸福。

我们要把"劳动第一"与"健康第一"相融合，关注学生身心健康，培育学生健康的生活与学习习惯。加强体育教育，提高学生身体素质，磨炼学生意志品质；加强心理教育，帮助学生形成健康健全的人格和积极乐观的心态；加强安全教育，培养学生尊重生命、珍爱生命的观念，帮助学生掌握安全知识、了解安全规则，提高自我防护、自我救助的意识和能力，让学生健康、平安、快乐地成长。

我们要遵从学生的成长规律，从学生的心理特点和知识经验出发，寓教于活动之中，落实于科学课程的基础之上。教师要做"有心人"，关注学生的学习状态，挖掘和培育他们的"闪光之处"，为学生"量身定做"激励性评价项目，辅之以有效的"个性化"辅导，让每个学生都能从自己的"强项"中找到自信、感受成功、体验幸福。

我们要遵从学生的个性差异，成就学生的个性发展。让学生做学习的主人，而不是被知识"奴役"的仆人。我们要善于发现学生的"与众不同"，尊重学生的兴趣爱好，营造乐学好学的学习氛围，提供富有特色的学习内容，给予学生有效的人生指导，服务学生的个性需求，实现学生个性成长，激励学生努力成为"最优秀的自己"。

第二个目标是"让每一位教师都享受职业的幸福"。教书育人既是教师的责任和义务，也是教师职业生命的价值所在，更是教师职业生涯的幸福皈依。教师的幸福指数，影响着教书育人的效果和品质，也影响着教师自己的生命质量和品质。追求"劳动第一"，一定要树立正确的教师观，坚持以师为本，充分信任教师、尊重教师、成就教师，让教师焕发蓬勃的生命力与工作热情，获得职业赋予的尊严与幸福。

我校从实现自我发展的最高需求入手，通过扎实的校本培训，促进教师的专业成长，让教师在新劳动教育的实践中体验工作的成功与幸福；我们尊重教师的主人公地位，关心教师的学习、工作、生活，坚持人本理念，让"管理就是服务"成为学校工作的核心价值；我们积极构建和谐校园，帮助教师解决实际困难，不断激发教师的主人意识，不断强化教师的责任感、成就感和归宿感；我们尊重教师的人格劳动，信任教师的主观努力和职业努力，坚持民主管理、科学决策，调动教师参与学校管理的积极性、主动性和创造性；我们建立健全评价机制，创新多元的评价实践，鼓励和引导教师积极参与评价过程管理，发挥评价内在的导向性、激励性、发展性功能，增强教师的专业特长；利用他们的特长优势，为学校的特色发展和学生的兴趣培养服务；也让他们在自己的"强项"中展示风采，在自我的个性发展中体验职业的幸福。

（三）坚守"三育"原则

学生成长是一个个性化的、不断变化的动态过程。我校主张教育"大质量观"：学生"成长"高于"成绩"，学生"素养"重于"分数"。建设新劳动教育示范学校要真诚关爱所有学生，尊重学生的个性特点，关注学生的成长需求，努力做好教育服务工作，使学生快乐学习、幸福成长。

"全纳教育"是基础。我们把每个学生都看得很重要，努力做到"一个都不能少"，公平对待每一个学生，相信每个学生都具有发展的潜能，都应该获得发展，都能够得到发展，特别是那些特殊的学生，更应该得到老师和同伴的理解、尊重和关爱。

"差异教育"是方向。我们认识到了每一个学生都有个性，努力做到成就每一个学生。要承认差异、理解差异、尊重差异、服务差异，营造良好的成长环境，实施个性化教育，为不同的学生创造不同的发展机会，让每一个学生都能体验到学习的乐趣。

"保底教育"是底线。我们要相信每一个学生都能进步，努力做到"一个都不掉队"。教育是"马拉松"而不是"百米冲刺"，教育是"慢"的艺术，要善于"静待花开"，要关注"潜能生"的发展状态，进行有针对性和实效性的辅导，让每一个学生都能在原有的基础上有进步、有提高。

（四）实施"四大"课程

我校建设有新劳动教育"四大"课程群，实现了劳动教育的课程化转型。以课程为载体，贯通各学段，连接家庭、学校、社会三方力量，与德育、智育、体育、美育相互融合。

新劳动教育课程不是国家课程、地方课程、校本课程的机械拼合，而是以育人目标为统领，以劳动教育为手段，高度整合了国家、地方、校本三级课程资源，所形成的拥有一体化结构的课程体系。为了使"劳动教育"真正落地，基于"凝聚学生劳动素养，促进学生全面发展"的课程目标，我校将课程体系划分为基础性劳动课程群、创生性劳动课程群、发展性劳动课程群和学科性劳动课程群。

临沂半程中学"劳动相伴，点亮人生"新劳动教育课程体系结构表

课程群	课程主题	具体课程	特色课程
基础性劳动课程群	家政服务课程	织物洗涤、烹饪、烘焙课程、整理收纳课程、编织、家庭园艺、常用家庭器械操作及保养、维修	刻画沂蒙精神（融合采石、制砚、绘画、篆刻、历史等多门课程）
	校内岗位体验	绿化美化、教室保洁、内务整理、勤工俭学、保安日体验、厨房小学徒、校长室开放日、小老师体验日、校园值日	
	社区服务课程	志愿者服务、打扫社区卫生、清理乱涂乱画、宣传环保意识、敬老院慰问、组织"我爱社区"演讲比赛、普法宣传	
创生性劳动课程群	传统技艺创作	版画、陶艺、布艺、剪纸、标本制作、手工扎染、篆刻、贺卡、盆景制作、传统酿造、茶艺、石景制作	
	田野实践课程	农耕文明、传统农具、常见花卉栽培、农作物栽培、蔬菜栽培、农副产品的加工与贮藏、树木种植管理、家禽家畜的饲养、无土栽培技术	
	科技创作课程	3D打印、开源硬件、APP开发、电脑绘图、Flash动画、Photoshop平面设计、Python程序、网页设计、数字动漫、潜望镜、水火箭、创意搭建	
发展性劳动课程群	职业认知课程	红色劳动榜样人物、职业参观、随父母田间劳作一天	
	职业体验课程	木工、电动车、自行车原理及维修、医护体验、金工体验、电工体验、养猪、沼气、净化水	
	职业探究课程	抗洪文化研学、抗战文化研学、湿地文化研学、商场体验研学	

  基础性劳动课程群下分家政服务课程主题、校内岗位体验课程主题、社区服务课程主题。该课程群以学生思想品格培养为导向，侧重的是促进学生通过劳动感受到劳动的价值和魅力，从劳动实践中感受到身心的愉悦，从而对劳动产生一种发自内心的亲近感和信任感。旨在通过日常生活情境的构建，通过体验式劳动教育，让学生发现劳动的价值，感受自我、家庭、学校、社区之间的连接，从劳动实践与体验中，完善学生自我品格，培养学生社会公德，健全学生人格发展。

  创生性劳动课程群下分传统技艺创作主题、田野实践课程主题、科技创作课程主题。该课程群培养的是学生基本的学识基础、正确科学的劳动思维、

真实有效的动手能力，进而使学生在今后的学习与实践过程中，勤于思考、勇于探索、善于创新，培养学生"会设计，勤思考，能动手，爱劳动"等综合能力，最终指向劳动实践与创新。正所谓"工欲善其事，必先利其器"，只有用正确的方法和科学的思维视角才能更好地认识劳动、实践劳动和创造劳动。

发展性劳动课程群下分职业认知课程主题、职业体验课程主题、职业探究课程主题。该课程群是为了进一步促进学生个人价值的实现，打破社会与学生的围墙，让学生与社会连接，让学生在真实的社会场景中，发现自己的人生志趣，规划自己的人生路径，让每一个学生都能够找到自己的价值，真正实现"给每一个生命向上的力量"。同时，学生在个人发展中，其劳动精神能够始终与时俱进，实现自我价值，推动社会发展进步，成为有理想信念、敢于担当的未来人才，引领时代的发展。

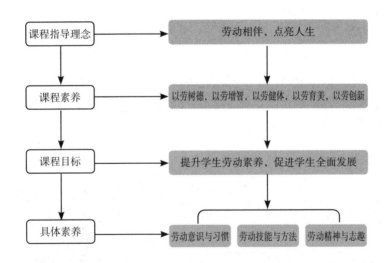

学科性劳动课程群下分文科新劳动教育体验和理科新劳动教育体验，再根据相应的兴趣课程进一步细分。在不断的教学实践中，我校明确提出了新劳动教育学科融合的理念，旨在追求"智从趣生、趣由智始，智趣共生"的境界，使学生在乐学、善思、乐享的新劳动教育学习过程中提升各学科素养，追求劳动教育和学科融合的真义，让学生在智慧中聪颖，在趣味劳动中成长。在新劳动教育过程中，秉持"智趣教学"的学科理念，面向全体学生，适应学生个性发展的需要，在课程实施过程中，以趣促智，因材施教，因学而教，顺学而导，帮助学生找到适合自己学习方法，不断建构属于自己的知识体系，逐步提升自己的学科素养，每个人的学科知识都能获得新劳动教育的带动和提升。

（五）打造"五味"课堂

新劳动教育课堂是师生共同缔造"劳动第一"最重要的时空所在，是师生在校生活的主要载体，是师生体验发展与成长的重要路径。学校要深化课堂教学研究，让学生在"五味调和"的课堂中享受学习，让教师在新劳动教育课堂中享受工作。

新劳动教育课堂要有"学生味"。学生是课堂的主人，是学习活动最重要的参与人和受益者。新劳动教育课堂教学活动要服从学生的需求，服务学生的发展。课堂教学要唤起学生的主体意识，适应学生的成长需求，遵循学生的认知规律，服务学生的全面发展，引导和鼓励学生积极参与学习过程，享受课堂学习的乐趣，实现自我成长。

新劳动教育课堂要有"学科味"。劳动第一必须要解决劳动教育与各门学科相融合的难题，而每一门学科都有自身的学科特质和独特的育人价值。新劳动教育课堂教学要适应各学科的培养目标，遵循学科的内在规律，体现学科的自身特点，实现学科的教育意义。同时，学校还要适度关注学科教育的整合，培养和提升学生的综合素养。

新劳动教育课堂要有"文化味"。文化是人成长发展过程中非常重要的能量，对人的成长产生潜移默化的影响。课堂教学要充分挖掘学习内容、学习方式、学习成交的文化内涵，赋予其独特的育人功能，陶冶师生的积极情感，促进师生的精神成长。

新劳动教育课程要有"生活味"。生活是知识的源泉，生活本身就是一本活的教科书。课堂教学活动要重视引导学生观察、分析、思考，体悟生活与知识的密切关联性，注重积累生活的知识经验，并将之迁移到对新知识的探究学习过程中，实现"生活知识化，知识生活化"。

新劳动教育课程要有"成长味"。成长是教育的本质属性，也是新劳动教育的价值追求。我们要确立并实现多元的教学目标，营造积极主动的学习氛围，激发学生学习兴趣，指导学生学习方法，发展学生思维品质，提升学生综合素养，促进学生拔节向上、快乐成长。

（六）搭建"六节"平台

除了系统的劳动课程学习之外，新劳动教育还需要适合的环境熏陶和丰富的活动支撑。我校关注学生生命成长需求，积极为学生提供自主参与的机会和展示的平台，为他们留下充裕的自主时间和广阔的活动空间，通过社会实践活动、课堂超市、兴趣社团、节庆主题教育活动等，有效地丰富学生的课余生活，培养学生的合作能力，锻炼学生的实践能力。

足球运动节。一年之计在于春，三月的春天，万物复苏，是一年里最有

活力的开始。我校作为一所知名的足球特色学校，会在每年三月打造一系列以"足球"为主题的体育活动，促进学生了解足球文化，积极参加体育运动，包括各年级的足球秀场、足球知识大奖赛、校园足球明星墙、一年一度足球运动会、吉祥物、会标的设计、现场颁发金银铜奖……同时，通过讲述足球故事、编辑足球小报，组织足球社团表演、足球游戏观摩及举办相应赛事等活动，普及足球知识，发展足球技能，增强身体素质，感受体育文化，磨炼意志品质，锻造团队精神。

书香节。我校曾荣获2019年度中国教育新闻网书香校园优秀案例，我本人也荣获全国书香校长。每年四月，在"世界读书日"的氛围滋养下，校园书香节如期而至，校园里处处弥漫着读书的气息。书香节系列活动既有学校层面的"规定动作"，又有年级、教研组的"自由动作"展示，还有班级、小组的特色创新，可谓是有声有色、美不胜收。每年，学校都会邀请当代著名作家进校园，与孩子们一起交流读书方法、传授写作技能、谈论人生哲学等；各年级还开展图书义卖义捐、图书漂流、好书推荐等活动；学校举行读书汇报会、诗歌朗诵会、成语大会等展示活动，开展"读书小能手""我是小书迷""书香班级"等评比活动。各种活动的开展极大地激发了学生的阅读兴趣，培育了学生的阅读习惯，提高了学生的阅读能力，发展了学生的人文素养。

伴成艺术节。每年的六月注定与快乐、童趣相伴。艺术节前后，校园内外处处洋溢着"过节"的气氛。班级同学自编、自导、自演的节目，成为艺术节最"接地气"的表演；学校兴趣社团的吉他、民族舞、合唱等表演，精致、精美、令人惊叹，成为艺术节最"高大上"的节目；师生书画展、师生音乐会、班队"三歌赛"，精彩纷呈，成为视听觉的精神大餐。班级、年级、学校、集团的师生艺术展演，学校搭台，教师导演，学生参与，普及与提高相结合，让学生接受了美的熏陶，培育了学生发现美、欣赏美、创造美的眼光与能力，提升了学生的艺术素养。

数学文化节。学科融合是我校新劳动教育研探的重要方向。数学是自然科学中最基础的学科，数学的知识、技能、思维、方法等，对人的成长发展会起到重要影响。我们在强化小学数学课程教学，注重"四基"目标的达成过程中，通过开展每年一届的数学文化活动，进一步丰富学生的数学学习资源，激发学生爱数学、学数学、玩数学、做数学的热情，用数学的积极情感，提升学生的数学素养。在活动中，学校整体规划、年级统一安排、班级个性操作，开展数学游戏、介绍数学历史、讲述数学家故事、我爱学数学征文、美丽的数字拼图、玩转七巧板、编写数学童话、寻找生活中的数学等活动，开放学习空间，适应多元选择，满足个性需求，引导学生接受数学文化的陶冶，掌握数学的思想方法，培养学生的理性精神和思维能力。

科技文化节。科学素养是新劳动教育培养学生必须掌握的重要素养之一。九年义务教育阶段正是人们综合素养学习与提升的关键时期，科学兴趣、科学思想、科学方法、科学精神的种子都是在学生时期播下的。每年一届的科技文化节活动为学生科学素养的提升发挥了重要作用。科学幻想画、科技小报、科技活动，让孩子们在玩中思，在思中研，在研中行，在行中乐。通过参观科普展览，开展小发明、小论文、小创作评比，讲科学家的故事，与科学家面对面，科技作品制作大赛，编制科技小报，科学征文等活动，3D打印、电脑编程、航模展、机器人、无人机等科技课程，给学生普及科学知识，让学生掌握科学方法，弘扬科学精神，提升学生的科学素养。

新劳动教育文化节。新劳动教育是我校主抓的标杆课程，学生对新劳动教育的热情程度影响着后继的学习效果。为了营造新劳动教育学习的氛围，学校每年都会举办新劳动教育文化节活动和成果展，让学生在跨文化视野中感知劳动的魅力。书法书写大赛、演讲比赛、国画展示、无人机比赛、新文化教育小报编辑、舞台剧情景表演、民间艺人来校、新劳动教育课题推介等形式丰富的文化活动，有效地激发了学生参与新劳动教育的热情，丰富了学生新劳动教育的学习方式，培育了学生的劳动能力、劳动素养和劳动品格，使学生深入了解感受新劳动教育文化，开阔了学生的人生视野。

以"六节"为重要抓手的新劳动教育活动形式丰富，内容多样，突出了学生的主体地位，尊重了学生的自主选择，促进了学生的个性成长，实现了"普及+提高"的发展愿景。

同时，学校还适时在关键的时间节点，组织新劳动教育专题教育活动。如一年级新生的"入学礼"，帮助学生确立"学生"意识，引导学生讲秩序、懂规则，养成良好的学习生活习惯；又如学生的"十岁礼"，抓住学生人生中第一个整十的生日契机，教育学生逐渐养成"自主"意识，引领学生学会感动，懂得感恩；再如六年级学生的"毕业礼"，这是由"学生"成为"少年"的节点，是学生人生中第一个重要的跨越；直至九年级学生的"成人礼"，抓住告别少年，升入高中、职校和步入社会这一关键时刻，正式成为独当一面的人才。我们要把学生"毕业课程"做好，教育学生认真跨越其人生基础教育的第一个里程碑，回顾小学六年和初中三年难忘的学习生活，用心上好毕业的"最后一课"，激发学生对母校、对恩师的怀念、感恩之情，为学生的后继学习提供坚实的学业基础、坚定的自信情怀以及积极的期待愿景。

在新劳动教育的实践建构中，我们突出"人本"理念，强化"人文"管理，体现"人性"张扬，紧紧抓住"给每一个生命向上的理由"这个核心主旨，通过开展积极有效、针对性强的教育教学实践活动，兼顾社会性和独特性的统一，让我校的新劳动教育真正做到了劳动第一。

四、兰山第一，临沂第一，全国第一

临沂位于山东省东南部，地近黄海，南邻苏北。现辖3区9县3个开发区，其中两个国家级开发区，156个乡镇（街道），4045个行政村（居），1190万人，总面积1.72万平方公里，平原、山区、丘陵各占三分之一，是山东省人口最多、面积最大的市。成功创建了全国文明城市、全国双拥模范城市、中国优秀旅游城市、国家园林城市、国家环保模范城市、国家卫生城市、国家森林城市，被授予中国市场名城、中国物流之都、中国书法名城、中国温泉之城、中国金刚石之都、中国食品之都等称号。

若论在全国的整体知名度，临沂或许没有优势，但临沂却在教育界享有盛名，业界素有"中国教育看山东，山东教育看临沂"的说法。我们临沂人非常重视教育，义务教育巩固率达到99%以上，高中阶段毛入学率达到90%以上。尤其是近年来政府不断加大教育投入，临沂教育焕发出新时代的蓬勃生机。

我校所驻地区的半程镇是省级中心镇，恰属于临沂教育实力最强的兰山区。我校现有校本部、金锣部（金锣实验学校）两个校区，占地共246亩，在编教师204人，现有70个教学班级，涵盖了3493名学生。

一直以来，我校秉承沂蒙人民勤劳勇敢、无私奉献、艰苦创业、开拓奋进的劳动精神，立足沂蒙大地悠久的劳动传统，扎实开展劳动教育。

2018年9月10日，习近平总书记在全国教育大会上的讲话中指出，"要努力构建德智体美劳全面培养的教育体系""要在学生中弘扬劳动精神，教育引导学生崇尚劳动、尊重劳动，懂得劳动最光荣、劳动最崇高、劳动最伟大、劳动最美丽的道理，长大后能够辛勤劳动、诚实劳动、创造性劳动"。这充分体现了以习近平同志为核心的党中央对劳动教育工作的高度重视，凸显了劳动教育的重要地位，是我国教育史上的一个新的里程碑。同时，也肯定了我校长久以来开展的新劳动教育与国家政策方针不谋而合。

全国教育大会闭幕后，未来劳动教育在学校教育体系中占据什么位置，如何让劳动教育从纸上走下，落地生根，已成为广大中小学学校和教育工作者都在思考和探索的问题。我校也针对新时代背景下的劳动教育进行了重新定位，积极探索完善落地形式，四年来取得了有目共睹的成绩：学校的整体办学水平迅速提升，近四年来，在全区同类学校教育教学综合督导评估工作中，稳居全区第一名，实现了四年四连冠；中考考入重点高中和普通高中的学生人数翻番；立项山东省基础教育课改项目学校劳动教育课题，办学经验得以在全市校长会议上分享交流。

我校全体师生在新劳动教育的感召下，结成了合作共同体、成长共同体、利益共同体、命运共同体，"在学生中弘扬劳动精神"的新劳动教育实践正在进入高潮。

面对时代赋予的使命，我们勇于担当，努力破解"劳动教育未引起校级决策的足够重视，劳动教育专职教师少且整体水平低，基层社区重视劳动实践但吸引力不强，劳动教育在家庭中被普遍弱化"等难题，大力彰显劳动的教育属性，切实为全体师生着想，努力提高全体师生的劳动能力、劳动品质和劳动素养，注重师资建设和新劳动教育体制机制完善、文化建设及战略管理，全力打造劳动教育的兰山第一、临沂第一、全国第一。

其实可能很多人会心存疑问，我校这么一个村镇中学，为什么能够成功打造新劳动教育体系，并且敢于放言将劳动教育打造成兰山第一、临沂第一、全国第一呢？我想，经过了解后也许你会发现，这不是偶然，而是必然！

（一）思想引领，价值导向

历经多年实践和探索，学校日臻完善"伴成教育"思想，牢记"全心全意为师生服务，给每一个生命向上的理由"的办学初衷，以"培养笃学日进、温暖有力的世界中国人"为育人目标，确定"教师幸福、学生快乐、家长满意、政府放心、社会赞许、省内外有一定影响力的齐鲁名校"的办学目标，坚持"相伴一程，守望一生"的教育追求，以新劳动教育特色品牌为抓手，建立了"以劳树德、以劳增智、以劳健体、以劳育美、以劳创新"5个维度，"田间劳作、家务劳动、社区服务、传统技艺、职业体验、创新劳动"6大板块36门课程的顶层框架，构筑了全方位、多层次的劳动育人体系，实现了办学质量和管理水平的井喷式提升，推动学校内涵式发展。2019年，学校获评山东省教育系统先进集体。

（二）未雨绸缪，寻找方向

虽然经过四年的发展，学生升入普通示范类高中的人数实现了翻番。但学校地处农村，学生毕业后升入普通高中的数量毕竟有限。一大批学习成绩处于中下游的孩子毕业之后将直接投身新农村建设，他们的读书生涯也随之结束。思及此，我们审视均衡、公平、有质量的教育理想，一种强烈的使命感油然而生。

我们认为，新劳动教育应该先激发孩子们对劳动产生兴趣，对整个新劳动教育"森林"进行一番了解，其效果将远胜于对着一棵棵"树"的细节知识反复演练，一磨再磨！

为了给每一个孩子找到努力的方向，学校积极与临沂市商业学校、临沂电力学校等职业类院校对接，高标准建设了4000多平方米的"乡村少年宫"，建成了面点、烹饪、机电、非遗、石景制作、无人机、人工智能等30多个劳动兴趣社团。由学生根据自己的兴趣爱好自主选择，每周的开课时间可以根据学生情况灵活安排，旨在为"半程学子"提供更多尝试与自我发现的机会，实现兴趣爱好与职业规划相一致，让将来有可能步入职业类院校的学生，皆因为喜欢而选择，因为选择而坚持，因为坚持而走得更远。

（三）家校携手，伴爱成长

为了实现劳动育人目标，学校以"立德树人"为根本追求，确立了"成人为先，成才为本"的办学宗旨，秉承"一个都不能少"和"转化一个后进生与培养一个优秀生同等重要"的教育理念，形成了"只要懂规矩、守纪律、有礼貌、知感恩就是好学生"的育人思想。

当前，劳动教育在家庭中被弱化，家长对家庭在劳动教育中的责任认识不足，没有成为孩子家务劳动的指导者和培养者。一则调查显示，关于家长对孩子劳动状态的评价，在"孩子做家务劳动的能力"方面，多数家长认为"能力很强"（19.5%）或有一定能力（56.6%）。在"孩子做家务劳动的机会"方面，多数家长认为"机会很多"（16.6%）或比较多（57.9%）。但在"孩子自身对于做家务的态度"上，15.9%的家长认为"喜欢"，14.2%的家长认为"主动"，而大部分家长选择了中立或者负面评价。

开展劳动教育，家长不可或缺。当前青少年的父母主要为"70后""80后"，相当一部分是独生子女，家务劳动主要由老人或小时工完成，自身缺乏家务劳动的意识和经验，父母没有给孩子树立良好的身教榜样。为此，我校制订了家校合育工作计划，逐步开展"百名教师访千家"活动，营造温馨和谐的家校氛围。通过改善家长的教育方式，形成家校教育合力，为学生成长、成才、成功完美助力。

强化劳动习惯的养成。携手家庭教育，注重培养学生热爱劳动的良好习惯与品德，强化核心价值观教育，让学生养成尊重劳动、珍惜劳动、热爱劳动的意识。

现在，校园内已经看不见纸屑飞扬、垃圾乱扔的情景。五千多人的家校合育大会，离场后未见一片纸屑；初三毕业生在中考结束后，主动留下捡拾遗留的碎片纸屑，可见，良好的劳动习惯已经内化为优秀的道德品质。

传承红色劳动基因。我校积极与本地社区合作，深入群众中挖掘红色资源中的劳动基因，积极融入课堂教学中。组织红色游学，踏足远行，让红色基因代代传承。

外化学生的劳动品质。聘请退役战士严格训练国旗方队，队员们在刻苦的训练下锤炼坚韧品质，练就过人本领。现在每周一的升旗仪式，已经成为镇上一景。

打造阳光运动课程。家长最关心的永远是孩子的健康。为了让学生在运动中锻炼体格，学校十分重视学生的体育锻炼，开设了足球队、排球队，在全区比赛中已经成为前三甲，学校还被评为全国足球特色学校，每年都有毕业生因体育特长被市重点高中提前录取。

（5）搭建六节平台。学生的新劳动教育除了系统的劳动课程学习之外，还需要适合的环境熏陶和丰富的活动支撑。我们关注学生的生命成长需求，为学生提供自主参与的机会和展示的平台，为他们留下充裕的自主时间和广阔的活动空间，通过社会实践活动、课堂超市、兴趣社团、节庆主题教育活动等，有效地丰富学生的学习生活，培养学生的高尚情操，锻炼学生的实践能力。家长也会参与到活动的组织策划和表演展示中来。

（四）科研引领，激发潜能

我校研发了以劳动教育为核心的系列校本课程，并将德育活动、国家课程中的相关内容与劳动教育相结合。采用教学统整等方式，利用生活主题、地方特色提供的真实的情境与经验素材，将目标、知识、技能、过程、方法、思维和爱国主义价值观整合起来。

坚持科研引路，全面提升质量。我校成功立项山东省基础教育改革项目《农村初中劳动教育课程体系构建与实施研究》和山东省省规划办专项课题《疫情下的初中学生劳动教育研究》，并积极申请国家级劳动教育研究课题。多项课题的实施，极大地推动了学校新劳动教育的研究进度。

强力推动读书，打造师生成长共同体。学校强力推动师生读书，把阅读推广由校园深入家庭、社区，有力地推动了良好班风、校风、家风、乡风的形成，为实施新劳动教育提供了强有力的智力支持。近年来，我校先后聘请名家名师57人次到校传经送宝，派出260多人次外出培训提升。涌现出省农村特岗教师、沂蒙名师、市区教学能手28人，市区教师基本功大赛冠军3人，市区级课赛一等奖或举办公开课、示范课32人次，各级优秀教学成绩奖95人次。先后有500多名学生在各级征文中获奖或在媒体上刊发作品，学校被评为临沂市第二届校园文学大赛组织工作奖，我本人也获评全国书香校长。

课程化实施，样本化打造。"新劳动教育"课程体系的目标是促进学生的德智体美劳全面发展，具体目标即以劳树德、以劳增智、以劳健体、以劳育美、以劳创新五项。为了实现上述五项目标，我校结合实际情况与发展需求，规划了与之相匹配的六大课程模块：田间劳作课程、家务劳动课程、社区服务课程、传统技艺课程、职业体验课程、创新劳动课程。上述六大课程模块与目标相互匹配，并且六个模块之间呈相互进阶的关系。

①田间劳作课程。学校地处农村，大部分家庭都有农地；我校新校区西侧有119亩农田；"伴成教育"联盟校实践基地拥有200多亩实践场地，因此，我校拥有丰富的田间劳动用地资源，我们把家庭、学校、基地的田间劳作课程化，包括常见花卉培养、农作物培养、制造沼气、制造肥料、水的净化、农副食品的加工与贮藏、树木种植与管理、养鱼、家禽家畜的饲养、无土栽培技术、垃圾分类、酿酒酿醋等。鉴于田间课程的重要价值，我们将其以校本类、社团类、实践活动类、参观类四种方式予以实施。学生每学期至少要达到5课时的最低要求，并记入个人成长档案。

②家务劳动课程。学校鼓励学生参与家庭中的日常劳动，如最常见的衣物洗涤，烹饪技术，编制，家庭园艺，常用家电的操作、保养与维修等。由于家政课程主要是在家庭之中开展，因此其主要以周末或假期的实践活动作为主要形式。学生每学期至少要达到10课时的最低要求，并记入个人成长档案。

③社区服务课程。学校组织并鼓励学生走进社区，为社区提供力所能及的服务，如打扫社区卫生、敬老院慰问孤寡老人、"我爱社区"演讲大赛、普法教育义务宣传等。在此类活动的过程中，学生们一方面能够提高自身能力品质，另一方面能够对社区的居民提供帮助。此类课程以体验活动为主。学生每学期至少要达到5课时的最低要求，并记入个人成长档案。

④传统技艺课程。学校在少年宫开设专门空间，精选本地域非遗项目剪纸、扎染、泥塑、版画、电络画、人工琥珀等，要求学生亲自动手参与制作和体验，让学生领略传统手工艺的精妙细腻，在体验中传承优秀传统文化。此类课程以体验活动为主。学生每学期至少要达到5课时的最低要求，并记入个人成长档案。

⑤职业体验课程。学生在学校内部体验学校中的各类岗位，如炊事员、管理员、协调员等；通过校内开设的跳蚤市场，体验"小老板"的感觉，接受财商教育。到九州超市、金锣集团、"万亩茶园"、"万亩荷塘"、蔬菜基地等体验各种职业人员岗位，进而明确自己的未来发展方向。学生每学期至少要达到5课时的最低要求，并记入个人成长档案。

⑥创新劳动课程。青少年学生的创新能力培养在当代教育中受到极大的关注，已经成为学生智力开发和创造能力激发的重要途径。面向未来，学校立足实际，大力提倡现代化、全球化、信息化的整体背景下有机整合体力与智力的劳动。因此，我校重点打造了创新劳动课程模块，主要包括创客、STEM、3D打印、开源硬件、APP开发、电脑绘图、Flash动画、网络设计、数字动漫、无人机等先进的、前沿类课程，让学生能够提升创新思维与能力，为满足未来劳动者的需要打下坚实的基础。此类课程以动手实践活动为主，学生每学期至少要达到15课时的最低要求，并记入个人成长档案。

（五）成效显著，传播广泛

四年来，随着我校"新劳动教育"课程群的研发和落地，"上中专、读职校"已不再是落榜生的无奈选择，而是成为兴趣所向、特长所向、职业规划所向的主动人生抉择。2019年，我校输送区直学校毕业生134人，市直学校毕业生52人，春季高考毕业生25人，连续四年获得全区职业教育招生工作特等奖。

我校毕业生贾俊豪同学就读于山东省交通技师学院，在全国重型汽车技能大赛获得季军，被留校任教；我校毕业生李文豪同学就读于临沂商业学校，获得山东省技能大赛一等奖，成为企业争相聘用的"抢手人才"，大批孩子成了职业院校里的佼佼者。

相伴一程，守望一生。新劳动教育给予了我校每位师生前行的力量，让每一位师生找到了前行的方向，同时也为职业教育找到了切实可行的新路径。我们探索出的，是一条农村初中与职业类院校相衔接、新劳动教育与职业教育相融合，兴趣引领、文化育人、家校合育、科研突围、区域推进的职业教育发展的新路径、新策略。

长期以来，学校全体教师不忘初心真抓实干，牢记使命教书育人，赢得了各级党委政府和社会各界的高度评价与充分认可，山东教育电视台《教育筑梦人》栏目以《半程中学里的"伴成教育"》为题推出时长25分钟的学校故事，《人民教育》《中国教育报》《山东教育报》《山东教育》等专题报道学校管理经验和办学成果，中宣部"学习强国"平台多次推介，全国百余家媒体广泛报道，引起了极大关注，产生了广泛影响。

新时代，劳动教育大有可为！未来，我们将牢牢抓住这一难能可贵的历史机遇期，继续高质量推进新劳动教育工作，构建新劳动教育课程群，做大做强做实新劳动教育特色品牌，办好老百姓家门口的高品质学校，积极探索新时代农村教育发展的新样态，努力为临沂乃至全国劳动教育的发展增光添彩。

（六）走向广阔，未来可期

2020年9月10日，山东省教育厅发布《全面加强新时代大中小学劳动教育若干措施》，要求全面加强新时代大中小学劳动教育，临沂市大中小学将增加学生课外劳动时间、增设劳动教育必修课。中小学劳动教育课每周不少于1课时，根据综合实践活动课程、地方课程、校本课程总课时统筹安排。每周课外劳动时间，小学1~2年级不少于2小时，其他年级不少于3小时。

而在此之前，我校很早就建立健全了新劳动教育课程体系，学生除了每周三有一下午的时间专门参加劳动教育课程外，授课老师还会根据新劳动教育课程体系安排学生到"伴成教育"联盟校200多亩实践基地进行系统的实训。可以说，学生们有足够的时间自主自发全身心地投入到新劳动教育的课程学习里，从设置劳动教育必修课和增加课外劳动时间这两个层面，我校又一次走在了全省的前头。

由此可见，在很多地区和学校的新劳动教育还是一片荒芜的情况下，我校已是枝繁叶茂，得到了兰山区教育局、兰山区教研室、兰山区政协、山东省劳动技术教学专业委员会等多位领导、专家的高度肯定。既然如此，为何我们不"走出去"，把我们的经验传播开来，让更多学校得以受益？

当下，我校已与临沂中小学生综合实践基地、半程镇中心小学、临沂市兰山区教师进修学校附属小学、半程镇中心幼儿园等结成学校发展共同体，以"理念互鉴，资源共享；师资互通，课程共建；管理互商，发展共进"为宗旨，实现了新劳动教育"系统化设计、全程化育人、区域化推进"的新格局。

我们还签订了近500万的科研师训项目协议，将充分发挥高端科研专家的专业指导作用，推动学校师资建设和新劳动教育走上精准发展快车道，共同打造新劳动教育实施的新样板。

我校还受邀参加中国高端教育智库校长会所举办的"领跑者一号教室"私享会。会上，我校"新劳动教育"特色办学模式被作为经典案例进行了全程全方位的深度剖析，得到了北京师范大学、首都师范大学、深圳大学、中国教科院的教授专家团队及全国精英校长的充分肯定和高度评价，让我校的"新劳动教育"走出沂蒙大地，走向全国。

第四章　建　设

新劳动教育标杆示范学校建设是一个系统性工程。它是推进新劳动教育研究的重要载体，也是实施新劳动教育带来的必然结果。所以，建设新劳动教育标杆示范学校，必须努力追求和实现学校建设对新劳动教育的积极意义，实践真正意义的学校教育。

我们有必要把学校建设成师生精神意义上的第一家园，师生心灵向往、流连忘返、向上成长的乐土；让教师成为新劳动教育的第一使者，既能体面而有尊严地学习、工作和生活，又能在实践中体现自我职业价值与人生意义；学生要成为最好的自己，每个人都能健康快乐地学习，富有个性地发展，充满幸福地生活。建设新劳动教育，我们在路上。

一、文化引领，从松散走向凝聚

文化是有力量的，学校文化所产生的能量影响着学校的发展。管理一所新劳动教育标杆示范学校，不仅需要人的管理、制度的管理，更需要文化的管理。好的学校文化能宛若流水般，不动声色地把学校的各个要素、各个部分紧密地融合在一起。换言之，建设新劳动教育从学校文化领导力开始。

（一）精神文化领导力

学校精神是一所学校的整体精神面貌，是学校中的人群在长期教育教学实践中积淀起来的教育理念、价值体系、群体心理特征及精神价值传统，并体现在共同的心理和行为中。学校精神是学校的"精、气、神"，它赋予学校特有的个性魅力，是学校群体的凝聚力、向心力和战斗力。我校以"伴成教育思想体系"为办学理念，努力营造意蕴丰厚的教育图景，形成和发展学校的精神力与文化力。

从一个校区"单打独斗"，发展到两大校区"内生联动"，再到成为整个伴成教育共同体的领头羊，短短几年时间我们完成了大跨越式的发展，这与半程始终坚持打造优秀的新劳动教育文化密不可分。

我校坚持以"相伴相成，自力笃行"的核心价值观，打造"温暖有爱，笃力前行"的学校文化。

秋天天空飞过的大雁，它们一会儿排成"一"字，一会儿排成"人"字，成群结队地向南方迁徙。生物学家们经过研究后得出结论，雁群这一飞行阵势是它们飞得最快、最省力的方式。管理学家们将这种有趣的雁群飞翔阵势，形象地称为雁阵效应。

"伴成"教育的核心思想，就如同雁阵迁徙所需要的精神品质，维系集体的陪伴之情，自主向前、踏实奋飞的努力之姿，心有未来、爱人行德，在自我成长和爱的激励中成就每一个体的精彩人生。

回顾半程中学的发展历程，我们能够真切感受和体验到引领学校成长的伴成精神具体表现为：艰苦奋斗、顽强拼搏的创业精神；献身教育、甘为人梯的奉献精神；开拓进取、勇于争先的创新精神；团结协作、同舟共济的团队精神；尊重规律、求真务实的科学精神。把这些精神总结为一句话就是："特别会工作，特别会生活，特别能创新，特别能奉献。"这种精神一直在影响着每一位半程人。

（二）管理文化领导力

"相伴一程，守望一生"，我们力求通过先进的学校管理文化满足师生的成长需求，全心全意为师生服务，给每一个生命向上的理由，实现教和学的责任感、自豪感、成就感，在最好的环境里相伴师生走过这一程。

半程相信管理就是服务，领导者即服务者。我校通过条块结合的管理模式，把学校管理工作的重心下移到年级。条是教育、教学、教科研等的线性结构，块是年级全面负责学校各条线上的工作，让职能部门集中精力更好地思考、规划和指导各项工作，努力使块上的工作更加扎实、细致、创新、高效。

我们通过管理团队宣言、入党宣言、全校教师宣言以及对外学校宣言等形式规范教育行为，凝聚集体精神，展示学校风采；通过"三风"建设让学校文化力感染人、鼓舞人，形成学校文化的"魂"，真正将核心价值观作为贯穿学校新劳动教育实践的红线，串起教育思想和高尚品德的珍珠。

我们以教风建设为突破口，规范教师的教学行为，让教师把微笑带进课堂，把激情融入教育。我们通过理念引领培植学校责任文化，约束、激励、凝聚教师，让其形成对学生负责、对学校负责、对自己的发展负责的责任意识，让优秀的师德、精良的教师专业素质充盈教育的全过程。

我们重视教师的专业素养，始终坚持为教师专业成长做好职业培训。一是走出去，与名校同舞。我们和全国十几所名校结成了友好互帮学校，先后派出近百位老师到省内外名校参观、走访，拓展老师们的视野，凝聚集体精神，提升业务能力。二是请进来，与名家对话。我们定期邀请省教科院、省教育报刊社、省教研室、高等院校的教授和中国高端教育智库校长会的专家前来讲学，让老师接受一场头脑风暴，进行思维碰撞，提升新劳动教育发展空间。三是搭舞台，与同行交流。我们承办了一系列新劳动教育高峰论坛，全校教师不出校门便吸收了教育界最前沿的信息，感受到各位专家大咖的风采。

为了让管理舞动人文与制度的"双色"飘带，我们建立健全了学校管理制度，完善管理网络，实施全员管理；注意人文关怀，教职工生日送鲜花和蛋糕，每月给老师过集体生日，让他们感受到"家"的温暖。

我们通过召开教师座谈会，让全体老师提出发展目标，制订新劳动教育课程计划，提出对学校三至五年发展的设想，形成学校未来发展规划，最后交教代会评议、修改、定稿，制定了《教师队伍建设实施意见》，促进教师们的专业成长。每学年度评选"教坛新秀""骨干教师""学科带头人"等，让老师们的专业成长看得见、摸得着。

我们挖掘典型人物，培植学校的榜样文化。利用备课会、教师大会、教师座谈会、校委会，有针对性地邀请不同层次的教师开展"教师专业化成长"演讲、"读书沙龙"、"科研论坛"，让老师讲自己的成长故事、讲团队工作故事，以身边的典型来引领青年教师的成长。

半程就是那个麦田里的守望者，守望着师生，让学校成为师生永远的精神依恋，给予师生温暖一生的力量。

（三）组织文化领导力

管理学大师彼得·德鲁克在其著作《管理的实践》中说：领导力的基础莫过于组织文化。学校的发展需要外生的动力，更多需要内生动力，组织文化就是学校发展的内生动力，也是成为名校的必经之路。从农村子弟的真实需求出发，立足学校实际情况，我决定在校内打造充满书香气息的组织文化。

由于我校地处临沂市兰山区北部丘陵山区，相对闭塞的环境，家长教育观念的落后，造成了学校师生长期以来课外阅读量少，知识面窄。

通过一次次问卷、座谈以及深入师生中间"聊天"，我了解到了造成此问题更为具体的原因：一是课外阅读书籍来源匮乏。首先是学校藏书数量少，内容陈旧，而且大多数学校图书室未向学生开放，学生想读书却无处借阅；其次是多数学生家中没有图书，学生放学回家想看书却无书可看，有好多家长认为课外书是"闲书"。二是教师的阅读状况也堪忧。

我也是农村长大的孩子，我知道，农村的孩子比城里孩子更需要阅读，阅读能为他们打开一个更大的世界。

"一流的阅读环境，自身会释放出育人的能量。"我决定先从补足图书数量、营造阅读环境做起。按照"把书放在最接近学生的地方"这一思路，我开始四处奔走，多方筹措，终于凑到了200多万元的资金，专用于打造"三级阅读空间"——500多平方米的校级阅览室、三个专属的年级阅读区、50口教室的班级阅读书架，有效拓展了阅读空间。为把书放在距学生最近的地方，还购置了240个公寓阅读橱，建设了开阔温馨的师生读吧、餐厅图书墙，在花园、文化长廊设置阅读凳。

开放的阅读空间带来的是一系列看得见的变化。"每天的午休时间，我都来这里找自己喜欢的书看。"在七年级阅读区看书的学生张鑫磊说，跟小伙伴们一起或忙着翻找钟爱的书籍，或小声讨论书中的情节，现在已经成了他的习惯。

为了激发教师的读书热情，让每位教师都能挑选到自己最喜欢的书籍，我校每年投入10万元，创新开展"你读书我买单"活动，让师生从最新书单自行挑选，学校统一采购。每个寒暑假，教师都可以自主选择自行购买自己喜欢的两本书，开学后再由学校报销后充实到学校图书室。为解决经费问题，学校先后联系爱心企业捐赠30多万元图书充实各班级阅读书架，同时建立电子阅览室。

老师们编写了《沂蒙精神教育读本》《少年英雄》等校本教材，开展经典诵读研讨课等教研活动，对各学科阅读教学进行课题立项研究。我校以课题研究带动读书，引导老师们向书籍这位不会说话的老师请教，从而爱上阅读，也是一大"妙招"。

短短半年内，"我是读书人"成长共同体建立起来了，读书汇报会、荐读演说、悦读大讲堂等"悦读经典·点亮人生"读书系列活动纷纷启动……不到半年的时间，我欣喜地发现：每周一的教干例会，老师都开始乐于分享自己的阅读心得了，老师们讲课也能"旁征博引"了。"是学校组织的各种读书活动夯实了我的专业功底。"全市英语教师基本功大赛一等奖第一名获得者姜婷婷说。

与教师"我是读书人"成长共同体一同成立的，还有"书香伴我成长"学生读书共同体。随之，班级、年级图书漂流活动，"书签制作比赛"，"讲故事比赛"，"课本剧大赛"相继启动。大语文阅读教学，每天晨诵、午读、暮省，每周一节阅读感悟写作课程，读书品鉴会、分享沙龙、校园"朗读者"，白桦林文学社、校园广播社团、《悦读青春》读书报等也像雨后春笋一样"冒"出来了。

我校多次深入社区举办家庭教育讲座，100多名家长自发组建"陪伴是最好的教育"读书共同体，"小手拉大手"亲子共读，评选年度十佳读书家长……"最初是想学点教育孩子的方法，结果改变了自己待人处事的观念，不再怨天尤人，工作业绩迅速提升。"七年级五班学生家长祝自学说。

我校姜秀娟老师带领沂田庄社区20多名家长录制的节目，被中宣部"学习强国"平台采用，120多个学生家庭获评各级"最美家庭示范户"，半程镇能够获评全国文明镇，"半程中学的读书推动功不可没"，原镇党委书记孙玮连连夸赞。

我校李玉杰老师发现，原本低年级学生好奇多问，活泼好动，自控力差，但从学校"整本书"进校园、进课堂活动的开展以后，课间，孩子们不再是在教室内大声喧哗，追逐打闹，每个孩子都能抱着一本书，安安静静地阅读，有时也会看到孩子们聚在一起，交流书中有趣的情节。

教室、走廊的读书角、操场上……校园的每个角落都成了孩子们阅读的乐园。变化不仅能在孩子们身上感受到，老师自身也悄然变化着。在陪伴孩子们读书的过程中，为了让孩子们能喜欢上读书，李玉杰老师变得更加喜欢去思考，去创新，他也表示会带着学生一起走下去，给孩子们的人生打下良好的基础，让书香充满整个校园。

（四）品牌文化领导力

我校以"更好地发挥全市窗口学校的影响力"定位未来战略，追求打造全省一流，全国一流的新劳动教育标杆示范学校。我们的发展愿景是强化内涵发展，精心打造"品质六园：新劳动教育校园、红色校园、书香校园、科技校园、运动校园、文明校园"，努力让每个学生都拥有成长的快乐，让每一位教师都享受职业的幸福。

定位和丰富学校的形象力。学校的形象力是学校精神理念通过师生显现的物化形态，是社会公众感知学校最直观的对象。学校形象是无形资产，良好的学校形象可以调动师生爱护学校的积极性，促使师生自觉律己，增强学校的凝聚力，保证学校向明确的目标迈进。我校以"我是幸福的半程人"为践行标准，努力提升学校的信誉度、美誉度。

我们精心打造了以新劳动教育为核心的特色校园文化。首先，以"沂蒙精神"为核心的红色文化打底。我校深入挖掘红色资源中的劳动基因，积极融入课堂教学中，组织红色游学，踏足远行等。

特别是我校地处沂蒙精神重要的发源地，红色文化滋养了学校，使学校具有水一样的灵气。我们组织编写了《沂蒙精神教育读本》《少年英雄》等校本教材，让学生了解伟大的沂蒙精神是革命先辈为了国家富强而奋斗不息的精神，激励师生了解历史、爱我家乡。

其次，以各项活动为载体，为学生提供学习和展示的平台，让每一个孩子在新劳动教育的天地陶冶情操。每年学校都会举办伴成艺术节，科技节、书香节，"非特质文化特色展""百幅国画创作展""科普进校园"等一系列活动使更多的孩子成了非遗小传人、小画家、小科学家。

2019年，在中国教育新闻网主办的全国书香校园优秀案例评选中，我校获得了"2019的全国书香校园优秀案例"。《山东教育报》曾以《一所农村学校的"蝶变路"——记山东省教育系统先进集体临沂半程中学》为题，整版专题报道我校通过"一年抓规范、两年抓提升、三年大跨越"，将一个落后校打造成新劳动教育全省一流的标杆示范校，这都是我校品牌文化领导力的彰显。

二、体制创新，从管理走向治理

在学校快速跃进式发展的进程中，我校由原点发力升级为节点发力，新劳动教育学校的结构也随之发生了变化。我们作为学校管理者，必须与这种变化相适应，因势利导、顺势而为，才能使新劳动教育标杆学校的建设豁然开朗。

在学校管理体制建设过程中，创新学校管理方式，构建现代学校制度，以期实现学校从"管理"走向"治理"的转型，对于建立新劳动教育标杆示范学校具有重要意义。学校"治理"区别于学校"管理"，主要表现为从人治走向法治、从封闭走向开放、从控制走向协调、从单一走向系统、从约束走向自主的理论与实践创新。

（一）吃午餐这件小事儿

好学校离不开对细节的重视。小问题不忽视，防微杜渐，随时随地落实治理；小角落不瞒过，紧盯细节，让治理步步到位；小成绩不忽略，让人人都得到尊重；小进步不错过，搭建师生不断进步向前的阶梯。

在当今基础教育界，有很多学校在做"大教育""新教育""全教育"，但其实从校长到学生，最重要的是一个"小"字：不忽略小问题，不瞒过小角落，不忽略小成绩，不错过小进步。

我们也许取得了很多"大成就"，但究其根源都归功于创建治理的"小思路"。"小"不是视野小、格局小，而是"以小驭大"的"小"，是管理落实到最细微的地方的"小"，是关注到容易被忽略的角落的"小"，是看到每一位师生的内心深处的"小"。

教师消极懈怠、教学质量滑坡、生源外流严重……四年前，我踌躇满志地到半程中学上任时，面对的就是这样一所薄弱的学校，仿若疾病缠身，垂垂老矣的朽者。

怎么办？我是焦虑得"食不甘味，夜不能寐"。几番思忖后，我决定从与师生生活最息息相关、最迫切需要解决的"吃饭问题"开始入手，再行"各个击破"。

当时，上任第三天，就先后有几位教师走进我的办公室"诉苦"：学校食堂饭菜太差，教师吃不下，只能四处"打游击"，学生甚至交了餐费也不愿意吃，家长对此更是意见颇多，社会反响也不是很好。

这个问题出现的根源在哪儿？如何用最快的速度了解情况并解决问题？我决定通过"请客"来打开一条路。

"校长明明知道学校餐厅饭菜没人愿意吃，为啥请客还要选在这里？"接到邀请的校委会班子和中层干部肚子里在嘀咕，既有不满，同时也有些纳闷：这位新校长的"葫芦"里，究竟卖的什么药？

一顿饭吃完，我召集他们到会议室开个小会。正当大家面面相觑之时，我给每个人发了一张纸条，说明了自己真正的用意："今天我不谈管理，就谈治理，如何真正针对痛点，解决师生最关心的问题。对刚才这顿饭菜，对咱们学校餐厅有啥意见和建议？请大伙不记名写下来。"

"油不好""口感不好""蔬菜不新鲜""菜品太单调"……五六分钟的时间，几十个问题也收集齐了。

　　问题一条一条梳理下来，一套"明厨亮灶，阳光食堂"的整改方案也出炉了。

　　最后，大家达成了一个共识："搞教育，学生的身体素质是第一位的。要有好的身体素质，首先要吃好饭。所以，学校食堂必须办好！"

　　这种工作方式，源于我的工作经历。参加工作26年，从一名中学语文教师到镇中心学校再到区教体局，不同的工作岗位，让我学会了从不同视角看待教育。尤其是在兰山区教体局宣传工作岗位上奋战10年的经历，更让我养成了用记者的眼光去发现问题、寻根问底、深入调研的习惯。

　　方案的出炉伴随着学校紧锣密鼓的行动，此后每天早晨7点，学校餐厅门前都会准时上演特别的一幕：我校22名校委会成员分成11组，秒变"检验员"，与餐厅管理人员、餐饮公司人员共同验收食材数量和质量。检验过关后，食材方可进入餐厅。

　　一开始，供货商们对我们此举还有些不屑："零基础"的"检验员"，也不过就是摆摆花架子的"纸老虎"，"唬人"罢了。

　　"无根须的豆芽一定是添加了化学成分""外形不规则，底部有疙瘩的西红柿一定是农药超标""优质的芹菜要求叶柄长而粗"……这些都是我们快速辨别的"一招鲜"，"当然，这些经验都是我们从市场上和网上一点一滴学来的，每隔一周，我们都会在校委会内部开展一次培训"。

　　时间长了，供货商也看到了我们的"专业"检验水平，也不敢再存有以劣充好的侥幸心理。这件事慢慢传到了学生和家长耳中，也成了美谈。

　　对于餐厅财物管理，我校也实施了"三个分离"——用材与采购分离、账目与钱款分离、利益与评价分离，周清月结。另由家长、教师组成"美食协会"商订菜谱，并特聘营养师把关调整。同时，严把饭菜加工关，安装了27个摄像头和1个电子屏，与区食药监局联网，实现360度无死角监控，家长、教师可用手机实时查看，达到了"线上餐厅""掌上餐厅""透明餐厅"的标准。

　　不到两周，我们餐厅菜品变多了，口味也变好了，师生就餐人数从130多人猛增到1500多人。

　　同时，我校建立了根据师生对饭菜的满意度来支付餐饮公司劳务报酬的模式，建立有效的退出机制，使餐饮公司利益诉求和学校的管理期望保持同向，这在全区都是首创。一年的时间，学校就获评全区学校"十佳餐厅"，全区学校餐厅管理现场会也在我校召开。

"真没想到，这位看起来性格温和的书生校长，做起事来却是风风火火，雷厉风行。"大家对我这位新校长有了一个"颠覆性认识"。

教育的"道"体现在小事里，体现在领导的亲身示范上、教师队伍的优秀表现上、学生素养得到社会赞誉上。良好的治理保证学校健康发展、有序运行，能够带动学校整体实现跨越式发展，为学校打造国内领先教育品牌、成就新劳动教育标杆示范学校提供有力支撑。至此，我们不妨更深入地探究一下，学校从管理到治理的领导力建设奥秘。

（二）三位一体治理模式

在半程的校园里，你能感受到一种融合感：人与环境是相融的；师生整齐划一的文明行为与学校洁净规整的校区校舍是相融的；人与人之间也是相融的。

大家虽然身处不同岗位，但都秉持着同样的理念，每个人都各司其职，尽力做好自己的事，学校良性运转，这就是管理智慧的体现。

一所好的学校，成员拥有与自己岗位需要相符的思维方式，能够正确处理好三件事："过去规定的事情""现在发生的问题""将来要做的事情"。这种"三位一体"的管理模式让学校的治理变得更有序，具体表现为：

（1）全体老师、全校工作人员将"执行"无条件地落地，把学校"过去规定的事情"做好。一所学校几千名学生、几百位老师、几十个工作岗位，学校里每一天发生的教育事件多而繁杂，如何保证这些事情都是有序、可控的？我校的做法是：强抓常规建设，强调岗位常规，让人人坚守自己的岗位、完成已经规定下来的事情，从而保证各个岗位、各个环节都能够按照学校既定的制度、规则办事，令"处处协调，事事顺利"成为常态。

（2）中层领导、岗位负责人将"应变"充分地体现出来，把学校"现在发生的问题"治理好。学校大，难免发生问题，处理问题既不主要是老师和普通工作人员的责任，也不主要是校长的责任，而是要依靠岗位领导迅速治理、应急治理。学校的中层领导能做到"问题快治理""问题不推脱""问题不过夜"，"现在发生的问题"就能治理好。我们认为，良好的人际关系是工作顺利推进的保障。依托淳朴的传统，学校在管理上注重营造和谐的人际氛围，让尊重、平等、宽容、欣赏成为师生们的寻常心态，从而有利于中层领导、岗位负责人迅速落实工作。只有中层教干的执行力强了，学校的各种问题才能得到解决。

（3）校长带领专业人员、专业团队将"规划"放得更高更远，把学校"将来要做的事情"先想好。校长的责任是"坚守"和"创新"，坚守容易，创新难，而校长的创新力也来源于良好的管理文化。正是因为老师们扎扎实实做好了"过去规定的事情"，中层领导及时治理了"现在发生的问题"，校长才能在坚守中分出精力来规划"将来要做的事情"。这种"三位一体"的治理模式看上去是有层级的分工，把学校人员的行为"一分为三"，然而实际上是环环相扣、相辅相成的。人人把自己的本分守住了，学校再严也不"死"，学校的严格治理与内在的健康通达是分不开的。当每个岗位上的每个人都不再需要校长天天去管理时，校长在治理的过程中就少了冲突，多了配合，领导力自然就形成了。

（三）从层级制到扁平化

当前，中小学沿袭多年的以"上层"为"指挥部"，以"中层"管理机构为运作"轴心"，以"基层"松散组织为补充的纵向管理体制，已经在逐渐崩溃。

这是一种"层级制"的管理模式，套用了西方"上传下达"的阶梯式管理。这一管理的价值在于"控制"，上层对下层具有良好的控制力。因此，这一管理模式的运作保障是"完整严密的制度"和"及时准确的执行力"。

但是，很多学校在采取这一管理模式时，重心偏高，中间环节偏多，一线管理薄弱；在管理方式上，多为自上而下的行政干预，容易导致运作不畅，缓慢低效。

在我校，事实上是有两套系统在运作的：一套是"类似行政系统"的行政体系，可以采取"自上而下"的行政管理模式；另一套是"类似科研创新系统"的新劳动教育体系，应该采取"自下而上"的由兴趣到课程研发的模式。而"扁平化治理"的运作方式最适合这两种模式的实现。

为打破管理体制的制约，我校先觉先行，毅然推行扁平化治理体制，迄今为止，已经四年了。具体来说，就是加强"顶层"建设，强化决策职能；弱化"中层"管理职能，强化服务意识；加强"基层"的"级部"建设。

全校实行"级部负责制"，小学部和初中3个级部，各自全权负责本部的各项工作，其角色类似"校中校"，而后勤直接为上述级部服务，并接受各部的考核和评价。"上层"设立校长、副校长岗位，其他领导全部下到级部，会同级部主任组建管理团队，在级部主任的统一领导下开展工作。

级部管理团队办公地点设在级部，靠近师生，以便实施治理。这一治理体制变"纵向"为"扁平"，降低了管理重心，减少了中间环节，整合了管理职能，克服了纵向管理中的多头、分散管理带来的扯皮现象，提高了管理效率，把被旧体制束缚的活力释放了出来。

在扁平化治理的调动下，教师的积极性普遍提升，许多教师把入选毕业班任教视为一种荣誉，他们勇挑重担，高强度"海量"工作，虽然辛苦，却又为自己的付出得到同侪和学生的认同而感到自豪。

在我校，"扁平化治理"给老师们带来了"获得感"。每一位老师所做过的每一次努力都会被记住，于是，老师们用行动诠释了"特别会工作，特别会生活，特别能创新，特别能奉献"的教师精神：虽然身体不适，也陪同学生在烈日下军训；为了帮网瘾学生打开"心结"，带学生一起回老家过年，以耐心和真情让学生迷途知返；产假没休完就主动返回工作岗位；积极参加培训、进修心理健康教育相关知识，利用休息时间义务为孩子们做心理辅导……这样的动人故事在学校比比皆是。在老师们看来，为"家"工作、为"孩子"付出，再苦也心甘情愿，再累也乐在其中。

正如老子的"无为"思想，"无为"是"不妄为"的意思，就是时时、事事按照规律来。迁移到管理上来说，就是人人都需要一个平行的结构，继而生长出人人负责的智慧。扁平化治理告诉学校教职工：每一个治理者也是一个执行者，人人负责，人人到位，在其位、谋其政。

（四）改革赋能劳动教育

最好的领导者让团队里面的每一个人都有方向感，人人愿意追随这个方向去努力。学校要把管理做"小"、做"低"，但是作为校长，我心中始终怀有一个最大的梦想，那就是把新劳动教育办成全国第一。

在我校发展、壮大的曲折道路上，始终需要有颗"北极星"指引着前进的方向，需要有一面"镜子"映照着前行的人们，需要有一团"火焰"温暖着开拓者的心灵。这就要求我们必须打造一支传承和弘扬优秀办学传统、不断开拓进取的领导团队。

近4年是学校转型升级、实现跨越式发展的关键时期。我校领导团队高举新劳动教育大旗，提升士气，在新起点上前行；借力全国劳动教育强化建设的东风，量身打造新的发展规划，推动学校课程改革的"顶层设计"；集中群众智慧并发挥团队创意，设计、完善了学校以"相伴相成，自力笃行"为核心的理念体系，并逐步内化为师生共同的价值取向和行为方式；通过实践积累和头脑风暴法，保证了以目标为导向、以培养学生学科思维为重点的教育教学改革路线图；打破思维定式和陈旧羁绊，改革了管理体制，探索出领导力有效落实的机制。

2018年年初，学校校委会通过了一项重要决议：要让每一名学生参与到新劳动教育之中。我校的田士宏老师感慨地表示："当时一部分人对这一决议持怀疑态度，但是，绝大多数人认为校长的观点是无比正确的。校长认准了的事情，是一定要办到的。正是在绝大多数师生的积极拥护和校长的领导下，我们才有了今天的成果，学校的劳动教育在临沂腾飞，并且走向全国。"

三、课程课堂，从封闭走向开放

无论规划了多么宏伟的办学目标，引进了何等雄厚的师资力量，最终都是通过课程来实现教育教学的。课程是育人的核心和载体，决定了学生走什么路，去什么地方，用什么交通工具，一路上都有什么风景，会有什么样的体验等。对此，教育界人士形象地做了一个譬喻：基础教育课程改革是素质教育的心脏工程。

对学校而言，发展的关键在于"课程与教学"，切实抓好课程与教学，落实育人目标，学校发展才有旺盛的生命力。因此，课程可以作为我校发展的关键事件，并一以贯之加以强调，让学校规划实施有事可做，而不是写在纸上的白话、锁在柜子里的空话、拿出来应付检查的假话。

课堂是什么？课堂是教学的核心，是课程落地的主要方式方法，是学校育人的主阵地。据统计，学生一天的学校生活80%以上是在课堂度过的，课堂就是教学的代名词。厘清了课堂与教学的关系，课程与课堂的关系也就一目了然了。

美国课程学者泰勒等人用三个隐喻说明课程与教学的关系：课程若是建筑图纸，教学就是具体的施工；课程若是一场球赛的方案，教学就是球赛的过程；课程若是一个乐谱，教学就是作品的演奏。这三个隐喻形象揭示了教学是课程实施的渠道和载体，课程目标必须依赖于教学这一载体才能实现。

（一）系统的课程化建构

我校在充分考虑师生情况及新劳动教育资源的基础上，开发设计了新劳动教育课程体系，为了使"劳动教育"真正落地，基于"凝聚学生劳动素养，促进学生全面发展"的课程目标，将课程划分为基础性劳动课程、创生性劳动课程、发展性劳动课程和学科性劳动课程群。

在新劳动教育课程体系创建过程中，每位师生都收获满满，幸福满满。基础性劳动课程群旨在通过日常生活情境的构建，通过体验式劳动教育，让学生发现劳动的价值；创生性劳动课程群则是培养学生"会设计，勤思考，能动手，爱劳动"等综合能力，最终指向劳动实践与创新；发展性劳动课程群是为了进一步促进学生个人价值的实现，打破社会与学生的围墙，让学生与社会连接，让学生在真实的社会场景中，发现自己的人生志趣；学科性劳动课程群旨在追求"智从趣生，趣由智始，智趣共生"的境界，使学生在乐学、善思、乐享的新劳动教育学习过程中提升各学科素养，追求劳动教育和学科融合的真义，让学生在智慧中聪颖，在趣味劳动中成长。

王鸿老师是我校新劳动教育课程体系中创生性劳动课程开发的负责人之一，在他眼中，吉他、书法、奇石等创生性劳动课程的开设，为丰富的校园生活增添了色彩。身为一位学校吉他社团负责老师，他感触最深的就是，自身价值得到了充分肯定，才能得到了最大发挥，能和孩子们在教室里快乐地弹吉他，这样有滋有味的校园生活，是他万万没想到的。这样的学校生活使他感到幸运，庆幸自己遇到一所关注学生全面发展的学校。

幸运的不只是老师，还有学校的孩子们。孩子们对这些课程的开设，感到新奇，经常会带着吉他进行练习。而学习不能只靠学生对乐器的新奇，还要有吸引他们的本领。学校制订了授课计划，根据学生能力的不同，每个年级有不同的学习任务。

从一年级的小羊羔到六年级的民族舞曲，从认识单音到模唱乐谱，从简单的弹奏到有感情的吹奏，阶梯式的学习任务让学生在体系化的教学中成长。而且学校每年都会举办伴成艺术节，在艺术节上每位孩子都会上台展示自己一学期的学习成果。王鸿老师说看着孩子们自信的样子，他觉得这就是教育最大的成功！

（二）创新的参与型课堂

四年以来，新劳动教育已经深入人心。新劳动教育更强调过程和经历，尊重兴趣和个性，倡导良好的师生关系和生生关系以及同伴互助。对于孩子们来说，在学校里学习的点点滴滴进步的滋味，就是一棵棵茁壮成长的小树苗的肥料和养分，从而让每一个半程的学子走向灿烂的人生。

学校的新劳动教育课堂，是"学生有滋有味主动学"的课堂；是"同伴互助合作学"的课堂；是"师生搭台学生唱"的课堂。学校的劳动教育始终坚持把教育实践摆在突出位置，因此着手进行了以彰显教育属性的新劳动教育课堂的创建。在原来兴趣社团课模式的基础上，初步完成了学校新劳动教育课堂的创建，形成了学校新劳动教育团队合作学习评价体系。

2018年至今，学校新劳动教育课堂研究进入"深水区"，目前已经形成了新劳动教育高效教学策略和团队合作学习评价体系，开发了各个年级结构化预习的策略方法和各类劳动教育课型及课堂操作流程。

2020年刚入职的刘丽丽老师表示，自己能来到半程中学任教就特别幸运，特别幸福！刘老师说，刚工作时，由于她自己是传统教学模式下出来的学生，一上课就模仿了曾经的老师们，我"讲"你"听"。

但面对如今的小孩子们，这些"新新人类"，满堂灌的课堂已经无法吸引他们了，她开始陷入了困惑。我是在给每一位新老师安排休息室的时候，了解到这一情况，一方面，我鼓励她转变思路，突破自我；另一方面，我安排了学校有着丰富新劳动教育教学经验的刘波老师按"老带青"的传统，积极帮助她。

几节课下来，她就真正体会到了教学的艺术与乐趣。在她的课堂上，通过小组合作学习，学生学习的主动性和积极性增强了，参与欲提高了，学生在合作学习中甩掉了胆怯、害羞、害怕出错的包袱，敢问敢说，即使那些一向"少言寡语"的内向学生也产生了跃跃欲试的冲动，性格变得开朗起来，精神面貌焕然一新，自信心得到了加强。而她自己，也从一开始的不信任学生，到现在慢慢放手，将课堂还给孩子，对于她自己、对于学生，都是一种大的转变。

（三）丰富的拓展课型群

从2018年开始，为给孩子们的成长和发展提供更多的可能性和选择性，我校拓展新劳动教育课型群，立足于跨学科素养的培养，选择与学科的核心内容和大概念密切关联的主题性任务，着力学科间课程资源的整合，注重课程资源的联系性、整合性，挖掘学科边际效应，将相关内容形成统整编排，形成课程化资源，形成新的综合学科课程。

在此理念的指导下，历史组开发了《走近历史名人》拓展课型；生物组开发了《生命脉动》拓展课型；道德与法治组开发了《模拟法庭》《辩论会》等拓展课型。我们在艺体类课程开发"1+特长"拓展课型，目的是让学生在掌握音乐、体育、美术等课程的基本通识知识的基础上，能够熟练掌握一门具体的艺体技能，从而让学生在深入的学科实践中，实现艺体素养的培养。例如：音乐学科开发的《京剧欣赏》《非洲鼓》等课型，体育学科开发的《英式橄榄球》《花样跳绳》、艺术学科开发的《奇石》《剪纸》等丰富课型，以全日制的课型让全体学生学习。

为了提升学生的思想道德素质和法治观念，立足道德与法治学科教学，积极创建拓展课型群，初一、初二、初三年级分别开展了课本剧、辩论会及模拟法庭等课型群。初一年级主要开发了课本剧课型群。

在学习《青春时光》时，为了指导学生正确对待情感问题，根据教材内容老师指导学生自编自演了怎样正确对待男女生之间的关系的课本剧《我们是好搭档》，通过表演引导学生明确男女生之间产生爱慕情感是正常的，但是青少年时期是学习的大好时机，应该把主要精力用在学习上，正确对待男女生之间的友谊。

道法课的课本剧表演，采用话剧、小品等各种学生喜闻乐见的艺术形式，由学生根据教材内容的主题自编、自导、自演课本剧来进行思想品德教育，这种教学丰富多彩，改变了只有教师一个人简单说教的乏味。在自我觉醒、自我感悟、自我反思的过程中，学生的情感态度价值观发生了改变。

（四）给学生更多的尝试

在学校的课堂上，不同的岗位体验成了课堂上孩子们喜欢参与，也是最能证明自己的教育实践。

陶行知先生曾经说过：只要把儿童解放出来，小孩能办大事，也能互教互学，自己当"小教师"。比如体验老师岗位的小助理，在课堂上有板有眼地引导同伴学习，而同学们学习热情更加高涨，真是既解放了老师，又发展了学生各方面的能力，实现学科教育与新劳动教育的融合，一举多得。

七年级的王刚同学是语文课的学术小助理，她表示自己一开始当小助理很怯场，但是在与老师一起备课，与同学交流分享的过程中，她感受到了课堂的乐趣、"教学"的乐趣，她慢慢地找到了自信，慢慢地更喜欢展示自己，语言组织能力、观察能力、随机应变能力都大大提高了，即使有外校的老师来听课，她也能在台上讲得自信满满、绘声绘色。

八年级的刘明同学最大愿望是当一名厨师，因为他喜欢各种各样的美食。当得知在学校的新劳动教育课堂上，可以到餐厅真正体验厨师的岗位，他便主动报名。在老师的带领下，刘明同学来到餐厅，跟着大厨师一步一步学习如何炒土豆丝。从削皮、到切丝、再到各种调料的搭配，他学得很认真，看厨师操作了几遍后，小厨师就开始上手，虽然第一次盐放得有点多，但是他对自己炒的土豆丝打出了一百分。

九年级的张力同学特想当警察，他便主动申请当保安。穿着保安的制服，迈着轻快的步伐，他正式开启了一天的保安体验。那股神气劲儿，站在门口，严格检查每一个进入学校的人员身份。凡不是学校的师生，他都会严格执行规定，拒绝其入内。我问他，你知道你的使命是什么吗？他骄傲地回答道，保护每一个师生的生命和财产的安全，是我神圣的使命。

四、教师发展，从专业走向卓越

习近平总书记说过："一个人遇到好老师是人生的幸运，一个学校拥有好老师是学校的光荣。"教育的改变，学校的崛起，首先就是要培养一支能征善战的教师队伍。好老师就是好课程，教师发展是学校发展的中枢系统。没有教师的发展，学生的发展、学校的发展只能是"有限度的发展"。

我校把优化师资队伍、促进教师专业发展作为推进学校教育教学发展的重中之重，多维度、多途径、全方位推动教师从普通教师到优秀教师，再到卓越教师，探索出了一条符合学校实际的教师专业发展之路。

（一）书香校园，精进专业

陶行知先生说："要想学生学得好，必须先生好学。只有学而不厌的先生，才能教出学而不厌的学生。"在信息时代，教师更要具有丰厚的专业素养，需要精湛的专业技能，这些唯有勤奋的学习、刻苦的磨炼方能达成。

近十年来，我校以打造"书香校园"为契机，培养"书香教师"、评比"书香班级"，每年一届的"书香节"活动倡导师生共读，每学期举行教师读书交流展示活动，每周为教师准备人手一份的"推荐阅读"，邀请文化名人进校园开展专题读书讲座，定期邀请有特长的教师开展人文、艺术讲座，为教师免费订购专业报刊、购买业务书籍，全面提升教师的职业素养。在我们校园，阅读已成为教师的一种生活方式。

为了激发教师的读书热情，学校在年级交流的基础上，还定期举办以"做一个思想者"、"做一名新劳动教育的阅读者"等为主题的读书沙龙、好书推荐会、学分享会。在活动中，老师们的演讲或主题深刻，或角度新颖，或材料典型。

我校主抓教学的郑新发副校长以《教师应该是思想者》为题，倡导教师把读书作为一种生活方式，他的"读书可以滋养'底气'，而思考则带来'灵气'"的论断，让场下的老师醍醐灌顶。王鸿老师的《做一个专业的班主任》指明了一个教师发展的方向，田士鸿老师的《做最好的班主任》充分展现了一个教育者的情怀和信仰，张老师的《给教师的一百个建议》为我们的日常工作把脉，答疑解惑。

通过开展读书活动和读书体会交流活动，广大教师与书本为伴、与经典为友、与同伴对话、与大家分享，既陶冶了情操，又提升了自我、引起了共鸣。读书活动的持续开展，促进了教师教育理论素养的不断提升、专业智慧的不断积累，为学校构建了一支知识广博、业务精湛、积淀深厚、精神高尚的教师队伍。

（二）实践创新，不断生长

为了拓宽教师的职业视野、丰富教师的培训内容、提升教师的专业能力，我校充分利用自身的特色资源，依托有计划的主题研修，把省内外著名的专家学者请到学校，让教师近距离地走近大家，接受名家的专业指导，引领教师的专业成长。近年来，学校先后邀请了几十位专家名师来学校讲学、示范，为教师的专业发展提供样本，进一步激发教师专业成长的热情。

同时，学校每年还通过主办或承办省市高规格的教学研讨、教学评比、主题论坛等活动，为教师提供学习的课堂、搭建展示的舞台，促进教师努力进取，实践提升。近几年学校先后承办的省级科题座谈会，还有很多市级的学科教学研讨与观摩、主题现场展示等。密集而高端的学术研讨活动，既让老师们开眼界、长见识，又让老师们有机会上台展示，接受专业指导。

教师的专业发展需要多角度、全方位的关心与支持，他们不仅需要理论学习、专家指导，更需要在实践中学习、思考、体验和提升。学校抓住一切机遇，为教师成长提供历练的平台。其中，"走出去"就是一种方便有效的路径与方式。

（1）省内外交流研讨。学校利用丰富的外部资源，有计划地组织骨干教师到省内外名校挂职学习，到上海、浙江、黑龙江等名校开展学科教学研讨或主题论坛活动，通过对不同地域、不同文化背景、不同办学特色学校的学习考察、学术研讨、展示锻炼，获得自身专业成长的感悟与提升，这有着事半功倍的效果。

（2）组织学习共同体。根据"伴成教育发展共同体"的计划安排，在十多个成员单位范围内开展教育教学活动观摩研讨、专题交流等活动，组织教师参与学习，提供现场，接受指导。这项活动已经让近百位教师经历过程，接受磨炼。老师们很珍惜走出去学习历练的机会，在"予人玫瑰"的同时，实现自我专业成长，体验自我职业价值。

（3）鼓励创新创造。陶行知说："教育就是社会改造，教师就是社会改造的领导者。"陶行知的观点表明了教师创新精神的重要性。我们学校的陈凯老师是一位有着超凡想象力和创造力的音乐老师。他从一名党办主任回到他钟爱的音乐课堂，本身就是一种创造的体现。

谈起音乐课堂的创造，他的喜悦之情溢于言表："半程中学是新劳动教育全国领先的名校。刚回吉他社团的我激动地谈起重回课堂的喜悦，谈起自己的音乐教学主张——开设吉他社团课程，让学生在各种音乐游戏活动中感受音乐、学习音乐、创造音乐。没想到，学校采纳了我的建议，开设了吉他教学这一课程，并由我担任这一课程的教学工作。从勾勒描绘到完美呈现，这是个艰辛而漫长的过程。没有教材、没有范例，脑海中只有一些还不完善的构想和思路，一切都是未知。那段时间，我查阅了一切所能借到的国内外音乐教学资料，观摩所能找到的课堂教学实录，外出旅游时的第一目标也是去书店搜寻有关书籍。一年中，我编排了十几个吉他曲子，还设计了多种音乐体验课。"

（三）激发动力，走向卓越

人都是有个性的，但是职业色彩浓厚的教师，其个性应该符合教育的原初价值，并被学生认可。"亲其师，信其道"，学生亲近你、认可你，你才可以施展个性的影响力，更好地为孩子的成长服务。

教师的个性，在与学生交往中形成，教师的个性都充满爱、充满智慧。可以说，凡是被学生所喜欢和崇拜的老师，都应该是有个性的、与学生亦师亦友的老师。教育学者朱永新说过："教师的幸福不仅仅是学生的成功，同时应该是自己的充实与成功。"教师不仅具有良好的学科专业素养，能够胜任教育教学工作，还要拥有一定的兴趣爱好和专业特长。这些不仅可以服务和促进教师的职业生活，还是教师自己的生命成长和生活丰富的重要行为方式。

在实践中，我们从"自我发展"的最高需求入手，鼓励和引导教师将自己的个性追求与职业发展有机结合，关注教师的发展需求，尊重教师的兴趣爱好，努力创造条件为教师的个性发展搭建展示的平台。

我们学校的张健玲老师，一名普通的英语老师，她与全临沂市的英语老师同台竞技。作为一所村镇中学，尤其是一所以前讲课比赛一直止于区级的学校，忽然要到市里参加比赛，她心里充满各种担忧，自己行吗？自己不会输得太丢人吧？自己还是不去了吧？

这些对自己的质疑，表现在她的脸上。我看到了，便问她："张老师，第一名有信心吗？"

她像被电了一下："校长，您别开玩笑，我还在想以前从没有到市里参加过讲课比赛，我还是别去丢人了。"

我笑着给她打气："张老师，推荐去市里参加比赛，是全校师生对你的信任。不要害怕，我相信这只是个开始，以后你还会去省里，甚至参加国家层面的比赛。而且，以后会越来越多我们半程的老师去参加这样高级别的比赛。"

"感谢校长的鼓励，我还是担心经验不足。"

"经验是磨出来的，从今天起我们全校老师就是你坚强的后盾。我们都陪你一起磨课，相信你一定会把第一名拿回来的。"

就这样，在学校老师们的支持和配合下，张健玲老师一鸣惊人，拿下了市里英语授课比赛第一名。现场不知道半程中学的老师，纷纷打听学校；知道半程过去的外校老师，都纷纷感叹我们学校的发展，能培养出如此优秀的老师。

这样的例子还有很多，我校教务处的刘波副主任，今年32岁，连续带了五届初三毕业班，在学校的培养下，也拿下了市里讲课第一名。孙僮老师、石磊老师来我校没几年，也在学校语文组的积极支持下，纷纷拿下了区语文讲课的一等奖。

2019年刚加入我校信息学科的王凯老师，第一次进校当老师，很年轻也很有活力，在我校的培养下，入校不到一年的他就拿下了兰山区农村组一等奖。这样的例子太多了，学校就是用各种资源帮助老师幸福成长、快乐生活。

五、评价体系，从单一走向复合

教育评价是学校治理的重要内容，也是教育改革的重要环节。评价直接影响着学校的办学行为、教师的教学行为和学生的学习行为。同时，评价还深刻影响全社会的教育观念，进而影响家庭的教育选择，并在很大程度上影响甚至塑造了一个时代的教育生态。

不久前，中央全面深化改革委员会第十四次会议审议通过了《深化新时代教育评价改革总体方案》，提出了深化新时代教育评价改革的重点任务——

"改进结果评价，强化过程评价，探索增值评价，健全综合评价"，这"四个评价"也为科学有效地开展课堂教学评价确立了总基调。这是一份指导纲要，也是一份"战时"宣言，宣告了中国教育正在向传统的单一评价体系发起"挑战"。

我校实施新劳动教育以来，根据不同课程的性质和特色，制定不同的评价方案，借助信息化工具平台的作用，形成客观、合理、高效的评价模式。发展和完善了包括精准评价、表现性评价、过程性评价、终结性评价在内的多元化多主体化的半程评价体系。

（一）评价维度

1.学生素养评价

新时期中小学劳动教育实践，其价值取向是培育中小学生良好的劳动素养。

北京师范大学檀传宝教授将"劳动素养"诠释为："指经过生活和教育活动行程的与劳动有关的人的素养，包括劳动的价值观（态度）、劳动的知识与能力等维度。"《中国教育现代化2035》更是确立了"劳动精神"这一要点，旨在把劳动当作一种享受，促进劳动创造幸福的韧性追求。结合新劳动教育课程目标的具体素养。

我校尝试进行半程中学劳动达人徽章体系，对学生的劳动表现、劳动规范、劳动思想和劳动创新等几个维度进行评价，体现"新劳动"评价。同时在课程实施过程中，关注学生的劳动意识与习惯、劳动技能与能力和劳动精神与志趣，体现"劳动相伴，点亮人生"的教育。

表1 临沂半程中学新劳动教育课程体系学生劳动核心素养评价表

一级指标	二级指标	评价标准	自评	互评	师评
劳动认知	劳动观念	1.认识劳动光荣与劳动幸福,崇尚劳动,尊重劳动 2.认为劳动是积极的生存方式,是提升公民意识,品格素养和社会责任感的重要路径			
	劳动知识	1.积极参加劳动课程学习、劳动实践体验并收获丰富的劳动知识 2.懂得劳动最光荣、劳动最崇高、劳动最伟大、劳动最美丽的道理			
劳动情感	劳动态度	1.增强劳动感受,体会劳动艰辛,分享劳动喜悦 2.认识到好逸恶劳、不劳而获是可耻的			
	劳动兴趣	1.积极参与生产劳动、家务劳动、公益劳动、义务劳动、生存性劳动、主题劳动、动手实践等,并对其中某一或某些方面劳动学习、劳动体验产生浓厚的兴趣 2.在感兴趣的劳动领域产生持续劳动的热情,并勇于去学习、探究、促进积极的劳动成果产生。			
劳动习惯	劳动意识	1.让劳动意识成为核心素养的重要组成部分,认识劳动的生活性、享用性、体验性、人文性 2.认识劳动联通生活世界和职业世界,将劳动与生涯发展、未来幸福生活联系起来			
	劳动行为	1.认真、主动地完成分配的劳动任务,养成良好的劳动行为习惯 2.在学校劳动、家务劳动、校外劳动学习中展现良好的劳动合作、探究行为			
劳动能力	劳动技能	1.将劳动技能养成与未来职业生涯的可持续发展联系起来,持续提升劳动、生活与职业技能 2.在劳动中展现动手能力与发现问题、解决问题的能力			
	劳动创造	1.劳动创意或创造在服务法人、社会中有积极的认可或贡献 2.展现通过辛勤劳动、诚实劳动创造出的成果			
劳动精神	劳动韧性	1.敢于磨砺劳动意志与品质 2.注重劳动过程中的个人体悟与集体意识,将劳动集体关怀与劳动集体文化创生结合起来			
	劳动价值	1.内化"幸福是靠奋斗得来"的价值观念与精神内涵 2.在正确的劳动价值引领下勇于合作、敢于奉献与牺牲			

2.课程实施评价

我校制定了新劳动教育课程方案的评价指标体系，明确新劳动教育课程评价的对应指标，根据评价结果，评估课程开发是否充分体现学校课程目标，是否具有开发的价值，是否需要调整和完善具体课程内容，开发的优先度等。

表2　临沂半程中学新劳动教育课程方案评价指标体系

一级指标	二级指标	评价标准	评分标准			
			A	B	C	D
课程背景	课程背景与需求分析	①对学校背景分析做到全面、客观、正确、正对性强 ②能够合理评估学生、学校、社区、社会等课程相关的各个要素的现状、条件、需求、发展等				
	课程资源要素评估	①能够合理评估社区资源、家长资源、高校资源等学校外部可以支持课程方案实施的课程资源 ②能够合理评估学校条件、教师水平、学校课程资源等学校内部能够支持课程方案实施的课程资源				
课程目标	总体目标定位	①明晰学校办学目标与育人目标 ②课程总体目标能够精密联系学校育人目标，能按照"劳动相伴，点亮人生"的培养目标定位开设课程，着力培养学生的劳动素养能力				
	发展目标	能够合理设置课程发展总目标和阶段性目标，先建设出可实施的校本课程，再完善，优化，形成新劳动特色课程				
	培养目标	在达到国家课程标准要求的基础上，达成学校"劳动相伴，点亮人生"的培养目标				
	教师成长目标	通过课程的设计、实施，合理设置教师的专业成长目标，与学生共同成长				
课程设置	结构形态	①课程结构符合国家规定和基本课程原理，内容结构清晰，衔接紧密，能够充分体现新劳动课程特色 ②符合新劳动教育课程的基本特征，学校内容具有校本性、多样性和普及性 ③课程在整体课程体系中布局合理（学校课程设置应当品种丰富、组合灵活、分类清晰、布局合理，充分展现"劳动相伴，点亮人生"教育的培养目标）				

一级指标	二级指标	评价标准	评分标准			
			A	B	C	D
课程设置	校本特色	①能够充分结合学校的特色课程资源，体现学校传统及创新方向 ②能够合理规划相应的课程教材开发并稳步推进，可形成具备学校特色的精品课程教材，形成学校课程品牌				
	课程安排	①能够采用设计合理的课程学习方式，例如线上线下结合，必修拓展结合等，确保全体学生都能够参与课程学习 ②能够采用合理的课时安排，在遵照国家规定的基础上，结合课程情况，要比例恰当，保证课程活动的质量和连续性				
课程实施	实施准备	①课程实施规范、合理、有序，有教师编写的相应课程实施纲要，体例规范，操作性强，质量高 ②课程整体设计完善，课程纲要、教学设计、教师用书、学生用书等课程资源齐全 ③以学生为中心，有合理的学生课程学习或操作指引，帮助学生有效进入课程，合理规划课程学习计划				
	实施过程	①强化学生主体性，关注不同年级学生的身心特点，能够根据教学情况与学生情况，及时调整教学内容、教学过程与教学方法 ②创新相应教学方式，精心设计问题，动态把握过程，丰富评价方式，提高课程实施的效果				
	实施保障	能够建立相应的课程教研机制，有效展开教学研究和常规检查，能够不断规范课程实施各环节，逐步提高其适应性、有效性和成长性				
课程评价	评价设计	①能够设计多种方式和多元主体的评价，倡导学生自评，他评，基于"劳动相伴，点亮人生"教育对学生展开评价，能够体现评价对学生的正向激励作用 ②课程目标、课程方案和课程评价能够保持一致				
	运作机制	①课程实施与课程评价能够同步进行，有常规性的评价、定期性的评价，并将评价结果作为课程调整和完善的依据 ②能够编制课程配套使用的评价量表和相关规范性文件，并在每学期初根据实际情况进行优化更新				

续表

一级指标	二级指标	评价标准	评分标准			
			A	B	C	D
课程管理与保障	管理保障机制	①能将课程纳入学校课程的整体管理架构中，建立课程计划方案和实施评级方案之互动的运作机制 ②有相应的课程激励与保障制度，能够鼓励教师、学生积极主动地参与课程的设计、实施与评价 ③能够有计划、有步骤地完善课程教学研究、教师专业培养和课程教材开发				
	配套资源设置	①能够充分利用与共享已有的校本资源，并加强课程资源的自主开发 ②能够确保课程建设与实施配套设施建设与经费投入，合理评估课程投入与产出效益比 ③能够有计划地实施教师的培训活动，建设课程的教师队伍				
备注：			总得分：			

3. 教师能力评价

从课程实施的逻辑上讲，课程实施是落地育人的主要措施，教师的专业成长也体现在其各个环节之中，因此我校将教师的课程能力作为教师课程育人素养的一个评价板块。

表3　临沂半程中学教师新劳动教育课程能力评价指标体系

一级指标	二级指标	评价标准	评分标准			
			A	B	C	D
课程理解能力	理解课程含义	课程是一个发展中的概念，教师首先要抛弃传统的狭隘课程观念，与时俱进，理解什么是课程，知道自己在课程中的角色与责任；				
	理解课程原理	能够理解课程的诸多原理，这些原理均是指导实践活动的有效指南，对于课程活动主体的教师来说，要想顺利完成一系列课程活动，理应具有理解相应课程原理的能力				

一级指标	二级指标	评价标准	评分标准			
			A	B	C	D
课程理解能力	理解三级课程	国家课程、地方课程、校本课程三者之间在管理层面上并非简单的分级，而是基于不同出发点而设置。作为教师，理应具有在理解三者的课程方案与课程标准的前提下对三者进行加工改造并使之统整于自己的教育教学之中的能力				
	理解学科课程	对于学校开设的多门学科课程来说，由于不同学科课程的性质有异，其对于培育学生核心素养的针对性价值必然有别。作为新时期的教师，理应具备理解不同学科核心素养对于发展学生核心素养的针对性价值的能力				
	理解学生发展规律	熟知学生身心智的发展规律和以知识促进学生核心素养发展的规律				
课程设计能力	课程规划能力	①具备能够规划学生素养，确定课程目标，规划课程结构、教学大纲、课程教学计划的能力 ②能够制订教师和学生将要执行的学习计划				
	课程组织能力	①能够研制科学而合理的教学计划与教学方案，筛选并安排好学习材料或学习内容的先后顺序，选用合理的教学设备，选择适宜的教学方法 ②能够基于学生的学习经验，设计相应的学生学及学法指导，促使其把握课程的知识机构 ③能够设计科学的教学评价方法与手段等				
	课程统整能力	①能够熟练掌握自己任教的学科知识体系，了解学科核心知识点与知识结构，并清晰学科育人特点 ②能够了解相关其他学科的知识，并把握其共融共通之处，由此选择并整合有关的教学内容、教学方法及教学形式与评价方式，使之统整于自己的教学课程与教学之中 ③能够及时更新外界的知识变化，并能把握其现实情境与课程知识结构之间的联系，创建课程情境，统整课程内外				
	资源开发能力	①能够尽力通过多种渠道开发校内外的课程资源 ②能够尽力捕捉在课程教学过程中，因师生互动而创生的课程资源				

续表

一级 指标	二级指标	评价标准	评分标准			
			A	B	C	D
课程 实施 能力	教学设计 能力	①能够结合课程目标，将拟定的课程方案或形式型课程转化为学生可以接受或实际上可以操作的实质性课程 ②能够依托课程方案，自主确定教学目标、教学内容、教学方法、教学形式和教学评价等				
	活动组织 能力	能够依托课程方案，设计相应的课程活动，活动的主题鲜明，结构紧凑，各环节衔接自然				
	课堂教学 能力	能够顺利地实施教学，包括课堂形态的教学和课程活动形态的教学				
课程 反思 能力	教学反思 能力	①能够在教学实施后，不断地进行审视与反思 ②能够在反思基础上，优化迭代教学设计和教学方法				
	课程反思 能力	①能够从课程视角，对自己开展的课程实施进行客观审视、回顾、理性思考和评价，并经过探究和决策获得有效解决方法和价值结论的能力 ②在课程反思基础上，进一步形成课程判断能力和创新能力				
课程 评价 能力	课程本身 评价能力	①能够结合学校情况对课程的必要性、可行性、紧要性等作出合理的评估和判断 ②能够对课程标准、课程目标、课程规划、课程组织和课程实施及课程开发等方面有合理的判断和评价				
	课程效果 评价能力	①能够评估课程目标与实际教学目标是否连接紧密，以及在实际教学中是否合理与学生达到的程度的能力 ②能够评价课程与教学内容、材料及教学过程中的创生材料的合理性、可行性程度的能力 ③能够评价课程与教学进度的恰当程度的能力 ④能够评价学生进步的程度及达成预期学习目标的程度的能力				
课程 合作 能力	沟通合作 能力	①课程开发时与人交往合作的能力； ②课程实施中，为了课程的顺利实施，与课程相关人员沟通协助的能力 ③课程实施后，对课程进行优化、延续、拓展时与人沟通合作的能力				
备注：			总得分：			

（二）具体评价措施

1. 动态生成的档案袋评价

劳动教育课程丰富的实践形式决定了评价的复杂性，不能局限于静态的口头评价或常规的评价清单等形式，而要走向动态生成的档案袋评价。我校结合学生劳动过程与劳动成果，建立起以学生劳动表现为核心的个性化档案袋。

首先，师生要共同制定档案袋评价标准。档案袋评价以人为中心，以人的发展为着眼点，强调评价的民主化与个性化。师生应以人的全面发展为旨归，根据不同的劳动主题，在劳动知情意行的目标范围内共同筛选、整合、确定劳动表现中的关键特征。

其次，收集学生劳动表现证据。档案袋评价旨在记录学生一段时间内在劳动过程与劳动结果中的幸福状态。一方面，要聚焦学生参与劳动的实践过程，通过劳动评价表实时记录学生劳动行为表现，同时搭建学生展示的平台，关注学生劳动感受的表达。另一方面，要尊重认可并收录学生不同形式的劳动成果。

2. 劳动实践记录手册评价

劳动实践记录手册属于劳动教育实践活动档案，以小组为单位，每个小组一本记录手册，记录本小组实践活动中的主要资料、图片、成果、感悟、奖状等。在每一次劳动实践中，学生们都认真参与、用心感悟，用照片、文字、声音记个个精彩的瞬间。每个小组的纪念手册都是沉甸甸的，它既是过程，也是结果；既是实践过程记录的小档案，又可以成为星级评定的主要依据。

通过这样的一个过程性的实践记录手册，学生不仅记录下了自己的劳动过程，并且也在记录的过程中反思自身的劳动过程。要促进学生劳动综合素养的提高，反思是非常关键的一步，而这样的一个实践记录手册，是持续反复的过程，学生既要结合自评与他评的意见，在劳动课当堂进行反思，同时，也要以某一主题的劳动活动为时间节点，根据反思清单或报告进行自查确证，实现总结性反思。

3. 劳动实践星级评价护照

劳动实践星级评价单是我校体现阶段性评价的重要工具。在劳动教育课程中设计星级评价单，评价单的内容包括劳动实践项目、劳动实践时间，在积极参与、实践操作、服务意识三方面分别进行自评、组评和他评，最后还需要对劳动实践进行活动总评，包括优秀、良好和有待努力三个等级。优秀是三颗星，良好是两颗星，有待努力是一颗星。星级评价单时刻激发学生参与劳动实践的积极性和主动性，不断促进学生养成爱劳动、爱生活的意识。

在前面的评价的基础上，学校会对记录完善、资料相对丰富、星级评价情况良好以上的学生颁发相应的劳动实践护照。护照里面结合学校劳动实践课程的三大劳动板块和九大课程主题的不同内容，设置给学生贴星星的位置并进行存档，每一阶段的劳动实践系列活动结束后，结合过程性评价情况进行奖励，护照达到一定星级数量的学生还可以优先获得其他实践活动的机会和成为学校"劳动达人"的候选人。

六、家校共育，从合作走向合力

苏联著名教育家苏霍姆斯基曾说过："只有学校教育而没有家庭教育，或者只有家庭教育而没有学校教育，都不能完成培养人这一极其复杂的任务，最完美的教育应是两者的有机结合。"家庭是基础教育的基础，家庭教育与学校教育、社会教育是密不可分的一个整体。家校教育的协调统一，能够为儿童的健康成长和幸福生活提供充分可能。

父母是孩子的第一任老师，家庭教育的状态直接关乎学生成长的质量，直接影响学生发展的品质。老师是孩子的第二任父母，学校要充分发挥专业引领作用，通过家长学校、家校互访、校园开放日等活动，将学校教育过程延伸到家庭，教育理念渗透到家庭，教育方法指导到家庭，教育成效影响到家庭。为进一步增进家校之间的关系，我校积极促进学校与家庭、教师与家长的交流沟通，形成家校共育的合力。

（一）成长比成绩更重要

我认为在九年义务教育阶段，对孩子行为习惯、学习兴趣、合作精神、创新意识、动手能力的培养，远比单一追求文化成绩要重要得多。不是否定哪一方，而是追求两者之间的和谐共进。

学校除了在学校场域内依法施教外，还要把学校的学生观、教育观、人才观渗透到家庭。因为家庭是孩子最具个性化的学校，家长是孩子最早也是最重要的老师。如果离开了家庭教育的基础铺垫、渗透融合，学校教育和社会教育都很难发挥作用。

在实践中，我们有意识地引导家长参与学校的教育活动。例如：书香节倡导"亲子共读"，艺术节鼓励"全家共创"，实践活动邀请"家长老师"，让家庭教育与学校教育融为一体。在这过程中，我们帮助家长优化教育观念，提升家庭教育品质，均取得了较好的成效。

在一次校级家长开放日，我和五年三班及少年军校一班的所有家长在学校劳动教育实践基地，共同欣赏孩子们参加劳动教育课程。孩子们虽然排着整齐的队伍前行，但是他们的心情早已像小鸟一样放飞，个个激情饱满。

上课任务，是一起挖红薯。孩子们看到长在地里的红薯既兴奋，又无措，不知如何下手。

旁边有的家长笑着说道："我的孩子只知道吃红薯，还不知道是长在地里。"

"是呀，我的孩子，那红薯的工具也是第一次看到。"

"别说孩子了，就是我也不知道怎么用。"

这群"80后"、"90后"的家长，你一言我一语地热议着。有的还跃跃欲试，也想体验一下挖红薯。

孩子们在老师的指挥下，行动起来了。的确，第一次体验，难免生疏。但是每一个学生脸上都洋溢着快乐的笑容，拿着地里挖出的红薯，他们兴奋地向旁边的家长展示着，家长们纷纷拿出相机拍下这美好的时刻。

少年军校班赵辉同学的家长拉着我的手，向我感谢道："谢谢校长，我真没想到咱半程会有这么好的实践基地，也没有想到会让孩子这么真实地体验到劳动的快乐。"

如果说家长的这份感谢，是对我们工作的最大肯定，那么学生的自信和快乐就是让我们前行的步伐迈得更坚实的力量源泉。

一位参加无人机社团的学生说："我的父母对我的学习非常关心，鼓励我参加各类学习实践活动，在我们学校，我是汉字书写大赛一等奖的获得者，我自己也对我的记忆力和反应能力非常自信！平时，我喜欢打电脑游戏，每次打游戏的时候我就想，这些游戏是怎么设计出来的？我能不能自己设计游戏呢？四年级时，我进入无人机社团学习，学到了无人机的驾驶技术。我在国内拿了几个奖。我觉得素质很重要，在搞好学习的同时拥有一技之长，这是多圆满幸福的事情啊。"

（二）方法比说教更重要

学校是有计划、有组织地进行系统的教育的专业机构，教师则是组织实施这一计划的专业人员。学校和教师能够真正地了解孩子的成长规律，把握孩子的身心特点，为孩子成长提供必要及时的指导和帮助，同时给家庭教育以科学的方法指导。

在指导家庭教育方面，我校七年级老师的做法汇聚了许多教育智慧，他们以现象解读的方式对家庭教育进行指导。

现象一：学习的自控力和主动性不够。进入七年级后，学生正式告别小学，进入中学，学生就容易出现情绪波动，这时孩子会想方设法宣泄自己的情感，学生容易变得浮躁，学习不踏实，成绩时好时坏，就会出现厌学。这时学校的对策是给孩子确立明确的具体目标。一是远期目标，即职业理想，比如可以选择进入少年军事班，学习国防知识，为未来当兵做准备。也可以参加各种兴趣社团，为毕业后的职业发展做准备。孩子有了这个奋斗目标，会产生持续而向上的动力。二是近期目标，就是新劳动教育课程里某个阶段目标的践行，比如3D打印，我今天就按老师的要求打印一个苹果；硬件编程，我这周就完成一个计步的小程序的开发；或者面点学习，我下次课要学会做馒头；等等。时间短，容易实现，未来不断适当加压，使其递进式发展。

现象二：缺乏拓展精神。我们发现孩子存在着不想劳动、怕劳动的问题。七年级的孩子，家长"80后"居多，他们一般都比较溺爱孩子。孩子在家都是小皇帝，养成了不爱劳动、怕劳动的习惯。学校会指导家庭多培养学生的拓展精神，让他们在新劳动教育课程上以兴趣为导向，不断深入拓展，就像有一个脚踩水车出水的环节，有一个学生在体验的时候，就高兴地说，如果在家里，他可以这样玩一天。我们要指导家长发现学生劳动的兴趣，进行培养，不断设立阶段性的目标，加强执行力，让学生在完成既定目标的同时，更增强了自信和爱劳动的兴趣。

现象三：注意力不够集中。刚进入初中阶段，很多学生有些迷茫，尤其是后半段的学生，上课时注意力明显不集中，经常是老师在上面讲着，他的"魂"

早已飞出了课堂。我们的新劳动教育就要培养并提升学生的专注力。家长在家里可以这样做：（1）给孩子一个安静的，没有手机和电视影响的环境；（2）要求在规定的时间里完成自己的作业；（3）要求学生在一定的时间里，专心做好一件事；（4）父母对孩子交代事情，只讲一遍，不要反复重复，这样孩子会专心记住。

教育孩子，既要用理性引导，又要用情感化人。而学生普遍比较稚嫩，倾向于感性。我们学校有两位家长的做法，值得我们深思。

七年级的李强和赵刚是同学，他们的父亲也是好朋友。有一次，我去看电影，电影结束时，李强和赵刚两家的父母，带着他们也刚从影院出来。电影院旁边有一个四驱车店，男孩子都喜欢玩。两个孩子，就分别向家长要求买一个四驱车。我当时正好也在研究家庭教育相关的课题，就在旁边静静地看两家的家长是怎么借这个机会教育孩子的。

李强的家长，禁不住李强的哭闹，最终给孩子买了一辆四驱车，孩子随即擦掉眼泪，露出胜利的笑容；而赵刚的家长，则是耐心劝导正在哭的赵刚，看孩子还在哭，家长就很明确地告诉他玩具不会买，但是可以用买玩具的钱买几本喜欢的书，看到父母坚决的样子，最终孩子答应了，孩子露出了满意的笑容。所以，家长有时要适当地强硬，智慧地提供选择项，这样孩子也是会接受的。

在家庭生活中，家长要教育和引导孩子树立明确的是非观：懂得感恩，学会珍惜，懂得敬老爱幼、孝敬长辈，懂得回报、关心他人，学会互助共赢；知道遵守社会公共秩序，执行纪律制度、约定规则，知道自己的事情自己做是一种义务和责任；学会判断社会现象的是非对错，学会尊重他人的人格与劳动。

我校积极探索"家校共育"的教育模式，追求新劳动教育在家庭里的成效最大化。采取"小手拉大手"，即一个孩子带动一个家庭的模式推动"家校共育"。我校地处半程镇，很多家长都是打工的农民家庭，各方面素养有待提升。我们让学生把在学校接受的新劳动教育的思想与理念、原则与方法、路径与策略、内容与方式，有机地辐射到家庭。

真正的教育是不受时空限制的，有些教育在家庭中更合适、更有效。学校与家庭配合，把握教育的最佳机遇，把教育的阵地迁移到家里，让孩子真正感受到家庭也是成长的学校。

第五章 裂 变

一、品牌的立与力

学校品牌是指学校在创建、发展过程中逐步积淀下来的，是指具有一定知名度、赞誉度的学校综合内涵的概括，凝聚在学校的名称、标识和教学设施、师资、校园文化等要素中，它是学校办学理念、教育品质、教育特色、经营机制以及学校文化的集中体现。

我认为，未来中小学校的发展，品牌将成为学校最核心的价值追求和最重要的识别符号。"用升学率说话"的时代，必然会升华为"用品牌说话"的时代，拒绝这一现实就是拒绝发展，无视品牌建设就是无视我们的未来。作为校长，应该从现在起就注重打造学校品牌，在即将到来的教育品牌时代中赢得先机。

（一）乞丐品牌

2017年8月之前，半程中学给所有家长和社会大众的第一印象是"去哪儿也不去半程中学"，甚至有家长说："孩子只要不去半程中学上学，去哪儿都可以！"老师出去也不敢说自己是半程中学的老师。

为什么一所成立于1987年的乡山中学会给家长和社会留下如此之差的印象？我走马上任后，第一要务就是要解开品牌错位的迷局。

我喜欢读历史，以史为鉴，从历史的车辙寻找当下困境的破局之道。鸦片战争后，清王朝屡战屡败，甲午战争更是一败涂地。新疆分裂势力在沙皇俄国的支持下，违背人民意愿，企图分裂新疆。在那个被侵略者打得不敢言战的腐朽朝廷里，大部分人主张回避沙俄兵锋，放弃西北。但是有一个具有战略远见的老人，洞若观火，在堕落的年代发出了震慑宵小的民族最强音："放弃西北，无意于灭国。"

这位老人就是与曾国藩、李鸿章并称为"清末三杰"的左宗棠。列强环伺，国家存亡之，他挺身而出，扛着自己的棺材上了战场。很快，乱军被击败，沙俄侵略者更是被他的这股英勇气势所震慑，不敢言战。

我初到学校，虽不敢说像左宗棠那样英勇无比，但是我也是抱了拼尽全力也要为半程中学的每一位师生洗刷"委屈"，在一片黑暗茫然中找到属于半程自己的品牌之光的决心。

既然下定决心，我便把品牌调研作为一切工作中的头等大事来抓。当时，浮在最表层的"差"就是学校环境"脏、乱、差"，厕所不能使用，就是个摆设。存量好几年的垃圾像一座大山一样矗立在校园里，两米多高，院墙都遮不住。一到下雨天，整个校园都是污水横流，味道更是臭不可闻。

试问这样的校园环境，哪个家长愿意把自己的孩子送过来？除了显而易见的环境设施，必然还有无数沉寂多年的"暗礁"。如何探得？老师和学生是最了解学校，也是最有发言权的。经过与广大师生交流，我确定"暗礁"主要集中在以下几点：

1. 管理混乱。老师缺乏向上的动力，精力严重分散，无心教学工作。上着课都可能找人替课，去门口"赶大集"。老师"不作为"和"弱作为"最直接的结果，就是学生成绩的低迷和"向上无力"。这反作用于学校的品牌，就是品牌核心竞争力的缺失。

2. 餐厅"没有最差，只有更差"。学生交了钱，也不愿意去吃，老师更是纷纷出去找地方吃饭。一个"饥饿"的学校品牌，或者说没有营养的学校品牌，在家长和社会看来就是"营养不良"和"没有一丝血色"，这样给人的感觉很"可怜"。

3. 没有方向，没有特色，没有"魂"。虽处于半程镇的核心位置，但是提起半程中学，找不到能让人拍手称赞的地方。

在我看来，这几点就是学校品牌形象差的直接原因：没有"魂"，没有竞争力，又饿着肚子，身上满是污秽。当时学校的品牌就是这么一个人人嫌的"乞丐"形象。

但凡有些要求的家长，都让学生转学了，学校一度流失学生超过500个。

作为刚刚到任的一校之长，我心痛不已，但又充满斗志——如果半程中学是一所没有问题的名校，我来的意义是什么呢？

（二）脱贫致富

没有人愿意天生做乞丐，学校同样如此。"其实，每个人内心深处都有一颗向善向上的种子。当这些种子处于沉睡的状态时，好的制度，好的举措，就会成为一种唤醒的力量。"

我不仅要做唤醒大家的"吹哨人"，更要用实际举措带领大家"脱贫致富"，建立半程中学全新的品牌形象。这期间，大家有争论，有磨合，但是全体师生都有一个共同的使命和愿景，那就是把半程中学从"泥淖"中捞出来！因为"同向、同心、同力"，我们共同发起了半程中学的品牌"成长场"。

1. 宣"战"

环境问题素来是最容易解决的问题，我们用实际行动向"脏、乱、差"宣战。"手之所触无灰尘，目之所及无杂物"，是我提出的"卫生清理新标准"。全体教干戴着"白手套"检查卫生，成了全校前所未有的一件"新鲜事儿"。

没过几天，堆积7年之久的垃圾被一一清理，启用3年的教学楼第一次供上了水，脏乱不堪的校园，一下子变了个样。

我们又趁热打铁解决餐厅供应问题，通过提高门槛、严格标准、增强体验和满意度支付，一年的时间，学校就获评全区学校"十佳餐厅"，全区学校餐厅管理现场会也在半程中学召开。

当然，环境和餐厅终究只是在外围打转，我们真正要下足功夫解决的，是办学核心竞争力的问题。三十六计中的"知己知彼"用过了，下面我再来一个"欲擒故纵"。

往常，每天我都是7点不到来到学校，但是在那一天，我选择了故意迟到。我直接让值班老师把我的名字写在迟到榜的第一个，全校师生都能看到。

这下同学们开始议论了，纷纷说这个校长真厉害。那些长期迟到的老师，本来还抱着看笑话的心态，这次一看校长是"动真格的"，纷纷开始敬畏制度，遵守制度，不再迟到，更不敢在上课期间赶大集了。

2. 找"魂"

做完上述这些，我开始给品牌找"魂"。人不能"魂不守舍"，学校也要"人在心在"。

众所周知，临沂是山东教育大市，兰山区又是临沂的教育高地。然而地处兰山区的半程中学依旧摆脱不了"二八法则"，即接近80%的城区学生可以上高中，农村中学却是在20%上不了高中的学生里占了80%。

2017年9月，我校毕业生能够升入普通高中的只有15%，进入职高或技校的25%，流入社会的60%。然而，"四体不勤，五谷不分"的他们如果直接走向社会，只能成为一名没有任何技能的年轻打工者或者农民，紧接着，还没有独立的他们又过早地成家、生子，继续这样的"恶性循环"。他们的父辈就是这样，靠他们自己是很难打破这种"怪圈"的。

作为一名已经在教育战线上奋战26年的老兵，我认为让每个老师在短期内都成为名师，让每个学生都能考上高中，这是不现实的，也是任何伟大的教育家都无法解决的世界性难题。

那么，怎么才能让"爱学习，善学习"的中上游学生继续提升，考上理想的高中；同时，又让"不爱学习，不善学习"的下游学生找到另一条人生的坦途呢？

在我看来，给品牌找"魂"，就是要找到这条捷径。从2017年下半年开始，在我的倡导下，我们学校的老师充分发扬了"特别会工作，特别会生活，特别能创新，特别能奉献"的教师精神，根据自己的特长陆续成立了30多个兴趣社团。

这个时候，我发现那些不爱学习的同学，特喜欢参加兴趣社团。通过参加社团，他们找到了自己一身力气的"用武之地"。以前，那些上课睡觉，或者实在睡不着又四处游荡的学生，都报名参加了兴趣社团。

3. 得"道"

学生光有兴趣还不够，还要有奔头。如何让这些中下游学生有个奔头，改变他们走向如祖辈一样"面朝黄土背朝青天"的宿命呢？

一想到这儿，我就很揪心。虽然很艰难，但我绝不会轻易言败。没有机会，创造机会也要改变这一切！

2018年的春天，初三学生毕业季来临之际，临沂市商业学校等一批中专院校教师前来举办招生会，我叫住几个拿了宣传手册的孩子，请他们到办公室聊一聊。

"想上中专吗？"我问。

"不想上也不行，底子差，考普高没希望。"学生无奈地说。

"那想读中专的什么专业呢？"

"不知道，到时随便填一个算了。反正毕业了就出去打工。"

在这场对话中，我突然萌生出一个想法。于是我赶到招生会现场，要到了职业学校负责人的电话，来一场深度交流。

原来，学校南边有一栋闲置的老楼。既然中职学校想招学生，学生却不了解专业，还不如把这些中职学校"娶"进来，让他们在这里办最厉害的专业。

结果，中职学校负责人和我一拍即合。最终，学校成功引入了职业院校的电子商务、护理、食育、电工等紧俏专业的教学硬件和师资。

如果学生在初中阶段就能提前树立职业院校的职业意识开发、职业素质培养和职业能力提升等，以后进入职业院校不就成顺水推舟的事了吗？咦，我感觉品牌的"魂"在发芽！

2018年9月，全国教育大会上，习近平总书记强调坚持中国特色社会主义教育发展道路，培养德智体美劳全面发展的社会主义建设者和接班人。从此，将劳动教育正式纳入社会主义建设者和接班人的要求之中，形成了"五育并举"的总体育人要求。

从"德智体美"到"德智体美劳"，习总书记讲话中关于劳动教育的重提与强调意味着什么？——接下来的教育改革，劳动教育是一部"重头戏"。

我认为，劳动教育所涵盖的领域，将成为传统课程之外，未来课程建设的"主阵地"。变革的号角已经吹响，我们理应趁势举起新劳动教育这一品牌大旗。我们学校的"魂"获得了滋养，我们的品牌找到了方向，我们终于有了自己的特色和底色！

围绕新劳动教育，我们生发了"相伴相成，自力笃行"的伴成教育，并建立了以学生个人成长为导向的"自我成长"课程群，以情感培养和道德养成为导向的"家庭共生"课程群，以及以社会性发展为导向的"社会融通"课程群。

这三种课程群相辅相成，又层层递进，既在横向上与家庭、学校和社区相融相和，又在纵向上推进了学生与自我、家庭和社会的关系发展。

品牌有了"魂"，核心竞争力也就有了。"吃饱吃好"的我们真正做到了"脱贫致富"。在新劳动教育大旗的感召下，我们学校的老师李玉杰、张健玲、刘波、王鸿、王科等一大批老师获得了区、市教学一等奖，我们考入高中的学生连年翻番。

那些上不了高中处在后半段的学生，也找到了自己的兴趣所在和职业方向。特别是曾经大批流失的学生，又开始回流到我们学校。

家长对半程中学的品牌形象彻底改观，学校的新劳动教育已在家长和社会树起了全新的标杆，"我们半程子弟上学首先选半程中学""半程中学是我们半程人的骄傲""有了半程中学的新劳动教育，我们再也不用担心我们的学生上学无门了"，等等。

（三）名企相助

1.名企的理想与行动

一流的品牌，绝不是一座封闭的孤岛，它一定是根植于众多优秀基因中，有着丰富优秀资源加持的。半程中学亦如此。

扎根半程，自然要对半程的历史如数家珍。"半程"之名的由来有一个故事。当年乾隆皇帝下江南，浏览了江南无限好风光后，启程回京。之前去的时候，心急火燎，没有好好欣赏途中风光。返回时，乾隆便嘱咐随行大军放慢脚步。

就这样，大队人马走到临沂时，乾隆皇帝发现前面木木摇曳、绿水清波，一派好风光。于是，问身边的大内总管，我们大军行至何处？

"回皇上，我们大军行至沂州府（也就是现在临沂），我们已经走了一半的路程，还有半程，即可抵达京城了。"

"走了一半，半程，半程，那就赐名'半程'吧！"皇帝这一赐名，从此山东就多了"半程"这一名镇。乾隆走过的沟，也被称为"乾隆沟"。还有半程镇大峪村那棵大叶柳树，也因乾隆歇过脚，而被后人立碑。

乾隆皇帝曾先后六下江南，四巡山东，究竟是哪一次路过半程镇已不可考，只有经岁月洗礼仍屹立不倒的大叶柳树见证着历史的风光。

改革开放四十多年来，随着临沂经济的强势发展，半程镇早已成为享誉山东省内外的名镇。半程中学作为身处名镇，又与名镇同名的名校，二者自然是血脉相连的。

那么，名镇、名校都有了，名企呢？我想问大家，最著名的火腿肠品牌是哪一个？

自然是金锣火腿。

没错。金锣集团就坐落于半程镇，金锣的家属院距离我们学校不过十分钟车程。可以说，我校与金锣集团渊源极深。

金锣集团在做大做强的同时，高度重视职工子女及集团周边子女入学问题，投资了3个亿打造了一所12年一贯制的学校。

金锣的董事长周连奎先生不仅是一个优秀的企业家，也是一个心系民族、胸有大爱的爱国者。他将这份大爱寄托于教育事业，期望为家乡打造一所享誉全国的名校。

为了这样的初衷，周总接连拜访了临沂市多所名校的校长和一些教育名家，但是都没能描绘出他内心期待的那所名校的面目。恰在此时，高度重视教育的半程镇政府领导关心起此事。他看到我校在确立新劳动教育后，短短两三年，学校各项工作突飞猛进，获得了家长、社会和政府等各界的关注和认可。

他相信：既然半程中学的校长有这个能力把一所落后校变成半程的教育名片，那么他就有这个能力，把这所心系金锣所有子弟和周边农村子弟教育大业的学校建设好、发展好。

当然，成败与否，还是要和周总面谈之后方有定论。

提起那个上午，我至今仍然心潮澎湃。那天天气格外好，但我的内心却很有些起伏不平。两个校区之间只有五分钟不到的车程，谈成了是二者双剑合璧，是头等好事。但若谈不成呢？

我不敢想，也不能想，因为我下定决心只有成！对于把自己的一切都奉献给教育事业的人来说，世界上只有一条路，那就是勇往直前。

见到周总，他和我印象中的一样，睿智且果断。他是我们家乡人的骄傲，不仅一手把金锣集团做大做强，更重要的是，他特别讲原则，特别有大爱。

因为周总太忙了，原定谈话时间只有半小时。我没有过多地寒暄，全面介绍了我们学校的"伴成教育"思想，"全心全意为师生服务，给每一个生命向上的理由"的办学初衷，"培养笃学日进、温暖有力的世界中国人"的育人目标，以及"教师幸福、学生快乐、家长满意、政府放心、社会赞许的省内外有一定影响力的齐鲁名校"的办学目标，特别是对"相伴一程，守望一生"的教育追求，周总是高度认同的。

谈话时间从半小时，到一小时，再到两小时……

"雷校长，你下午还有别的事吗？如果没有别的事，我们吃完饭后，再深入聊聊。"

"周总，我今天最重要的工作就是和您一起深度交流学校的发展。"

那天，我和周总逐渐达成共识：今后根据区教育和体育局"强质量、抓改革、创品牌、守底线、惠民生"的工作思路，秉持科学的办学理念、满腔的工作热情，紧紧抓住当前大有可为的历史机遇期，以品牌创建为增长点，构建新劳动教育课程群，将金锣校区办成与金锣集团全国影响力相匹配的教育集团，使之成为北城片区乃至全市、全省的品牌学校和文化高地。

同时，积极探索新时代教育发展新样态，推进学校高品质发展，誓把学校创建成为教师幸福、学生快乐、家长满意、政府放心、社会赞许，在省内外皆有一定影响力的齐鲁名校。

就这样，名校和名企走到了一起，金锣实验学校并轨半程中学，涵盖从幼儿园、小学到初中的全部学段，学校正式开启了"一校两区""一体两翼"的发展格局。

名校、名企、名镇三大品牌叠加，其品牌效应作用于新劳动教育这面新时代大旗，无疑，我们学校就有了"立足兰山，走出临沂，领先全国"的品牌优势。

2.名企的人与思想

众所周知，作为国内肉制品行业领军企业、中国民营企业500强，金锣集团同时也是引领临沂市乃至山东省经济发展的明星企业。在"一切为了人类健康"的企业核心价值观中，同样渗透着金锣集团"以人为本"的企业文化，这项内核也推动着金锣集团多年来对教育持续投入。

我对金锣集团长期以来对我校教育的关心、支持和帮助表示感谢，希望校企双方能强强联手，深度合作，发挥出名校加名企的名牌叠加效应，为"半程教育"的建设加油助力。

特别是我校新劳动教育"让全体师生向上向善发展"的初心与金锣集团"奉献社会，回报教育"的初心是不谋而合的。对此，我们可以通过记者对金锣集团党委书记郑培清同志的采访实录，真切感受到。

（1）记者：作为中国肉类行业领导品牌，同时也是中国最优秀的民族品牌之一，金锣集团一直践行"用大爱回馈社会，用大爱支持教育"的理念，并多次荣登《福布斯》中国慈善榜。请问这么做的初心和缘起是什么？

郑：教育牵涉千家万户，关乎国计民生，关乎民族发展，关心支持教育就是关注祖国的未来。一直以来，金锣集团就把关心支持教育发展作为企业的应尽职责来全力推动和落实，建设金锣实验学校的初衷也是为了更好地解决金锣集团职工子女和周边老百姓子女的教育问题，为他们提供高品质的教育，既是对家乡父老乡亲的回报，也是对企业职工的关怀。我们对学校的支持和付出，更是为了让学校办成、办好，办成品牌，引领全区、全市乃至全省教育发展，这就是我们的初心。

（2）记者：金锣实验学校是由金锣集团投资建设的标杆示范校，目前学校正积极响应习近平总书记提出的"培养德智体美劳全面发展的社会主义建设者和接班人"的战略方针，全力打造中国"劳动教育第一"的全国示范校。对此，金锣集团是什么态度？同时，从企业发展的角度又是如何认知"劳动教育"的？

郑：劳动是人类创造社会财富的社会活动，社会主义新时代的劳动者伟大、崇高，值得敬仰与歌颂。学校开展新劳动教育，既是响应国家号召，也是健全人格、培养学生核心素养的重要途径。因此积极支持学校搞新劳动教育建设，使孩子从小就认识劳动的艰辛，懂得劳动的意义，从而尊重普通劳动者，珍惜劳动成果，其意义非常深远。

（3）记者：从宣传倡导"尊重劳动、劳动最光荣、劳动最伟大、劳动最美丽"到提出"爱劳动""以劳动托起中国梦"；从宣传倡导弘扬劳动精神、劳模精神、工匠精神到提出"社会主义是干出来的，新时代是干出来的""实干才能梦想成真"新劳动价值理念。金锣实验学校的"劳动教育"已越来越成体系，越来越成为中国教育界的标杆。在这个过程中，金锣集团为金锣试验学校的"劳动教育"发展，提供了哪些支持？

郑：首先，集团高度肯定学校的办学理念和特色课程群建设方案，也为学校领导班子"全心全意为师生服务，给每一个生命向上的理由"的初心而感动。

（4）记者：金锣集团的梦想是中国肉食行业的"创新引擎"和"品牌领导"，而金锣实验学校的梦想是中国教育行业的"劳动教育"第一，您认为这二者之间有什么内在的联系？或者说是如何相辅相成的？

郑：金锣集团是以劳动密集型肉制品加工起步的民营企业，企业的发展汇聚了数以万计劳动者的辛勤付出。当前，企业也正在向污水处理、大豆制品加工、发电、环保科技等方向多维度发展，科技创新的力度不断加大，成效也非常明显。这其中，科研团队的创新性劳动是源动力。学校将新劳动做成"源教育、全教育"，既是我们企业的希望，也是当今社会发展的趋势。二者在实质上实现了高度的契合，也正如您说的相辅相成。

（5）记者：展望未来，在"回馈社会，支持临沂教育事业发展"上，金锣集团还有哪些大的动作和战略规划呢？同时，对于金锣示范学校在劳动教育上的发展还有哪些期许？

郑：教育是最大的民生，功在当代，利在千秋。关心支持教育事业的发展，是金锣集团的应有职责，也是企业反哺社会、奉献社会的重要路径。下一步，我们将根据企业发展和社会需求，积极尽到企业的应尽责任，为孩子们的成长保驾护航。

金锣实验学校刚刚创办，就得到社会的广泛认同，这得益于学校领导班子的精准设计、周密谋划，也得益于学校契合了经济社会发展的脉搏，把握住了经济社会发展的时代潮流，衷心希望学校的新劳动教育做大做强，尽快出成果，培养更多的高素质的社会主义建设者和接班人。

二、品牌的散与收

新劳动教育已上升至国家人才战略层面的新高度，全国各地区学校都肩负着培养担当民族复兴大任的时代新人的历史重任而开展劳动教育。可以说，我校新劳动教育品牌从诞生之日起就自带光芒。

（一）找到"品牌的光"

1. 品牌先机

品牌先机，顾名思义就是抢占品牌定位，一目了然地告诉别人你是谁。学校必须要有自己的品牌和特色，只有这样才能成功打造名校。因此，在给广大师生找到向上发展的理由时，我也在思考我校的定位。

我校地处沂蒙地区，有着光荣而伟大的红色文化。我曾想把红色文化作为学校的特色和品牌来抓，但是这方面已被临沂北城小学抢得先机。传承红色基因从娃娃抓起，教育要做什么，怎么做？这是一个大课题。北城小学早在2017年前就开始组织骨干教师们挖掘本地红色文化资源，特别是红色革命故事，编写了校本教材。

既然红色文化已成为其他学校的主打品牌，我们做得再好，也只能排第二。这既不符合学校"自强不息，追求卓越"的校训，也不符合我的工作作风，我们学校的全体师生做就要做最好的自己。

2018年9月10日，全国教育大会提出，要培养德智体美劳全面发展的社会主义建设者和接班人，"劳动"重新回到教育目标之中，这正好和我们学校之前一直做的兴趣社团和职业教育非常契合。

于是，我校把劳动教育、兴趣社团、职业教育三者融为一体，裂变升级，提出新劳动教育品牌。此品牌一经提出，便对改变一部分学生的生命状态产生了意想不到的效果，增强了我们办好农村乡镇初中的信心。

有不少老师私下找我反映心得："雷校，新劳动教育这个品牌大旗立得好！这样我们这些老师就更有干劲，更有方向了！以前，学生学习上不去，我们着急；无所事事，我们更着急。现在看到他们劳有所忙，劳有所得，劳有所乐，劳有所长，我们真是看在眼里，喜在心里。"

2. 品牌联想

所谓品牌联想，就是每当你看到这个品牌名，脑海里立马浮现出一幕一幕的画面。这是品牌在长期建设中，给人们留下了许多印象集合而产生的整体认识。

当你看到"劳动教育"个品牌后，你的脑海里是否会立马浮现一幕幕学生劳动的场景？但是劳动教育不是任何一所学校所特有的，而是广大中小学共有的教育财富。如何在劳动教育这个"大品牌"中找到独属于半程的"小品牌"？我们学校站在劳动教育的风口上，把劳动教育与兴趣社团、职业教育等融合在一起，提出全力打造新劳动教育品牌，就很好地解决了这个问题。

为了更好地推动学校发展，在铸就新劳动教育品牌的过程中，一定要塑造一个合理的形象，并通过多种不同的渠道，长期坚持为品牌建立、积累正面的品牌联想，在师生心中形成一个正面的整体品牌形象，拓宽新劳动教育对老师、学生的影响力，巩固品牌优势。

这样别人再看到新劳动教育，自然而然就会联想到半程中学，同时从他的记忆中引发其他联想，包括感觉、经验、评价、品牌定位等。

那么，半程中学究竟树立了怎样的一个品牌形象呢？我校新劳动教育之所以可以在全国中小学的劳动教育体系中脱颖而出，根本原因就是强大的共情能力。

未来学家约翰·奈比斯特说："未来社会正朝着高技术与高情感平衡的方向发展。"但凡优秀的教育品牌传播，无不充满了人类美好的情感，并给师生和社会带来了丰富的情感回报。故而在品牌传播过程中，我们打造了极具人文深度和人文关怀的品牌形象。

新劳动教育的人文精神的来源并不仅仅是我们学校，而是整个临沂文化的浸润，更是中国传统文化与新时代劳动教育的交融碰撞。

身处美丽的校园，浸润于新劳动教育体系，读一本喜欢的书，聆听老师充满情怀的教导，做兴趣使然的劳动，这才是广大师生内心最深切的追求。新劳动教育的人文特征使它在全国劳动教育的花海里别样盛开——

沂水河畔，半程的新劳动教育；

师生参与，体验劳动的美；

一切可期，只为找到每个生命向上的理由！

半程将每个个体的人文情怀与新劳动教育品牌链接在一起，在全体师生心中建立起一种发自内心的感动，这就是品牌意义上的"告白气球"，让美在劳动中绽放！

3.品牌期待

有很多人说，时代发展太快，对学生影响太大，学生太难管了，学校很难建立起一个让师生满意、社会放心的特色文化。于是，很多地区和学校的教育特色往往沦为一纸公文。其实，在当今时代，变化时刻都在发生，但"品牌期待"却可以建立起广大师生对新劳动教育的持久热恋。

何谓品牌期待？我认为，新劳动教育的品牌期待是建立在品牌知名度、美誉度和忠诚度之上的，是指师生由于对新劳动教育的高度认可，从而形成对新劳动教育发自内心地接受，关注新劳动教育的每一个最新动态，并同时忽略掉手机、网络等的诱惑，打破不会劳动、不想劳动和不愿劳动的教育难题。

随着时间的推移，广大师生对新劳动教育的期待和渴望程度也会随之增加，直到最终拥有让老师幸福教书、学生快乐成长的教育。如新劳动教育每一门新课程的推出都会让学生翘首企盼，因为这些课程和他们的兴趣爱好、职业理想和未来发展高度契合。

品牌期待的存在，在于新劳动教育与学生之间存在一个跷跷板原理：当新劳动教育品牌力高于学生的自我认知时，学生处于跷跷板的下端，对劳动的感觉是仰慕和期待的；当品牌力低于学生的自我认知时，学生处于跷跷板的上端，对劳动的感觉是俯视的，会降低其参与的兴趣；当品牌力几乎对等于学生的自我认知时，两者处于同一水平线，这样的品牌属于学生的过渡品牌，低忠诚品牌。我们要实现的品牌期待无疑是第一种。

信息时代的发展推动大众传媒的更新迭代，如今，各种信息传播结构已出现了颠覆性变化。以前的教育结构是金字塔式的，信息单向传播，老师说学生听；而如今的教育结构变成了体育场式的，信息多向传播、互动沟通，老师说，家长说，学生也说。

在此变革下，互动式、情感式沟通成为学生最热衷的沟通方式。他们对新劳动教育的判断更加情感化，这就使得"期待"的力量空前强大。所以，在新媒体时代，品牌期待力已成为新劳动教育品牌打造的最高境界。

那么，如何打造新劳动教育品牌期待力？唯有不断创新。只有不断创新，才能实现新劳动教育的差异化竞争力，才能在劳动教育同质化的今天脱颖而出，实现全国第一的目标。

创新可以说是我校最大的品牌基因，新劳动教育的创新"旋风"始自伴成教育体系，认为："我们新劳动教育的研发团队在一起很多年，一直沉浸在学校倡导的新劳动教育开拓创新中，追求完美极致已成为一种习惯。"

于是，我们学校短短三年时间按"一年抓规范、两年抓提升、三年大跨越"的工作步骤，实现突飞猛进，荣获全国足球特色学校、山东省教育系统先进集体、山东省绿色学校、临沂市教育系统先进基层党组织、临沂市规范化学校、临沂市教学示范校、临沂市电化教学示范校、临沂市教学工作先进单位等多项荣誉。

（二）打通"任督四脉"

很多人心中都有一个属于自己的武侠梦，都期待有一天能打通自己的"任督二脉"，成为自己心目中的大侠，顶天立地，为国为民。作为教育工作者，我们心中有自己的教育梦，我们也期待打通"任督四脉"，铸就我们心目中的新劳动教育品牌。

这里所说的"任督四脉"，其实就是新劳动教育品牌传播的四大渠道。大家都知道，任何一个品牌的铸就，都离不开对渠道的把控。品牌的铸就之道，离不开对渠道的收放自如。我认为学校品牌的传播渠道，无非是学生、校园、家长和社会。只要把四者打通，新劳动教育品牌一定会大放光彩。

1. 内化于人心

学生是新劳动教育品牌的直接受益人，从传播学原理角度说，他们是最直接的传播渠道。尤其是在这个"人人都是自媒体"的时代，每一个学生都是一个广告载体。

新劳动教育的教育属性，是最好的品牌传播方式。为什么这么说呢？我们都知道，品牌传播的初级阶段，只是让人听到、看到，中级阶段则是让人感受到，那么高级阶段呢？就是心到。任何传播方式，都不如教化人心更深入。

孔圣人弟子三千，贤者七十二。孔子是我们教育人的师祖，他教了那么多学生，但是真正声名在外的只有七十二位。有人就问："孔圣人，既然只有七十二个贤人，你何必浪费那么多精力教三千人呢？不如就选七十二个，这多省心省力呢!"

"非也，非也! 有教无类。"孔子回答道。

孔子是从通识教育入手，把学生都培养成君子。君子就是品德上有所树立的人，有所为有所不为。那么在学识、能力上要达到"君子不器"的地步，就是看似没有什么专长，却什么都可以做，可以向任何一个方向发展，成为社会需要的任何一类人才。这恰恰是新劳动教育内化于心的真实表现。

在我看来，新劳动教育不是去培育哪一类专门的劳动人才，而是要在每一个学生内心播下劳动的种子，这颗种子将与他们的理想、兴趣和能力进行融合，逐渐发芽，并被新劳动教育完整课程体系的知识之水不断浇灌，每天在老师们爱的陪伴下不断成长。

为此，学校投资200万打造了4000平方米的高标准少年宫，陆续开设了40余门选修课。2000余名学生自由选课，其中烹饪、面点、无人机、3D打印成为最火爆的课程，赢得了学生们的喜爱，那些原来讨厌上学的学生也觉得学校变得有趣起来，重燃起学习的欲望。

在少年宫里，学生可根据自己兴趣自主选择课程，那些平日学习没热情，桀骜不驯的淘气男孩们化身"积极分子"，异常活跃；那些过去只愿意待在教室里的"书呆子"，也好像脱胎换骨，手脚练得灵活了。有同学用面团捏成形状各异的小动物，博得同学们阵阵掌声；有同学在创客课堂上脑洞大开，用发散思维完成一次次挑战任务；有同学在烹饪课上，通过小组合作，做出色香味俱全的"独家菜肴"。在这里，同学们真正体会到劳动的快乐……

另外，对于农村子弟来说，能够参军，是一件十分光荣的事情。所以每年征兵，都会有很多同学踊跃报名。但是，现在当兵的门槛在临沂已经提到了大专以上，这对于农村子弟来说，无疑是"蜀道难，难于上青天"。

为了解决这个难题，我亲自带队联合临沂国防院校，在学校成立了两个"少年军事班"。从初一开始，这两个班除了文化课的学习，就是进行国防训练。未来再到国防院校上两年，便可以直接当兵了。有的家长为此特地跑到学校，握着我的手说："感谢学校，感谢校长，给我们这些农村娃创造了这么好的当兵机会。要不然，这些学生的人生就没戏了。"

我们就是这样，不放弃每一个学生。你学习好、爱学习，学校就努力培养你，帮你考上高中；你学习不好但是想进行职业学习，学校就通过新劳动教育，助你顺利考入喜欢的职业院校；你不想考职业院校只想从军，学校就通过少年军事班培养，帮你圆梦军营！

2. 外放于校园

对人的第一印象好不好，首先看穿衣打扮，外形外貌。评判一所学校好不好，第一印象就是校园。打造新劳动教育品牌，最直接的外放渠道就是校园。

我们通过向"脏乱差开战"，把校园的垃圾问题彻底解决了。然后，通过"白手套运动"对每一处细节进行细致检查和量化考评。为了巩固劳动成果，学校与所有的班级达成"我的环境我做主"的共识，每一个班级都分到了自己一块卫生区，利用早晨、中午等空闲时间打扫卫生。如果这个时间段来学校的话，你就会发现学生们自发以小组为单位打扫自己卫生区的卫生。

学校为培养学生对新劳动教育的概念认识，又发起了针对校园的"新攻势"，我们在校园内开展了全方位，多角度的宣传，积极营造新劳动教育的教育氛围，让校园切实成为新劳动教育品牌宣传的重要渠道。

首先，我校在两大校区的校门口两侧都悬挂"打造新劳动教育全国标杆示范学校"和相关内容的横幅，让学生和路过的人都能看到学校的新劳动教育品牌。步入两个校区的校园，我们会看到两边都是一排排整齐摆放的宣传展，内容从劳动教育的方针政策、兴趣社团开发、新劳动教育的研究等，到新劳动教育的课程体系和评价标准，全方位展示了学校新劳动教育的各项成果。

其次，黑板报宣传。学校把黑板报作为新劳动教育的专属阵地，拿出固定模块作为新劳动教育专栏，定期更新相关知识，让学生在课余时间随时"入眼""入心""入脑"。

黑板报的内容，学校完全交给学生，让他们自己"以记者的眼光"去发现身边与新劳动教育相关的新闻、小故事和小线索等。这个创作完成的过程，也是一次的新劳动教育探索和学习的过程。

再次，学生穿过大门，穿梭于楼宇间，会经过学校专门打造的文化长廊，里面包括校史文化、新劳动教育文化、传统文化知识。

长廊作为校史的传承载体，通过浮雕、图像、文字等资料介绍学校办学历史，是校园文化建设中的亮丽风景线。在"文化传承与创新"教学中，我们引领学生参观校史文化长廊，学生通过图像化、艺术化的浮雕，回顾学校发展的历史脉络，追寻学校品牌建设的历史轨迹。

我校依托文化长廊，把培育学生良好的劳动习惯融入每天的校园生活，让学生在劳动中汲取心智成长的丰富养料。

我们重视劳动知识的传授，挖掘教材、重整体系，从"劳动创造价值"到"新时代的劳动者"，从"劳动创造人"到"劳动最光荣"，再到"在劳动和奉献中创造价值"，我们把思想政治教育的全过程与劳动教育结合起来，在教学中引领学生"在学中做，在做中学"，亲身参与实践体验，使课堂演绎出无穷的生命力，有效提升学生的劳动技能，教育学生学会珍惜自己的劳动。

这些校园环境文化的打造，创造了浓郁的劳动氛围，旨在让学生习得正确劳动观念，养成主动的劳动习惯，培养积极的劳动情感，获取丰富的劳动知识，发展创新的劳动思维。对学生来说，它是一个立体的、多彩的、富有创造力和吸引力的无声教材，让学校每一个角落都润泽心灵，每一分气息都熏陶心性。

3. 传递给家庭

家庭是学校新劳动教育的延伸场域，也是新劳动教育传播的间接渠道。我校非常重视学生在家里的表现，打个不恰当的比喻，好比我们的"产品"进入千家万户，好不好用，合格率、优秀率多少，这些都不是分数所能测评的，而要看学生在家里真正的作为。

从学校教育的角度看，学生的家庭时间是普遍难以解决的"教育盲点"。但在我看来，学校里老师可以把握学生的情况，家长同样也可以，关键在于沟通、互动，学校教育与家庭教育要相携而行。

在前期，我们主要的方式是观察学生做家务劳动。这既是学习过程，又是锻炼过程。在这个过程中，自然会有成功和失败，我们不要过多地看到结果的好与坏，而应注重过程对人格的培育，父母应当教育学生锻造一颗战胜困难、不怕失败的坚韧之心。

当孩子完成一件事后，不管这件事是大是小，即使微不足道，家长都应该对此表示高兴，让孩子知道，你很肯定他的工作。但在表扬时，忌用物质刺激，尽可能多采用鼓励性的话语，形成精神奖励。因为金钱刺激，极容易产生为"奖金"而做、而学的负效应。

相比于单纯做家务劳动，我更看重学生在家对兴趣爱好、性格和品德的培养，比如，在家展示他们在学校新劳动教育课上学到的各项技能。比如我校梁静同学的家长给我打电话说："校长，我真不敢想象，我的孩子会做饭了。她今天自己做的西红柿炒鸡蛋，把我和她妈妈都感动哭了。"

还有的家长告诉我，学生的自信心更强了，敢于在大人面前演讲、唱歌、弹吉他；还有的学生，之前是家里的"混世魔王"，现在回到家里，除了会把自己的内务整理好，还知道了珍惜粮食，知道了感恩和尊敬父母，与人为善。邻居更是惊讶地对人说："这个学生，以前不讲卫生，爱打架，现在竟然天天穿得整整齐齐，搞些小发明，爱上了学习。"

学校还多次深入社区举办家庭教育讲座，"小手拉大手"亲子共读，评选年度十佳读书家长，100多名家长自发组建"陪伴是最好的教育"读书共同体……

"最初是想学点教育自家孩子的方法，结果改变了自己待人处事的观念，不再怨天尤人，工作业绩迅速提升。"七年级五班学生家长祝自学说。

看到这些学生在家庭的表现，我真为他们感到骄傲。今后，我期待新劳动教育在家庭这个渠道更多地展现"真善美"的内涵，给家庭带来温暖和希望。

4.绽放给社会

社会渠道其实是品牌传播传统意义上的真正渠道，但是作为学校，有着一定的特殊性，我们在前期更多的精力是用在另外三个渠道上。

在我看来，前三个渠道全面打通后，第四个渠道自然会全面打通。试问，学校的学生变好了，校园的环境变好了，家长认可了，那社会的认可度能不自然而然提高吗？

看到我校在新劳动教育品牌的带动下突飞猛进地发展，旁边的兄弟校坐不住了。他们纷纷找上我："本来大家都在同一起跑线，你这一下子就冲出起跑线了。再坐等下去，我们可能连你们学校的背影都看不到了。你一定要想办法，带我们一起做大做强。"

看着大家着急的目光，我明白，我校既然已经成了半程镇广大中小学心中公认的领头羊，就不能单纯只考虑自己做大做强。

何况我们"伴成"教育的核心价值观，本就如同雁阵迁徙所需要的精神品质，是维系集体的陪伴之情，自主向前、踏实奋飞的努力之姿，心有未来、爱人行德，在自我成长和爱的激励中成就每一个体的精彩人生。

这个核心价值观，对内适用于每个师生，对外同样也适应于每个高度认同我们学校新劳动教育价值和品牌的学校。

于是，主打新劳动教育品牌的"伴成"教育学校发展共同体应运而生。共同体采用"一体化+发展联盟"的模式运作，目的是缩小校际差异，提高每一所学校的整体办学水平。其中，半程中学与半程中学金锣校区属于"一体化"办学模式，采取"紧密型单法人"的管理体制，实行人事、经费、制度、业务、评估"五统一"的管理模式。

另一方面，牵头学校与临沂中小学生综合实践基地、半程中心小学、孙沟小学、永太小学、东哨小学、沙汀小学、团埠小学、南庄小学、临沂市兰山区教师进修学校附属小学、半程中心幼儿园属于"发展共同体"办学模式，采取"松散型多法人"的管理体制，共同体内各学校法人、财务、师资独立，实行管理互通、研训联动、质量同进、文化共建、项目合作、捆绑考核等"六大行动"。

从一个校区到两个校区，再到带领十几所学校，我们变得更加强大有力。"成功不是一个人能飞得多高，而是一群人能走得多远，抑或一群学校抱团发展"，学校本就是一个"陪伴"的场所，是一个共同体的概念，是由"人人"组成，由"人人"建设，同时也让"人人"受益，让共同体受益，让社会受益。

我认为新劳动教育品牌的主战场是学校，但是它的成果是惠及全社会，甚至未来教育发展的。比如，我校姜秀娟老师带领沂田庄社区20多名家长录制的节目被中宣部"学习强国"平台采用，120多个学生家庭获评各级"最美家庭示范户"，半程镇获评全国文明镇等。

这样的绽放于社会的情景太多太多了。正是这成千上万的美丽绽放，才向社会展示了一个立体全面的半程中学新劳动教育品牌，才会让社会各界对我校的新劳动教育品牌抱有极大的关注和支持，在这份情怀面前，数据应该是最有力的见证：

2017年，先后有8家爱心企业累计为学校捐助了价值50多万元的物品和工程，市交警支队在学校大门口安装了安全护栏和减速装置。同年，学校多方筹措到200多万元的资金，专用于打造"三级阅读空间"。

2018年，学校争取镇党委、政府支持，投入资金近800万元，教学楼、办公楼、宿舍楼等实现"冬有暖气夏有空调"；课桌椅、图书、办公电脑得到更新，在每个教室、办公室安装直饮机设备，燃气铺设到了厨房。

2019年，学校争取到资金3000多万元，新建艺术楼、教师公寓楼各一栋，启动院墙整修、校园绿化、运动场改造提升工程，建成全区体育、文化课考试标准考点，学校整体面貌彻底改观……

这也让全校师生在看得见、摸得着的巨变中，感受到了什么是实实在在的"获得感"。可以说，每一组数据背后都有我多方协调、四处奔波的身影。为了给学校争取更多的资金支持，为师生争取到更多实惠，我会不惜为了一个项目付出数十次"踏破门槛"的功夫，直到"成功拿下"为止。

每当看到老师和学生们在硬件设施不断提升的新劳动教育环境下，露出温暖而又幸福的笑容，我内心都会默默地说："为了你们的幸福教育和快乐成长，这一切的努力和付出都是值得的。"

三、品牌的人与事

我们每个人的大脑都分为左脑和右脑，左脑偏向理性，右脑偏向感性。左脑极具逻辑及分析能力，决定我们的条理研究和逻辑表达；右脑极具艺术天分，左右我们的艺术、绘画、讲故事的能力。

身处于信息大爆炸的时代，每个人的时间仿佛都不够用，这时候左脑会理性地选择屏蔽广告，给自己节省更多时间。而右脑是情绪脑，人们会不自觉地被故事打动，而且喜欢一些有情怀、有意思、有亮点的事。所以，直指核心且有情怀的故事，是传播新劳动教育形象最有力的工具。

我认为，这样的故事必须是真实在发生学校，体现学校核心价值观，展现师生风貌，呈现学校生态，并真正能完美诠释新劳动教育的人与事。

（一）让每一个学生"被看到"

半程，谐音"伴成"。伴，为陪伴；成，即成人、成才、成功。我认为，陪伴是最好的教育，学校教育本身亦是一个相伴共生而成的事业。校长、教师、学生、家长之间，无不是相互温暖、彼此成就的相伴相成者。而要走向高质量的"伴成"，抵达"成人为先"，需要爱也需要智慧。

1.多一点鼓励，多一份自信

"真没想到，我们乡下学生也能登上省舞台！"我校音乐教师姜秀娟和任教道德与法治的李传波老师带领的学生话剧社团登上了山东省教育频道。

"我喜欢话剧，所以就组建了学校的话剧社团。"姜秀娟参加工作10多年来，虽然多次拿过市里的大奖，但对于今年能带着农村娃们在省舞台亮相，是她连想也不敢想的事情，"最兴奋的还是参与演出的40多个学生"。

在姜老师的眼里："每一个学生都那么聪明，那么可爱。"下面是她话剧社团教育生活的一个片段。

一天下课后，一群学生围上来。

"姜老师，这句话我这么说可以吗？"

"姜老师，这个角色，我想这么演。"

……

学生们七嘴八舌，姜老师听着、笑着，不时说："你真棒！""好好努力！"

忽然，一个怯生生的声音传来："姜老师，我很认真很努力，可一上台还是会紧张忘词。"原来是曹同学，他是学习成绩在班里处于中下游的一个学生，再加上身材瘦小，严重的自卑让他连走路似乎也总是抬不起头。姜老师把他拉到身边，告诉他："不着急，今天放学后老师来教你，帮你克服这个问题。"

放学了，曹同学和其他几个学生留了下来。姜老师一句一句地教他读，一个眼神一个动作的指导，每句话都读好几遍。一个小时过去了，练会了的学生早已回家了，只剩下曹同学了。他不好意思地说："我还是紧张。"姜老师也希望早一点回家，但她依然认真地从说话到神态到表演教曹同学，并耐心地讲解每个动作停顿的时间。

半个小时过去了，曹同学能够记对台词了。姜老师赶忙鼓励："嗯，说对了。""不错，说得好。""真聪明，又说对了。"神态和眼神，他又犯难了，姜老师一个动作一个动作，手把手教，让他学着。又是一小时、两小时，曹同学终于做对了，时钟正好指向晚上9点多。

经过许多次这样的指导，这个学生就像变了一个人。不仅走起路来昂首阔步，充满自信，学习的热情也被点燃了，似乎这个角色唤醒了蕴藏在他身上的一股巨大能量，整个人的精气神都被激活了。

类似的故事，也经常发生在其他教师身上。

我总是给老师们讲："你能把一个好学生教好了是应该的。你把一个后进生教好了才是功德无量。"所有学生都进步了，学校教育才能发生整体的良性变化。

2. 多一点奖项，多一份进步

"能不能悦纳每一个学生？""能不能给每一个学生不断向上的理由？"我经常自问，同时也在不断践行着寻找答案。

我有个习惯，每天早晨，只要不出差，我都会7点多到校，并站在校门口，迎接老师和学生。我向他们微笑，他们也满脸笑容，如果有什么烦恼，刹那间都烟消云散。

一个清晨，两个三年级的女孩一蹦一跳地跑到我的跟前，伸出小手示意要跟我说话。我弯下身去。"校长，校长，我得了进步奖。"我故作惊讶："真的？""真的！还有她。"我背后是一排长长的展板，贴着这次新劳动教育竞赛一到九年级各年级获奖学生的名单，学生已经把它围得严严实实了。他们把自己的名字指给我看。"你们真不简单啊，祝贺你们！"进步奖就是奖励那些原来基础不太好，现在有了提高的学生，但她们是那么兴奋。

我深刻地体悟到了一个道理：多举行这样的比赛，多设一个进步奖，就多一批幸福的学生；多发一张奖状，就多一个自信的学生。

由此，在学期结束的时候，或者各种比赛活动时，每个班级都要给学生们发奖状，奖励项目层出不穷：有学科活动优胜者、体育之星、读书之星、优

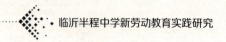

秀学生，小画家、小作家……

3.多一点大爱，多一份希望

"学生在学校的学习应该是快乐的，要有愉悦情感体验。"我认为要实现这一点，就必须在教师的心中书写11个大字：每一个学生都是最重要的。每个学生都享有自信、快乐、尊严，而半程中学的教育追求就是要培养出"笃学日进、温暖有力的世界中国人"。

半程中学有一个硬性规定，所有的新劳动教育活动，应该参加的学生一个都不能少。比如，职业院校的老师来我们这里借班上课，我们要求班里所有的学生都参加。有的职业老师提出只要班里的部分学生，我们说不行。学具不够我们可以买、可以做，但那些愿意参加的学生，特别是后半段的学生，每个都来，一个都不能少，这是一个硬性原则。

"学生只有成长发展的先后之分，而没有好坏之别。一个学生在班级里可能只占几十分之一，在年级里只占几百分之一，在学校只占几千分之一，但对他自己，对他家庭，就是百分之百。"

教育是对每个心灵的关怀，教师应该学会"换位思考，爱生如子"。这只不过是最朴实的教育要求，然而大爱无言，大道至简。"我们接纳了那些学习差，又没有上进心，爱惹事的学生。可能在有的学校，为了保证升学率，就会优化他们，让他们退学。"

教育不轻言放弃。"我们相信，每个人在世界上都有一个位置，并能在这个位置上发挥作用，古人不是说'天生我材必有用'吗？"

半程的教师们都熟悉我的一句话：把教育的责任落实到每个学生身上，把纯洁的爱播撒到每一个幼小的心灵上。"绝不能因为暂时的成绩不理想就漠视他们，绝不能因为暂时的落后就放弃他们。"

当有的学校把大部分精力花在尖子生身上的时候，我们学校却下大力气开展新劳动教育。既要兼顾尖子生的发展，又注重后半段学生的人生成长。说到底，就是要给后半段学生实实在在的关爱，让每一个学生尝到甜头，看到成功的希望，不让一个学生掉队。

（二）把每一个老师"放心上"

只有幸福的老师，才能成就快乐的学生。我们开展新劳动教育，离不开广大老师的支持和参与，而且他们的幸福指数直接决定着学校新劳动教育的成败。所以切实提高广大教师的幸福，成了我们学校工作的重中之重。

1. 人好学校才会好

2018年暑假，年轻教师王敏本有资格调入城区学校，却主动放弃了这个机会。"校长，我考虑了几天，今天没去参加调动考试，因为舍不得学校！"收到王敏老师的微信，我泪目了。

"教师对学校的这份感情弥足珍贵！"我忽然认识到，原来的目标定位"争当兰山农村学校排头兵，打造区内一流、市内领先、省内外有一定影响的乡村特色学校"，最大的缺陷就在于忽视了"人"的因素——人好了，学校才会好。

在我给王敏回复微信的那一刻，"办一所学生快乐、教师幸福、家长满意、政府放心、社会赞许的乡村特色学校"也就成了学校发展的新方向。

"只有学生开始喜欢学校，教师开始留恋课堂，教育才会真正地发生。"我认为，要实现这一目标，根本在于"凝聚人心"。我相信，每个人内心深处都有一颗向善向上的种子。当这些种子处于沉睡的状态时，好的制度，就会成为一种将其唤醒的力量。

开学第三天，我借故迟到了。我毫不犹豫地将自己的名字写在迟到名单里，老师们一看，新校长是动真格的。一周之后，迟到早退现象基本绝迹。

在刚性制度确立的同时，学校推出了系列暖心活动。学校为晚自习值班的教师准备夜宵，允许哺乳期女教师享有相应的"弹性坐班"。新建了温馨的"母婴休息室"，所有配置完全由女教师按需定制。每逢三八妇女节、教师节、中秋节、端午节等，学校或组织教师外出学习，或搞蛋糕派对、做月饼、包粽子比赛等。

"一束鲜花、一句问候，我们感受到了学校的重视和关心。"语文教师李超告诉我，"当教师的眼睛里有了光彩，课堂里才会充满阳光。"老师们的变化，让我总结出两条管理金律：一是刚柔相济的管理，才能抵达人心；二是与教师相处力求"表扬有尺度、批评有限度、交往有温度"。

2. 专业成长是第一

金锣集团的周总高度重视教育，十分关心学校的发展。他曾问我："现在学校的最大困难是什么？"

"是师资，因为我们的大部分老师毕竟是农村老师。"

当他听到，一个授课20多年的高级教师一个月工资才七八千时，他震惊了。

"你们太不容易了，我们金锣的高管年薪过百万的比比皆是。就是车间的一般小组长，月薪都过万了。这样，我给你们资金，一用来改善老师待遇，二用来引进师资。"

"感谢周总的大爱。但是现在上面有各项严格的制度，企业捐给学校的资金有严格的规定，所以我们必须严格遵守。我认为最好的奖励就是培训，通过培训不断来提升老师的素质和能力。"

有了周总的支持，我们做好新劳动教育的决心更加坚定了："我们不如别人，我们就要学最顶尖的，做更好的自己"。李玉杰曾经是我校的学生，现在是教导处主任，他的成长就是学校教师培训的结果。

四年来，我校先后聘请名家名师57人次到校传经送宝，派出260多人次外出培训提升。涌现出省农村特岗教师、沂蒙名师、市区教学能手28人，市区教师基本功大赛冠军3人，市区级课赛一等奖或举办公开课、示范课32人次，各级优秀教学成绩奖95人次。

3. 教师幸福无小事

教师幸福无小事。2020年疫情期间，怀孕教师吴靖在金锣校区要陪住校生，实行封闭式管理。

有一天，她在朋友圈里发了个消息："被封闭的日子里，好想吃烤地瓜"。我看到消息后，很快安排老师曹庆波去镇上买烤地瓜，并叮嘱说"学校有两个怀孕老师，要买4个"。当吴靖从铁栅栏里接到地瓜时，激动地说："没想到随口的一句话，被校长重视了。"

临近中考，吴靖也快到预产期了。我看到吴靖晚上还在教室里辅导学生，催促她回去。可吴靖却说："明早还有时间，我还想给学生辅导。"

听到这里，我也被感动了。学校的中考成绩连年大幅度提升，考入职业院校的人数更是取得了历史性的突破，这些成绩都离不开学校每一位老师的忘我工作，"小家好"才有"大家好"。

王鸿是我校物理教师，同时兼任学校政务处政务员，另外还是学校吉他兴趣社团的负责人，加班是常事儿。而他爱人在另外一所学校做班主任，今年怀孕了，有时会劝王鸿为了家庭，为了没有出生的孩子，把工作放一放。王鸿内心纠结，但从不敢说。

这个情况，后来我与他同科室的老师交流得知。便叫他来我办公室，问他是不是有这样一个情况，他说，怕耽误工作，怕影响学生的兴趣培养，就一直没敢提。

"你的这份责任心是好的，但是只有家庭的'小家好'，才有学校的'大家好'。这件事，我来想办法。"

"有您这样的好校长，我们没有理由不好好工作。"王鸿感激地说。

后来，经过我与他爱人学校的领导深入沟通，最终通过她来学校援教的方法，解决了这个问题。王鸿的爱人来到我们学校后，积极支持他的工作，并主动承担了一些力所能及的工作。两口子天天和和美美，一起上下班。

4. "我"到"我们"

"成功不是一个人能飞得多高，而是一群人能走得多远。"学校是一个共同体的概念，是由"人人"组成，由"人人"建设，同时也让"人人"受益，这是一个良性集体的成长状态。

在学校文化体系中，"人人"并不是一个空泛的概念，而是体现于每一件大大小小的具体的事情，体现于教师工作生活日常的方方面面。

在半程，每个个体的"我"，发出的每一种声音，都是"被看见""被听见""被尊重"的，因而才汇成了强大的"我们"。

各项规章制度的出台，皆由全体教师"共议"后再经过教代会讨论通过。例如，制订教师考核方案，学校先将讨论稿发放至每位教师手中，让大家分别从学科、年级发展等不同角度看有何缺点，并提出建设性意见和建议。

"第一轮，共征求到100多条意见。"我看到大家的积极性被引爆，工作更有干劲了。"我们将其分类整理为35条，然后再展开集体讨论。一条一条的议，一条一条的改。"

"校委会每周的班子例会也一样。为了一个决策，大家经常会争论不下，但经过碰撞，最终的方案也会越来越更加趋向科学、合理。"

有一次在校委会上，大家就消防演练中，让学生实际操作使用消防栓的事引发了争议。有的认为，每个学生都应该试一下，有的认为每个学生都试的话消火栓全部搬到操场上太麻烦，时间也不允许。还有的认为，班主任、任课教师也都应该学一学。

最后，经过反复讨论，校委会达成了一个共识：尽最大可能为每个孩子创造参与的机会。

我们形成了一个最优化方案：班主任、任课教师要全部上阵，每个班选出3名学生代表参与校级演练，然后再由他们负责教会本班所有学生。演练当天，将学校所有防火栓全部搬到操场，缺多少学校就添置多少。

"那天下午，场面非常壮观！200多个消防栓在操场上一字摆开，孩子们都感到很震撼。这是一次消防演练，也是一堂精彩的生命安全课！"

"我们"的力量，体现于半程中学的每一个"细胞"，成为流淌在空气中虽然看不见摸不着，但能让每个身处其中者实实在在感受得到。

三年前，因为学校语文教师紧缺，刘洁从美术学科转教语文"补缺"，从初一年级成绩垫底到现在一路跃升为级部第一，也成了老师们津津乐道的佳话。

"是我们教研组的同事们，每天不厌其烦、毫无保留地指导我如何备课、上课，以及解读教材，让我一点一点摸到了语文的一点门道。"谈起自己的成长故事，刘洁说得最多的三个字是"教研组"，依旧是我们的意思。

"我们相信，所有的努力，皆会化为最温暖的陪伴。希望'伴成'教育，能够给予每位师生这样一种力量：努力做一个温暖的人，正确认识世界，积极拥抱世界，有情、有德，亦要有力，有革新自我、改变世界的能力。"谈及传播新劳动教育品牌的故事和人，我说，"太多了，每一天都有让我感动的事情发生，感动的人出现。"

因此，很多媒体都主动找到我们，对我们的新劳动教育进行宣传报道。山东教育电视台《教育筑梦人》栏目以《半程中学里的"伴成教育"》为题推出时长25分钟的学校故事，《人民教育》《中国教育报》《中国教师报》《山东教育报》等专题报道学校管理经验和办学成果，中宣部"学习强国"平台多次推介，全国百余家媒体广泛报道，引起极大关注，产生广泛影响。

在践行新劳动教育的道路上，我曾带领李玉杰、王鸿、田士宏等老师，一路开车南行，到了上海、浙江杭州、慈溪，探寻劳动教育的真谛。

南行之旅，我们没有找到答案。我们又有一路开车北行，来到了黑龙江齐齐哈尔的一所中学。当车行驶在祖国大地的东北平原，一眼望去，"北国风光，千里冰封，万里雪飘"，内心大有一种"欲与天公试比高"的情怀。

在这里，我与这所学校的校长一见如故。经过校园参访和促膝长谈，我们见证了劳动教育给这所学校带来的巨大变革。我们还依稀记得，离开时，那所学校的校长祝福我们新劳动教育能够成功，能够为中国教育界带来新的变革。

车开出去好远，我回头还能看到那个校长站在校门口，从那不舍的眼神里，我能感觉到一个教育同行的殷切期望。越是这样的镜头，越是让我感觉责任重大，不容有失。

可以说，每一次探寻，都是一次坚定信念之旅，也是一次对比见证我们新劳动教育的成绩之旅。令人欣慰的是，在有的方面，我们学校所取得的劳动教育的成绩甚至已经超越了我们所学习的标杆学校！

第六章　进　　化

当前，我国"德智体美劳"五育并举的教育格局已经初步确立。目前五育中，劳动教育仍然是最大的短板，既缺少系统完整的落地体系，也缺少更新循环的体制机制。要落实德智体美劳全面发展的教育方针，就必须尽快构建适应新时代的更高水平的劳动教育体系。

以往我们对劳动教育的认识局限于两端，高端层面强调"劳动是人类的本质活动""劳动创造世界"等观点，继承了马克思主义劳动观，但落位到学校中，往往大而笼统，不接地气；底端层面强调劳动观念、劳动态度、劳动习惯和品质、劳动情感、劳动知识、劳动技能等，但在实操时则往往把劳动教育混同于普通的务工和劳作。

更大的问题在中间层面。劳动教育的理论框架和实施体系都还没有搭建起来，例如什么样的劳动适合育人？哪些劳动适合哪个年龄阶段学生的发展？劳动怎样育人？劳动与教育怎样一体化设计？劳动教育如何指导？劳动教育成效如何评价等？这些问题的理论研究和实践操作都比较粗疏，甚至存在许多盲点难以解决。这样就把劳动教育多限定在思想表现范畴，导致劳动教育虚化、弱化、软化、淡化。

另一方面，以"数字化"和"信息化"为主要特征的"工业4.0"时代使"制造性劳动"逐渐被"非物质性劳动"所替代。在此背景下，新时期劳动教育被理解为"以促进学生形成劳动价值观和养成良好劳动素养为目的的教育活动"，承担着培育时代新人的重要历史使命，具有强烈的时代特征与社会属性。虽然劳动教育具有极高的价值和地位，但我国学校劳动课程却面临着课程地位不明、课程内容缺乏系统性和时代性、课程设置不连贯、课程实施方式不兼容等诸多问题。

当全国大部分地区的中小学还在踌躇摸索之时，还在被这些问题所缠绕困顿之际，我校的新劳动教育早就凭借专家科研支持，骨干团队研发以及自身不懈的实践摸索，率先统筹各类教育资源，以"劳动助成长"为引领，全力推进劳动教育进程，打造家校社三位一体的劳动育人格局，建设"伴成教育共同体"，形成积极、健康的劳动教育氛围，构建具有伴成教育特色的"技能精通、岗位互通、家校沟通、资源联通、评价畅通"的"三育五通"一体化新劳动教育育人体系，真正为凸显劳动教育成效蹚出了一条卓有成效的自我研发新路子。

一、研发中心"起航"

2020年5月，山东临沂商业学校给学校邮来喜报，原来我校毕业生李文豪同学代表山东临沂商业学校参加比赛，获得了"2019年度山东省技能大赛一等奖"。这是继我校毕业生贾俊豪同学在"第45届世界技能大赛"获得季军后，学校获得的又一大奖。

从学校毕业生找不到出路，到频频在市、省、国家甚至世界上获得大奖，这巨大的转变与我们新劳动教育的成功开展密不可分。

我还依稀记得，学校在刚刚把新劳动教育确立为学校的主打品牌时，引来了一些老师的质疑："雷校长，我有不同意见，我们学校的劳动教育目前是'一穷二白'，师资、课程和硬件等什么也没有，怎么搞？再说了，我们身处城乡接合部，大部分家长都是农民，他们关心的就是学生的分数，不好就下来工作，哪个家长会支持我们搞劳动教育？"

"'一穷二白'不可怕，可怕的是我们不作为。硬件跟不上，我们提升硬件；没有师资，我们培育师资；没有课程，我们研发课程。至于家长支持不支持，我们用结果说话，只要让广大的农村子弟都拥有一个向上发展的美好未来，哪个家长不支持？"

在基础薄弱的农村学校，校长如果不在关键时刻挺身而出，拍板决定，那么，学校往往会陷于发展的"旋涡"，止步不前。

"我再强调一下，开展新劳动教育，打造新劳动教育标杆示范学校，这是我们学校最大的使命，我们必须全力以赴。有困难，有问题，我第一个冲上去。"

为了打造一支"能打硬仗、敢打硬仗、打赢硬仗"的研发队伍，上任一个月，我就掉了10斤肉。自嘲成功减肥的我，从此有了自己的座右铭："问题是进步的的阶梯，困难是腾飞的航道。"我找到了自己的角色定位："用记者的眼光发现问题，用共产党员的意志战胜困难，用教育家的情怀服务师生。"

（一）中心起航

在《苦难辉煌》一书中，曾任中国人民解放军国防大学战略研究所所长的全国模范教师金一南将军向我们讲述了党的历史，也讲述了党的辉煌，讲了老一辈的峥嵘岁月，也告诉全世界，特别是中国人：

"我们曾经拥有一批顶天立地的中国人，他们不为钱，不为官，不怕苦，不怕死，只为胸中的主义和心中的信仰！""一个民族的崛起，首先是精神的崛起；没有精神的崛起，任何民族的崛起都是不可能完成的！"

在战火纷飞的年代，我们伟大的共产党员先烈们就是凭借着胸中的主义和心中的信仰，拯救国家和民族于水火之中。身处和平年代的我来到半程中学，也是因为胸中的主义和心中的信仰。投身教育事业，我坚信只要始终保持那种信仰、那份初心、那个主义，用新劳动教育铸造学校的"不朽之魂"，就一定会让半程的办学精神精彩绽放。

"一无所有，我们就从原点开始，从创新开始，从新劳动教育开始。我来那一天，也就是半程中学再次创业创新的开始。"坐在校长办公室里，我开始谋划着未来，以校委会为核心，全校数十位骨干老师参与的新劳动教育研发中心（以下简称"研发中心"）正式于2018年3月起航。

担任校长的时间越长，我愈发认为劳动教育不仅是在学生个体层面承担着潜力开发与人才培养的责任，还要在农村社区层面承担着推动乡村人才振兴，促进新农村现代化的任务。因此，研发中心把着力打造"新劳动"教育课程体系作为学校的办学特色，旨在通过"新劳动"教育促进学生德智体美劳全面发展，并努力突破劳动教育等于体力劳动或劳动体验的狭隘认知，建设丰富、有机、多元的课程体系，旨在通过"新劳动"教育实现"以劳树德、以劳增智、以劳健体、以劳育美、以劳创新"的目标。

为了实现上述五项目标，在原有劳动教育、兴趣社团、职业教育三结合的基础上，研发中心推动设计开发了六大课程模块：家务劳动课程、社区服务课程、校内岗位体验课程、田间劳动课程、职业体验类课程和创新劳动课程。上述六大课程模块与目标相互匹配，并且六个模块之间呈相互进阶的关系。

具体而言，家务劳动课程、社区服务课程、校内岗位体验课程三项是新劳动教育的基础类课程，旨在通过此类课程强健学生的体魄以及提升学生的品德修养。田间劳动课程属于进阶类课程，是全体学生均需参加的课程。通过上述课程能够培养学生的劳动精神，促进学生的体力与智力发展。职业体验类课程和创新劳动课程是更为高阶的课程。一方面其旨在使学生初步进行体验。通过体验活动，让学生明确未来的发展方向。总之，前三类课程模块属于普遍性课程，后两类课程模块属于学生分流后针对学生需要的个性化课程。

在课程模块内部也存在进阶关系，分类的依据是学生所处的年级、个人兴趣和发展需要。学生在进行初步体验后，在此基础上明确自身的优势、特长与兴趣。如此，学生的视野能够得到开阔，不同领域的知识也得以丰富，有助于学生对自身未来发展与职业选择做出合理决定。

同时，为了更好地进行师资配备与课程资源开发，研发中心还着力做好以下几方面工作。

1. 建成"1"个阵地

结合农村学校的区域特征，融汇浓郁的乡土文化和先进的劳动科学技术，建成"一室一馆一长廊"与"四个实践基地"，开辟了一块新劳动教育的"试验田"，现已成为一个微型综合性现代劳动开发区。

2. 利用"2"大载体

编写校本教材《新劳动教育》，并合理纳入学校课程计划，将学校科技项目的实施与雏鹰争章等德育评价活动有机结合。课外为学生提供许多实践探究类的活动，从而不仅培养他们对劳动的兴趣，并且更能充实他们的课余生活。

3. 形成"3"支队伍

一支是有一定动手实践能力的班级科技劳动辅导员队伍；一支是有一定基础理论和专业技术知识的校外科技辅导员队伍；一支是有一定农业种植经验的家长志愿者队伍。这三支队伍形成了学校、家庭、社会在科技创新工程中的

"三位一体"的格局。

4. 建成 "4" 个基地

一是"奇妙观察窗",设在各教室,用于学生认识常见农作物及观察其生长情况;二是"开心试验田",是"种植队"开展农作物种植管理的基地;三是"绿色空间站",是开展奇异农作物等栽培研究的基地;四是"农耕文化陈列室",展示一件件从古至今富有乡土气息的农具,让孩子们了解农耕文化的形成和发展过程。

（二）研发路径

现在有很多家长崇尚兴趣教育,也许他们并没有将孩子培养成顶尖人物的雄心壮志,但他们大多相信孩子无论在任何领域想要有所发展,都要遵循一条差不多的路径:产生兴趣、变得认真、全力投入、开拓创新。每个孩子的天分、机遇、努力程度可能不一样,但走向成功的路径却是差不多的。

我认为,只要以正确的路径培养任何一个孩子,都可以将他变成某一个领域的顶尖人才。我们学校的研发中心给学生设计经历四个不同的阶段,从兴趣的第一缕曙光,到掌握专业知识后的创新突破。下面我们就来看这四个阶段是怎么一步接着一步带着一个人往前走的。尤其,我们重点说说第一阶段的"产生兴趣"和第二阶段的"专注练习"。

1. 第一阶段：产生兴趣

我鼓励所有老师发扬奉献精神，根据自己的兴趣特长对学生进行培养。学校开设了30多个兴趣社团，每个社会团从师资到教材，完全是自我培养、自我创新研发的过程。因为这些农村的学生，大部分学习基础并不好，但是对玩的兴趣很大。

（1）在玩耍中产生兴趣

比如，现就读于临沂商业学校的我校毕业生李文豪获得了省技能大赛的一等奖，成为企业的"抢手人才"。他说："我当时在半程中学就读时，文化课并不好，学校研发开设了国画、吉他、舞蹈、面点、剪纸等特色课程，起初，我就被剪纸深深地吸引，后来我发现学习剪纸能让我做事更认真，更专注，也让我学会了迎接挑战。"

十几岁的李文豪以那个年纪的孩子的眼光，对剪纸产生了兴趣，那是因为他觉得剪纸好玩，把它当成了一件可以玩耍的东西，慢慢地培养了他的动手能力。

一般来说，小学生的好奇心非常强，很爱玩，主要通过玩耍来与周围的世界互动。这种对玩耍的渴望，可以说是孩子最初去尝试各种事情的原始动机。初中的学生，依旧保持着玩的天性，他们把玩耍当成学习之外的天性释放。老师们可以从他们的游戏活动中看到什么是他们真正感兴趣的，什么又是他们提不起兴趣的，从而鼓励他们参加各种有助于提升自身发展水平的活动。学生与自己感兴趣的事物之间这种好玩的互动，是他们对这件事产生热情的第一步。

所以，老师们设计各种兴趣班时，都要把学生喜欢不喜欢，愿不愿意参与等因素纳入考虑，作为创新研发的标准。

2017年下半年，我校物理老师王鸿找到我，说他和陈凯老师想一起创办吉他社。我给他们提出一点要求："你们这个社团，我同意成立。需要什么设备，学校都统一采购。但是我唯一的要求，就是每一个参加吉他社团的学生都要拥有一把自己的吉他。"

为什么每个学生必须要有一把自己的吉他？原因很简单，吉他社团的特殊性决定了如果学生没有自己的吉他，起码证明了三件事：一是代表家里不支持；二是仅课上练习，课下兴趣无法持续；三是不能有效地培养他的性格和能力。

（2）在老师的影响下产生兴趣

在这个阶段，老师可以在学生可能感兴趣的领域，主动开发一些好玩的兴趣活动，或者创新一些好玩的活动方式。

比如语文老师周金霞喜欢做饭，她根据自己的经验研发了一套面点的教学模式。我校毕业生梁静同学，最终进入职业院校学习厨师专业，她就是看到雪白的面粉在周金霞老师的手里，变成圆圆的馒头，或者细长的面包，或者做成薄薄的煎饼等，像小时候捏泥人那样充满神奇和乐趣。因此，梁静喜欢上了面点课，直至影响了她现在的职业方向。

一开始，老师会以一种轻松随意的姿态和孩子"玩面粉"，但渐渐地，老师会把这种"玩儿"慢慢地朝一些目标上去引导。比如，他们会向孩子解释，要加多少比例的水；展示如何揉面；蒸馒头要如何控制火候……在这个阶段，老师在学生的"兴趣养成"中扮演了至关重要的角色。

首先，老师给予孩子大量的时间、关注和鼓励；其次，老师往往会教给孩子一些重要的价值观，比如自律、刻苦、负责任，以及建设性地运用时间。

通过跟踪调查我校进入职业院校的学生的基本情况，我发现这些学生在择校时选择的专业，大都和他们在学校里参加新劳动教育达成兴趣培养的领域相同或者相近。

我校强调教师需与学生尽可能多地进行互动式沟通，强调兴趣的培养和学习的重要性。我们鼓励学生对万事万物保持好奇心，并且把参加兴趣社团当成主要的课余活动。小学阶段，主要是玩耍和参与的成分多一些；初中阶段，则是体验和成长多一些。学校还会特别鼓励学生去参与模型建造、项目研究，深化学习的深度和广度。

于是，用这些很自然的方式，老师顺利帮助学生找到了自己的兴趣和职业发展方向。

2. 第二阶段：专注练习

从这一阶段开始，学习的内容相对而言就比较枯燥，趣味性没有那么充分了，这个时候孩子的动力来源主要是这些因素：

父母老师的鼓励，情绪上的支持

能够欣赏自己的技能，感受规律之美

获得尊重，获得小伙伴们的追捧

找到一同练习的伙伴，一起训练很开心

能用那门技能来认同自己

一旦孩子对某个领域真的产生兴趣了，下一步通常就需要到老师那里系统上课。此时，大部分学生都是第一次接触新劳动教育课程，课程学习体验与他们之前的玩耍体验式也大有不同，从参与体验式活动转而变成认真专注地学习。

通常情况下，学校里进行劳动技能培训的老师，本身未必是这一领域的专家，但他们擅长把孩子培育成专家。他们知道如何激励学生才能使学生继续向前，怎样让学生通过学习训练来不断提升自身水平。

我校毕业生贾俊豪同学在全国重型汽车技能大赛中获得季军，他在"木工、自行车、电动车的维修"兴趣社团的培养老师就是我校的张志云老师。张志云老师并不是一位精通此道的专家，但是他却是一位非常热爱学生，也很有育人方法的老师：他知道怎样去引导孩子自觉学习，而且最重要的是，他能让学生一直对汽车感兴趣。贾俊豪同学说：张志云老师是他遇到过的最优秀的激励者。

在这个阶段，我们的核心目标是既保持学生的那种兴趣、动力，同时又注重培养他技能、习惯的养成。老师依然发挥着重要的作用：老师能够帮助孩子确定日程安排，比如说，规定每周三下午是集中进行新劳动教育兴趣培养的时间；而且，对于学生的进步，老师都会给予支持、鼓励和表扬。

我们会在必要的时候促使孩子明白学习优先的道理，学好了，再玩也不迟。如果孩子不能遵守，老师可能采用淘汰机制来干预。30多个兴趣社团，并不是固定不变的，有的学生可能在初选时选了吉他社团，但是老师经过一段时间考察认为他不适应吉他，他就会被调剂到其他社团。

但是，尽管前期老师可以采用许多方法来刺激孩子，但到最后阶段，学习的动力必须发自孩子的内心，否则，很难长久。

初期，老师的支持与鼓励对孩子的进步至关重要；但到末期，孩子就开始体会到新劳动教育给他们自身带来的回报，并且变得越来越能够自我激励。

练习话剧的学生在礼堂表演时，会受到观众掌声的激励；参加校足球社团的学生也会由于同伴的认可、球队的胜利而感到开心。在受到外部激励的同时，动机也开始从外部转向内部。

最后，随着学生的年龄增长和学习能力的提高，学校会安排他们由初级的兴趣培养向中高级新劳动教育课程的方向发展，为学生寻找水平更高的老师，将他们带到更高的层次上。

例如，兴趣培养阶段学生学习的可能是中式面点，但到了中级阶段就会涉及一些蛋糕之类的西式面点，高级阶段就会学习一些家常菜的制作。也可能学生初级阶段进行的是简单家政劳务学习，但到中级阶段则开始田园种植知识的学习，到了高级阶段则开展社区体验和职业体验等。

在这个阶段，孩子们对自己的"自我认同"也会有一个飞跃。9岁或11岁，这些孩子就觉得自己是"小画家"或"小书法家"了，或者在11～12岁的时候，他们会觉得自己是"舞蹈家""厨师"。他们对自己所从事的学习开始变得越加认真起来。

3. 第三阶段：自觉向上

孩子们在12～15岁时，要付出巨大的投入。其结果要么考上理想的高中，要么就进入职业院校学习技能。

到了这个阶段，学校会基于小学阶段学生的兴趣培养，继续加大初中阶段新劳动教育的课程体系研发和设置。我校将从职业院校引进优质师资力量进入我校开设课程，指导学生的学习，甚至引进民间艺人、非物质文化遗产传承人、特长教师甚至名校教授等，来增强我校新劳动教育的教学实力。

在这个阶段，学生的学习动机完全依靠学生自己内部激发，但学校和老师依然能够发挥重要的支持作用。比如孩子去外面参加任何兴趣特长培训班，学费都很高，但是在半程参加新劳动教育课程是全部免费的。教育是充满大爱的事业，我们很多老师，在进行课程研发时，从入选研发中心，到每次开会研究，到教材编写，最后到课堂教学，几乎牺牲了自己所有休息时间，但他们乐在其中，丝毫没有怨言。

我校并不是想着把孩子都培养成文体明星或艺术家，而是希望让孩子在中考前，在某个可能的领域有更多的发展，有更清楚的目标追求。在这个阶段，需要学校投入更多的精力去帮孩子开阔眼界，接触到能力范围内最好的老师、资源。

所以，有很多家长经常跑到学校向我，向学校和老师表示感谢："老师您辛苦了""感谢学校，感谢老师""老师，我们家长没花一分钱，你们给了孩子出路呀"。我们的家长虽然大多是农民出身，但是他们都有望子成龙的朴素愿望，当他们看到自己那淘气厌学的孩子，也有了一技之长傍身，前程光明，他们内心该有多么幸福和满足啊！

4. 第四阶段：开拓创新

正所谓"三百六十行，行行出状元"，许多行业杰出人士的名字已经为大众所熟知，如钟南山、袁隆平、莫言、李安等。这些英杰人物做出的卓越贡献，改变了他们所在的领域，毫无疑问，他们是一位位带领人类方舟驶入新阶段的领航者。

关于这些领航人物，他们各自的家庭、所接受的教育以及职业成长经历或有不同，但我们都知道的一件事情是，他们无一例外，都是在各自的领域中深耕了很长时间，然后才开辟了新的天地。

以多次在抗疫之战中大放异彩的"无双国士"钟南山为例：钟南山出身于医学世家，中学时就是运动健将的他，曾多次打破广东省纪录，甚至国家纪录。但在他看来，自己有了健壮的体魄还不够，如何让中国人都能健壮起来，才是终极目标。于是，他全身心地投入到了医学事业中。他的父亲，也是他人生的导师，从小就培养他在医学方面的兴趣和认识。后期的创新源自早期的练习和积累，他自己是这样说的："我14岁前就对医学抱有极大的兴趣，之后我用一生去体验医学的魅力。"钟南山从14岁开始，一直行走于医学研究的大道上。

再比如，一项调查显示，诺贝尔奖获得者们在整个职业生涯期间发表的论文比别人明显多得多。换句话讲，他们比其他任何人都更努力。

理应如此，那些有创造性力、有恒心和毅力、有进取心的人总是不满足于现状，他们往往寻找各种办法向前推进，不断尝试一些别人没有做过的事情。

我校新劳动教育研究中心对学校所有考入职业院校的学生进行长期跟踪调研。结果发现，这些学生的创造力与他们能够在学校深度参与新劳动教育课程，并在学习中高度保持专注是分不开的。他们的职业能力，一开始就是新劳动教育学习造就的。

对于学生未来在事业上能走多远，我们不好估量。但我们相信，我们给孩子留下的最重要的礼物，就是帮助他们发现自身潜能、建立信心，知道需要用什么方法、付出怎样的努力才能使自己梦想成真。

（三）整合为王

学校管理者要善于整合多方资源，把一切有利于教师进步、学生成长、学校发展的资源都整合起来，有序统筹安排，为新劳动教育体系的发展壮大服务。在此形势下，研发中心的启动是一件顺势而为的事。

我初到学校时，学校发展处于无序状态，部分重视孩子发展的家长纷纷让孩子转学，剩余的家长不是在观望，就是没有能力去改变孩子的命运。

有一位家长让我至今记忆犹新，他握着我的手说："雷校长，我们千盼万盼，把您盼来了，您一定要把学校办好，让我们的孩子有个希望，有个奔头。"正是这些最朴实的农民家长给予我的信赖，和半程莘莘学子内心深藏的向上向好的渴望，让我坚定了决心，一定要让这所乡山中学"脱胎换骨"！

众所周知，改变要从一点一滴做起，"不驰于空想，不骛于虚声"。作为一校之长，既要有宏大的蓝图和愿景，也要有脚踏实地的眼光和能力。财政是一所学校的命门所在，有多少钱，办多少事儿。

于是，我让财务统计了一下学校的资金情况，当时学校所欠的外债竟然是学校所有存款总和的五倍之多！如果是一个企业，那么这个企业早已资不抵债，濒临破产了。更何谈新劳动教育研发中心的启动和运作呢？

但我没有退路。当时，学校有近二百位老师，两千多位学生，这背后是两千二百多个家庭的希望，再往大了说，就是整个半程的老百姓都在看着学校，看着我。我不能辜负他们，唯有迎难而上。

不仅不能后退，我还立下了一个目标——我要让半程成为当地最好的学校！可能有人会笑我，你这个学校已经是资不抵债的落后校，能生存下去就不易了，还想成为当地最好的学校，这不是痴人说梦吗？在我看来，"生存下去"和"成为第一"并不矛盾，让学校改变旧貌的过程，其实也可以成为学校向上"蝶变"的过程。

"新官上任三把火"，我分别从学校内部的环境卫生、教师的课堂教学和学校餐厅的整治三方面入手，带领全校师生打了个漂亮的翻身仗，全校面貌焕然一新，人心齐聚，大家伙儿都在期待着我带领他们实现下一步的发展。

新劳动教育正是在这一关键时刻，一举成为学校发展的核心工作和特色品牌。为了树立好劳动教育这面大旗，学校整合各方面资源，全力解决新劳动教育品牌建设中所存在的硬件落后、师资不足和课程不完备等问题。

1. 整合社会资源

过去，我校存在着"少作为"乃至"不作为"的陋习，社会各界对学校的态度是"恨铁不成钢"。现在我校校园环境变得干净整洁；老师认真授课，义务建起了各种兴趣社团，教学质量大大提高；食堂用餐情况也得到了极大改善，短短一个月时间，就餐人数从130人变成了1700人，还被评为临沂最美食堂之一。这一切的改变，社会各界都看在眼里，喜在心里。

所以，当我们要整合各方资源来支持学校大跨越式发展时，政府、企业、家长都情系学校发展，大力提供支持。

2017年，经过我积极对接，先后有8家爱心企业为学校捐助了累计价值50多万元的物资和工程，市交警支队在学校大门口安装了安全护栏和减速装置。

同年，我校多方筹措了200多万元的项目资金，打造了500多平方米的校级阅览室，3个年级专属阅读区，可容纳50人的教室班级阅读书架，共同构建学校的"三级阅读空间"。此外，还购置了240个公寓阅读橱，建设了温馨的师生读吧、餐厅图书墙。每年投入10万元，面向全体教师开展"你读书，我买单"的书香校园活动。

我校陈凯老师看到新建成的新劳动教育资料室里，错落有致地摆放着几百本与劳动教育相关的书籍，激动地说："有了专门的劳动教育资料研究室，我们的研发中心再也不用为缺乏资料发愁了。"

2018年，我校又争取到镇党委、镇政府的资金支持，投入资金近800万元，实现了教学楼、办公楼、宿舍楼等"冬有暖气夏有空调"；课桌椅、阅览室书籍、办公电脑得到更新；每个教室、办公室配备直饮机设备；厨房接通了燃气。师生的工作和生活得到了极大便利。

为了能让老师和学生有一个专门进行新劳动教育课程的"教学场"，我们准备把一座废旧的老楼改建成一座乡村少年宫。说干就干，我把创意与实施方案递交到区教育局和镇政府，得到了双方的大力支持，他们将少年宫列入了政府规划项目，投入资金200多万元，高标准地建设了一座4000多平方米的少年宫，里面有包括舞蹈、吉他、创客、面点、无人机、3D打印等数十个专业化教室，规模堪称当地一流。

每次学校开家长会，少年宫都是家长们必来的"打卡圣地"。看到自己的孩子在少年宫学习了那么多好玩有用的知识，创造了独属于自己的优秀作品，家长们打心眼儿里感到欣慰。这时，学生们或拿着自己的作品，或摆出俏皮可爱的pose，或手拿先进的学习设备等和家长合影，不自觉拉近了亲子关系，也拉近了家校关系。

社会各界对我校的大力支持，在校内形成了一种鼓励上进的良好风气。这年的6月17日，由临沂市兰山区关心下一代工作委员会主办、兰山区教育体育局和半程镇人民政府承办的"激荡青春少年志·共筑未来中国梦——共同托起明天的太阳"公益活动暨临沂半程中学励志奖学金颁发仪式成功举行，半程镇党委书记孙玮同志主持了本次奖学金颁发仪式。

活动共为350名品学兼优的学生颁发了励志奖学金10万元，为1600名学生颁发了价值5万元的图书。我校全体师生、部分学生家长和义工共2000余人参加了本次活动。

"我要好好珍惜这次荣誉，今后将更加努力地学习，用实际行动回报这些志愿者们。"拿到奖学金后，七年级五班的胡文慧同学激动地表态。

在仪式现场，八年级四班学生孙丽的家长高兴地说："还真没想到俺小孩还能得奖！把小孩送到半程中学上学真没错，多亏了老师的培养，真得谢谢他们！"

2019年，我校又争取到资金3000多万元，新建艺术楼、教师公寓楼各一栋，启动院墙整修、校园绿化、运动场改造提升工程，建成全区体育、文化课考试标准考点，学校短时间内实现了大踏步式的发展。

2.整合职业院校

"生活的边界就是教育的边界，生活的范围就是课程的范围"，学校不仅是教育教学的实施者，还应是教育资源的开拓者和组织者。

2018年，硬件设施建成后，如何组建一支能打胜仗的教师团队是研发中心面对的另一大难题。因为这不仅对教师教学之外的特长技能提出了要求，还要协调老师的时间，老师们大多都有教学主课，有的还承担着一定的管理职务，难免造成冲突。

于是，学校计划与多所职业院校进行招生合作，既为考不进普通高中的学生提供发展路径，又解决这些职业院校招生难的问题。有了这个计划，职业院校积极性很高，愿意免费派遣教师来为学生上课。同时，论专业性，职业院校的教师肯定也更加符合，因此双方一拍即合。

几个月后，以烹饪、面点、舞蹈、美术、机电一体化、中医药、创客教育为代表的30多个专业兴趣社团使用的少年宫正式开放。早已闻讯良久的学生们踊跃报名参加，甚至连教师也会利用课余时间到少年宫学习，例如瑜伽就很受女教师的欢迎。

在农村孩子眼里，当兵是令人羡慕的选择，但是没有学历的农村孩子要想当兵可谓难上加难。为了实现农村孩子当兵的愿望，我校通过和沂蒙国防教育学校合作，引入该校师资，成立了两个"少年军校班"，让立志当兵的孩子有了腾飞的翅膀。如今，穿着绿色军装的"少年军校班"行走于校间，已经成了学校最亮丽的一道风景线。

3. 整合实践基地

我校与临沂中小学生综合实践基地相隔仅200米，在整合思维的驱动下，学校几经磋商，与基地达成战略协作。协议确保整个综合实践基地成为半程新劳动教育的实践基地，我校学生可以根据课程安排，随时到实践基地进行各项实践教育培训。

该实践基地占地300余亩，规划设计了以综合实践为主体，以农业实践、工业实践为两翼的三大实践体验区域。

农业实践区占地160亩，分设有农耕文化园、红园农场、植物园、蔬菜种植园、果树种植园、家禽家畜散养园、茶园、拓展训练区等八大园区，建设了农耕博物馆、环境保护教育馆、茶文化馆、无土栽培室、家政训练室、茶艺室等教学室，区内共有树木400余种5000余株，为国家2A级风景区。

在我校研发中心的构想中，农业实践区是半程新劳动教育的主阵地。依托该区，我校分别在农耕文化园开发了农耕文化、农具认知、推磨、烙煎饼、烹饪等农事体验课程；在植物园开发了植物辨识、无线电测向等活动课程；蔬菜种植园开发了蔬菜种植和管理以及无土栽培、蘑菇种植等农业科技课程；果树种植园开发了果树管理；家畜家禽散养园开发了家禽管理和堆肥沤肥课程；茶园开发了茶树管理、茶文化博览、茶艺制作等活动课程；在拓展训练区开发了拓展训练、野营训练等课程，培养团结合作的精神，锤炼吃苦耐劳的意志。

在红园农场，我校开辟了"两室一馆一试验田"，集中进行以"STEM"教育理念为主导的劳动教育，集中彰显了新劳动教育的时代属性。所谓以"STEM"教育理念为主导的劳动教育，就是让学生在教室学习科学的农业知识；在粮食博物馆里认知各类农作物品种；在实验室中观测作物生长发育的过程和规律；到试验田里测量不同形状地块的面积，检测土壤的酸碱度，分析土壤成分，配备农作物生长所需养分，选择并运用合适的农具进行科学种田，让学生参与穿沟、浇水、施肥、播种、盖土等种植的全过程，体验劳动光荣的自豪感，培养劳动意识、节约意识和发展现代农业意识。

新劳动课程统整以劳动实践基地和农场大课堂为主要载体，一是与学科统整，二是与特色校本课程统整。

与学科统整，即从农村新课改教育资源相对缺乏，学生脱离生活经验的现状出发，将学科课程知识点与实际生活背景相结合，设置1至9年级的各门学科知识嵌入的主题，使之具有逻辑性，进行单元或者课时的嵌入式教学设计，建构"知识世界"与"生活世界"一体化的学科课堂。

与特色校本课程统整，即着眼于学生已有的生活经验，从丰富学生学习经验的视角出发，建构"生活世界"与"自我发现"的一体化的校本课堂，用劳动的主题来拓宽自我成长、家庭共生、社会融通等校本课程的内容和意涵。

例如，一年级学生在学习数数和编加法题的时候，就可以嵌入"数数农场小植物"的主题，让学生去观察农场的作物，并将农场中的情景上升为加法题，并得出结果，再回到农场情景中去检验；二年级学生在学习科学与自然课程时，就可以嵌入"植物的种子"主题，让学生去收集农场内农作物的种子，并说出其中的名称；五年级学生在上语文课学习写游记的时候，就可以以"我眼中的农场"为主题，让学生游览校园农场和基地，观察农场和基地里的主要景物特点，运用课上描写景物的方法，学写一篇游记。

除此之外，我校还开展了在综合实践区内，利用室内活动室为学生开展生活美学劳动课程，参训学生通过扎染、电烙画、丝网花、寿司制作、陶艺、篆刻、版画、布艺制作等活动课程，了解美与生活的关系，引发对日常生活劳动中审美的思考。这些课程的设计和安排，让学生在实践基地进行实践学习，认识充分、学习认真、探究积极，让每一学生的实践基地之行变成真真正正的知识收获之旅和能力提高之旅！

二、让评价"掌舵"

关于劳动教育，我国著名教育家陶行知先生曾表示，"过什么生活便是受什么教育""过的是少爷生活，虽天天读劳动的书籍，不算是受着劳动教育""要想受什么教育，便须过什么生活"。

简言之，只有过劳动的生活才能算是真正接受了有效的劳动教育。学校开展新劳动教育，必然要考虑教育目标的实现程度问题，即教育成效。所谓教育成效，就是教育者开展教育行为活动所产生的客观结果与其主观所期望的教育目标之间的一致或吻合程度，是发生在客体（行为结果）与主体（愿望、目的）的价值关系之中的。

为此，我校建立了系统的新劳动教育评价体系。根据不同课程的性质和特色制订不同的评价方案，借助信息化工具平台，形成客观、合理、高效的评价模式，发展和完善包括结果评价、过程评价、增值评价和综合评价在内的多元评价体系。

（一）评价维度

衡量和评价劳动教育成效的根本依据是劳动教育目标的实现程度。由此，我校把学生新劳动教育课程的评价分解为学生的劳动素养评价、教师课程实施的评价和教师课程能力的评价。

1.学生劳动素养评价

新时期中小学劳动教育实践，其价值取向是培育中小学生良好的劳动素养。北京师范大学檀传宝教授将"劳动素养"诠释为"经过生活和教育活动行程的与劳动有关的人的素养，包括劳动的价值观（态度）、劳动的知识与能力等维度"。评价学生劳动素养最重要的维度，包括了对基本劳动常识的知晓度、劳动情感的认同度、劳动意志和信念的内化度、劳动行为的稳定性和一贯性等。

（1）对基本劳动常识的认知度

我们面对的学生，是成长于科技高速发展的信息时代的"新新人类"，物质生活水平普遍相对较高，再加上大多数学生是独生子女，从小劳动实践的机会比较少，导致他们对劳动既缺乏理性认识，也缺乏感性情怀。因此，劳动教育首先要让学生对基本的劳动常识有所认知，这是正向劳动观和良好劳动习惯形成的基础，也是新劳动教育的基本目标。

知晓和理解是行动的前提，因此测试学生对劳动常识的认知度是评价教育成效的一个必要指标。我们需要了解学生是否能够自觉体认劳动的重要意义与价值，如对于劳动的本质意义、历史地位、体力劳动和脑力劳动、劳动与幸福的关系等各个方面的认识。

（2）劳动情感的认同度

新劳动教育的成效如果仅仅停留在认知程度是不够的。促进学生形成良好的劳动习惯，让其勤于劳动、自觉劳动、勇于进行劳动创造，为其终身发展和人生幸福奠基，是劳动教育的终极目标。而由认知到行为，离不开情感认同这个中介。

劳动教育的目的不只是要让学生理解什么是劳动，还是一个以劳动知识为依据，以劳动事实为载体，传播劳动观念、情感、态度、价值的过程，主要目标是要引起学生对教育者所传授的劳动思想予以赞同和信服，并最终内化为自身的信念和态度。故而，评价劳动教育的成效还要衡量学生对劳动的情感认同度。

（3）劳动意志和信念的内化度

这是指学生将劳动教育内化为自身信念、态度、品质的程度。它以对正向的劳动观念的认同为前提，是对教育者所传递的劳动观念、情感、态度、价值的进一步认同和接受，是学生对劳动教育最高程度的同化反应。

内化度必须要作为劳动教育成效评价的一个指标。这是劳动教育取得成效的一个关键性环节，也是学生劳动品质和行为形成的起点。当然，我们也要认识到，这种最高程度的同化反应不是靠一两次教育活动就能够实现的。但内化度的测试可以通过劳动认知、情感、态度表现出来，还表现为能够克服劳动困难、努力磨炼劳动意志，以及对劳动的信念和信仰。对内化度的测试一方面可以依据学生的自我评价和自我陈述，另外一方面还要靠对学生劳动态度和劳动行为选择倾向的观察。

（4）劳动行为的稳定性和一贯性

上文所阐述的三个维度都是内部层面的，而劳动行为是外显的。这个阶段是教育成效的外化阶段，更多地依赖对劳动行为的观察与分析来进行评价。

教师和家长可以通过观察学生在学校活动、家庭生活、社会公益活动中的态度和行为表现进行评价。一个劳动素养高的学生，不仅在学校和家里积极劳动、勤勉学习，还会热心参与社会公益劳动。如果该生的劳动行为具有稳定性和一贯性，足以说明该学生具有良好的劳动素养。

2.教师课程实施评价

新劳动教育课程，不是单纯的劳动实践，而是以其为载体，贯通各学段、连接家庭、学校、社会各方面，与德育、智育、体育、美育相互融合。也不是国家课程、地方课程、校本课程的机械拼合，而是以育人目标为统领，以课程体系为抓手，高度融合了国家、地方、校本三级课程资源而形成的一体化结构的课程系统。

为了使"劳动教育"真正落地，我校制定了《临沂半程中学新劳动教育课程方案的评价指标体系》，明确新劳动教育课程评价的对应指标，根据评价结果，评估课程开发是否充分体现学校课程目标，是否具有开发的价值，是否需要调整和完善具体课程内容，开发的优先度等。

（1）课程设置评价标准

第一，满足社会、地方、职业院校需求：新劳动教育课程的开发应充分考虑到社会、地方经济发展、职业院校的专业设置对学生学识和能力的需求。

第二，促进学生个性充分发展：新劳动教育课程的开发应尽量满足学生的兴趣和需要，促进全体学生的个性特长的发展，为学生的可持续发展创造条件。

第三，体现教师特长和学校特色：新劳动教育课程的开发应根据学校的传统和优势，充分利用学校现有师资和条件，努力促进教师教育教学能力的提高和学校特色的形成。新劳动教育课程要保持一定的延续性和稳定性，特别是应体现任课教师的个性、才华，弘扬学校特色。

（2）课程方案评价标准

课程方案评价的要素主要有：课程目标是否符合学校的办学宗旨，目标是否明确、清晰；课程内容的选择是否合适，所需的课程资源是否能够有效获取，内容的设计是否具体有弹性；课程组织是否恰当，是否符合学生的身心发展的特点；课程评价的方式、方法是否恰当；整个课程方案是否切实可行等。

（3）教师课程方案评价标准

教师的课程方案内容包括：教学大纲、教学计划、教材、教案、PPT课件等。

课程实施评价主要是对教师教学过程水平进行评定。教务科、督导办通过听课、查阅资料、调查访问等形式，对教师进行考核，并记入业务档案。

主要是四看：一看学生实际接受的效果，二看领导与教师听课后的反馈，三看学生问卷调查的结果，四看教师的教学案例、教案等。评价要有利于教师自身专业的发展。

学生学业成绩评价主要是对学生在学习过程中，知识、技能、情感、态度、价值观、学习方法等方面取得的成绩做出评价，评价要有利于促进学生个性的发展。

3. 教师课程能力评价

从课程实施的逻辑上讲，课程实施是落地育人的主要措施，教师的专业成长也体现在其各个环节之中，因此我校首先将教师的课程能力作为教师课程育人素养的一个评价板块。

教师通过构建发展性课程评价体系，引导学生解决探索性问题，既注重过程，将终结性评价与形成性评价相结合，实现评价重心转移；又强调参与和互动、自评与他评相结合，实现评价主体多元化，充分体现发展性课程评价，追求人格和谐发展的核心理念，使课程评价成为师生之间进行民主参与、协商和交往的过程，充分实现评价功能的转化。发展性课程评价应通过具体的评价活动来展现其终极的人文关怀，并把课程评价的手段属性置于一定的价值规范之下。

沂蒙是全国闻名的革命根据地之一，在抗日战争时期和解放战争时期，沂蒙人民用自己的双手和朴素的劳动精神为中华民族的解放和独立立下了不朽功勋。沂蒙是一片血染的土地，一片红色的沃土，沂蒙百姓为中国革命做出了巨大的牺牲，直到今天，在沂蒙大地上，悠久的沂蒙精神依旧在传承和流传着。身处沂蒙腹地的半程中学，理所应当承担起把沂蒙精神发扬光大的责任。而想要秉持这一份责任和担当，离不开用课程载体将传承沂蒙精神落实到育人活动中。

老师可以依托学校资源优势，在沂蒙精神课程中融入采石、制砚、绘画、篆刻、历史等多门课程，实现劳动课程里的跨学科融合。例如，给每个学生布置一项设计一个表现沂蒙精神的砚台的任务，通过完成从采石到制砚这样一个从无到有的完整技术设计过程，让孩子展现自己的动手能力和设计思维。

这个砚台必须要有学生自己绘制的展现沂蒙精神的绘画，以及亲自篆刻而成的名称，并且在终结性评价阶段进行展览，贴星投票，优秀的砚台作品将藏于学校的艺术劳动展览馆，永久保存。同时，所有的砚台作品都可以作为文房礼物送给自己的师长或朋友，以此来提升学生的劳动仪式感和成就感。

以上这个过程，既是对学生生动且形象的新劳动教育，同时也是对授课老师的课程能力进行有效评价的过程。下面有四个指标进行深入解读：

（1）以课程培养目标为主要依据，确立灵活动态的评价内容和科学合理的评价标准

发展性课程评价的内容和标准应以具体课程的培养目标为主要依据。对学习过程的评价，主要从科学精神、学习态度、学习习惯、价值观以及研究方法等五个方面进行评价。

在每一方面，又有更具体的内容指标，如在学习习惯方面，学生可以在动脑探究的习惯、及时记录的习惯等方面进行反思自评；在研究方法方面，主要考虑方法选择的合理性和方法使用的得当性。

发展性课程评价追求的不是给学生一个精确的结论，更不是给学生等级或分数，而是要通过对学生过去和现在状态的了解，分析学生存在的优势和不足，并在此基础上提出具体的改进建议，促进学生在原有水平上的提高，逐步达到基础教育培养目标的要求。

以课程培养目标为主要依据确立评价标准时，需对评价内容从学生活动过程的各方面进行全面科学的规定，为教师评定学生的表现提供可操作的依据，同时在具体使用时教师需采取一些灵活弹性的举措，从学生的认知、情感、能力、态度、行为等方面多视角出发进行综合评价，着重对学生个性化的表现进行评定，进行鉴赏，以更好地体现发展性课程评价促进学生进步的功能。

（2）以评价程序的规范性和可操作性为根本，设计科学合理的评价工具

有了对学生学习和表现的评价标准，还要设计和制作相应的评价工具。评价工具通常表现为评价表的形式。评价表需要从不同角度体现发展性评价的价值取向并渗透课程管理者的评价理念。从评价内容来说，要涵盖认知、情感、能力、态度、方法、行为等各个方面；从评价方法来说，采取量化评价和

质性评价相结合，并以质性评价为主的方法；从评价主体来说，采取以学生自评、互评为主，师生共议的多主体互动评价；从评价标准来说，不仅注重课程教学的成果，更注重课程实施过程中学生自己的体验和感受。

评价表对各部分内容的设计，一般只是一种思路或建议，教师和学生完全可以按照自己的理解，根据实际的学习过程和情境，写出富有个性的自我认识和体会，而不必拘泥于固定的格式。例如在家校合育课程中，学生可以记录对于亲子课程的体会和感悟，教师可以对这些感悟进行反馈，了解学生的真实想法。

（3）以学生行为表现评价、成长记录袋等方式，搜集和分析反映学生学习情况的数据和证据

采用不同的评价和测量的方法，可以搜集到不同类型的数据和证据。发展性评价常用的方法有成长记录袋和学生行为表现评价等。成长记录袋也叫档案袋，就是有目的汇集起来的、以学生作品为主的有关资料，用以评价学生在特定领域学习中的努力、进步与学业成就。

成长记录袋根据用途可以区分成四类：①展示型，由学生自主思考、自行负责决定选择哪些材料证明自己学习的过程和收获。②文件型，由教师和学生依时间顺序，按统一设计的框架收集或填写学生学业进程中的学习成果。③课堂型，主要与具体的课堂教学情境相结合，可以显示学生的学习活动过程。④评价型，由不同评价主体依据一定内容和既定标准评价学习成果。

这四种成长记录袋在具体应用到课程评价时可以合并使用。例如搜集学生表现的个性化作品，包括课堂教学现场视频、照片、手工制作以及反思总结等。学生对学习活动中自然形成的作品进行自主选择收集和整理的过程，也是学生的体验和感受加深的学习过程。这种评价方式能够使课程实施的所有主体参与到课程评价中，提升学生的自主性和学习反思意识，有助于教师全面了解学生的收获和进步，并通过协商使评价更好地促进学生的发展。

（4）从每个学生所关注的问题、兴趣出发，充分考虑学生的感受和体会，真正体现评价的激励和导向功能。对学生的表现进行全面和客观的评价，并明确促进学生发展的改进要点时，评价者需对自身的评价理念进行反思，使课程评价真正起到反馈的作用。

（二）评价标准

评价标准集中体现了评价活动所依据的价值准则。

依据学生新劳动教育的目标，劳动教育成效最基本的标准应该是看其是否能自觉自愿、尽心尽力地做心力相符的劳动之事。这个行为不是偶然的、被迫的、处于应付的目的，而应当是自觉并尽力为之。

不同年龄阶段的学生，劳动的频率、行为水平和成果会有个体差异，即便是同一年龄阶段也可能存在差异，因此不能简单地依据参加劳动次数的多少、劳动行为水平的高低、劳动成果的多少来评价劳动教育的成效，还要看个体是否愿意投入恰当的劳动活动中。不能对学生提出超出他们年龄水平的劳动要求，否则就是违背教育目标，不利于学生的健康成长。所谓的自觉自愿、尽心尽力，可视为是劳动热情的激发、劳动自觉程度的提升和劳动行为稳定一贯的体现。具体可从如下三方面进行评价：

1. 形成系统、自觉、自洽的劳动观念

是否形成系统、自觉、自洽的劳动观念，有成效的劳动教育不但可以使学生养成良好的劳动习惯，更重要的是形成正确的劳动观，使学生在对劳动的认知上能够达到理性的高度，从而更理解教师和家长要求自己从小培养劳动习惯的价值所在。简而言之，有了这样理性的认知，学生对待劳动的态度和观念就会系统、自觉而自洽，这也是评价劳动教育成效的重要标准之一。

2. 获得积极、愉悦、健康的情感体验

是否能让学生获得积极、愉悦、健康的劳动情感体验，学生新劳动教育的成效不仅要关注外在的行为表现、参加劳动的频率、劳动成果等看得见的方面，还要关注学生内在的情感体验。这关乎他们对待劳动和劳动人民的态度，以及自身的劳动热情、主动性和自觉性是否提升。学生良好劳动习惯的形成，需要经历他律到自律的过程，有了自律才有日后的习惯成自然，这其中积极、愉悦的劳动情感体验是行为可持续发展的关键因素。

3. 符合终身、社会、全面的发展需要

未来学生的成长是终身性的，也必须是社会性的，更需兼顾全面发展五育并举。劳动教育的终极目标是为学生终身发展和人生幸福奠定基础，而不仅仅是为了满足生存的需要。因此，劳动教育还要培养他们未来成长发展的品行和能力，比如与人协作的精神、自力更生的精神、顽强的意志、创新能力等，为他们未来成为一个幸福的人打下良好的基础。

三、外部力量与内核迭代

随着现代社会的快速发展，教育开放已经成为一个重要的发展趋势。同一地区的不同学校之间，不同地区乃至不同国家的不同学校之间的交流越来越受到重视，互动也越来越频繁。虽然各个学校所在地区不同、条件不同、文化背景不同，但大家都在从事"学校教育"这件事，都在追求"教书育人"的价值取向，都在服务和促进学生的成长特点，实践自己的教育理想。

对学校来说，经常参与校际的交流研讨，可以不断拓宽自己的教育视野，丰富自己的教育实践，在交流中学习他人的教育思想，借鉴他人的办学经验，展现自己的教育思考与办学特色，相互交流、相互分享、相互学习、相互启发、相互合作，最终实现共赢。

（一）外部探索

为了更好地打造新劳动教育的标杆示范学校，我们组织骨干力量，一起考察了上海、杭州、慈溪、黑龙江等地被媒体报道的做劳动教育比较不错的学校，特别是到他们学校参观访问，与他们的校长就劳动教育的培养目标、课程设置、教育教学实践、教师队伍培训、办学特色打造等方面进行了深度的交流，结合我们自身状况比较，感受较深。

1. 培养目标的一致性

精彩的人生是全面发展的人生，新劳动教育的根本目标是为了培养"德、智、体、美、劳"全面发展的社会主义特色接班人，用更直接的说法就是"让孩子有幸福生活的能力"。我校通过劳动教育促进学生"德智体美劳"全面发展，具体而言即以劳树德、以劳增智、以劳健体、以劳育美、以劳创新。

尽管我们彼此的教育背景不同、管理制度有别、学校差异客观等，但是学校教育的责任与使命是相同的，育人的愿景与目标是相近的，都希望通过努力，更好地促进学生快乐学习、健康成长，都期待在自己的校园里，每件事都成为教育独特的风景，每个人都发展成为最好的自己。

2.学校管理的差异性

学校管理是一面综合性工程，关乎劳动教育目标的有效达成，关乎劳动教育发展内涵的品质提升。我们所有学校在这方面都有自己的思考，并持续探索行之有效的实践路径。但由于每个学校实际情况不同，彼此在教师管理、学生管理、课程管理、教学管理等方面都存在一定的差异，体现了各自的独特的个性。我们认为，双方教育管理的思想、路径和策略，只有个性差异、没有优劣之分，适合自己的就是最好的。

3.教育经验的互补性

在劳动教育实践中，我们双方都很注重对学生学习兴趣的激发、学习习惯的培养、学习方法的指导和学习能力的提高，都很注重促进学生全员发展、全面发展、自主发展和个性发展，都很注重学生身心素养、人文素养、科学素养和艺术素养的走亲培育与提升。但在实践操作中，双方有着不同的方式方法和实施策略，积累了成功的经验，值得彼此交流与分享。

4.友好合作的可能性

随着科学技术的发展和时代的进步，现在的教育已经变成了融通开放的教育。多元的教育也是合作的教育、分享的教育。要培养笃学日进、温暖有力的世界中国人，我们新劳动教育也需要交流分享，实现合作共赢。双方都有这个需求和愿望，并期待通过建立友好关系，实现学校之间可能的资源共享，以促进双方共同发展。

（二）内部裂变

我校是一所乐于学习且善于学习的学校，近三年先后组织外出学习几百余人次。通过学习，广大教师接触到了最先进的教育教学思想，开阔了教育视野，更新了教育理念，大大提升了育人能力。

这个过程，其实也是一个内部裂变的过程。我校积极为教师创建各种成长的平台，学科大教研、班主任经验交流会、老中青结对等活动，全面加强内部裂变升级，促进了课堂教学和班级管理的提质增效，使教师专业能力获得快速提升。通过全体老师的不断努力，如今学校培养了一批市级、区级多次获奖且较有影响力的教师，初步形成了有鲜明新劳动教育特色的教研团队，组建了结构合理的各学科教师梯队，打造了一支智慧型班主任队伍，实现了学科教学各种风格的共融。

1.改变教研模式，提高教师专业水平

在教学教研上，结合我校教学实际及师资水平，开展了全新的教研模式：首先，针对新教师及转学科教师，实行了新老教师帮扶结对活动，培养青年教师成长，建立强有力的学科教师团队，要求老教师每周至少要帮新教师修改一篇教案、听新教师一节课，每月至少要指导新教师上一节汇报课。新教师每周至少要听指导教师两节课，在指导老师的指导下，每月至少上一节公开课。

其次，加强同年级同学科组集体备课教研，每周由原来的一次改为两次，对于新授课，备课组长先授课，备课组其他老师听课，年级组领导不定期抽查。

再次，加强各科教研组的教研，学校领导分别负责一课教研组，教研内容主题是：研讨"小组合作、问题导学"模式，对教学过程中出现的问题进行改进，对课堂有益的地方进行共享。老师们在集体教研及备课中要充分研讨如何利用小组的特点，对学生进行有层次的教学，一堂课要关注到每一个孩子的学习情况。

2020年入职的张老师表示，自己一步入教师行业就来到半程中学特别幸运，特别幸福！张老师说，刚工作时，虽然没有上过课，但由于她自己是传统教学模式下出来的学生，一上课就模仿了曾经的老师们，我"讲"你"听"。但面对如今的小孩子们，这些"新新人类"，满堂灌的课堂已经无法吸引他们了，她开始陷入了困惑，但学校的帮扶结对活动让她真正体会到了教学的艺术与乐趣。

在她的道法课堂上，也开始推荐通过小组合作学习，学生学习的主动性和积极性增强了，参与欲提高了，学生在合作学习中甩掉了胆怯、害羞、害怕出错的包袱，敢问敢说，即使那些一向"少言寡语"的内向学生也产生了跃跃欲试的冲动，性格变得开朗起来，精神面貌焕然一新，自信心得到了加强；而她自己，也从一开始的不信任学生，到现在慢慢放手，将课堂还给孩子，于她自己、于学生，都是一种大的转变！

2.课程聚焦核心，促进师生真正成长

在课程建设中，我们通过"关键能力"的培养，全面提高学生素养。在开足开齐、积极落实好国家课程的基础上，积极推进学校课程建设，对国家课程进行有效的补充和延伸。学校的新劳动教育课程系列，建立学科特色课程体系，培养关键能力，从而落实"全心全意为师生服务，给每一个生命向上的理由"的办学思想。

新劳动教育课程的含义多样化：一个孩子一门特色课程，一个孩子一个项目研究，一个孩子一个实验室，一个孩子推动一个家庭等等，根据课程的实施赋予其不同解释。即一个孩子推动一个家庭，一个个家庭推动整个社会，最终实现"建设着眼成长、心向未来的师生成长共同体，建成教师幸福、学生快乐、家长满意、政府放心、社会赞许，省内外有一定影响力的齐鲁名校"的办学目标

3.研发编写教材，全面提升教学高度

校本教材是理念落地的载体，是确保教师教学质量的工具，更是引领学生高质量、高效率地开展自主新劳动教育学习的路径。编写校本教材对于老师的专业成长来说，是个非常重要的途径。校本课程开发赋予了教师一定的自主权，充分调动了教师积极参与课程开发的热情，为教师提供了发挥创造性空间和大显身手的机会。教师参与课程开发有助于提高教师的专业水平和课程意识，对实施国家课程和地方课程也有促进作用。

因此，2019年下半年，学校研发中心就召集所有兴趣社团的老师进行前期商讨，在尊重学生学习规律、个人特长和兴趣的前提下，根据方案分年级进行教材编写。今年上半年疫情期间，学校组织大家从编写内容的筛选、课型环节的设计，课程的排版印刷，全体成员群策群力，经历上交初稿、反复讨论、点评修改、校对全书通稿等过程，初步形成了第一稿并投入使用。在使用过程中，学校及时收集一线教师和学生的意见，对初稿进行有针对性的修改。

4.开展主题教育，丰富校园文化活动

学校通过开展一系列主题活动，使"伴成"文化理念落实到行动上。由此，学校的办学不仅具有理念灵魂，而且还要丰富多样地去践行，从而创建独具个性的学校特色，如读书节活动、体育节活动、校园文化艺术节活动、科技

节活动等。

此外，学校以促进学生身心各方面和谐全面发展为目标，不仅注重培养学生的学习兴趣、学习习惯，提高学生人文素养，还通过开展新劳动教育课程教学和新劳动教育活动等多种实践活动，丰富校园文化生活，为每个学生提供绽放异彩的舞台，涵养学生的劳动水平、劳动素养和劳动观念，充实学生的精神世界。

（三）最终效果

1.学生更加喜欢学校

北京中学夏青峰校长认为，无论什么样的学校，无论采用什么样的教育形式，其实，孩子们内心最关注的，还是"老师究竟是否很在意我"。让学校里的每一个孩子都能感受到老师的在意，是让孩子们喜欢学校的前提。

在我校新劳动教育课型体系的创建中，师生都可以成为备课的主人，共同围绕教学任务，民主参与、积极分担、相互合作、共同分享，不仅丰富了课程资源，激活了课堂氛围，激发了学生的学习兴趣，更建立起一种民主、融洽、和谐的师生关系。这种人文浸润的新劳动教育学校文化底色真正为学生自信、阳光、全面发展奠定了坚实基础。

我校师生关系呈现一种融洽、和谐的样态。在我们学校，只要是在课间，办公室里总是挤满了学生，这都是被老师提前计划安排好的被辅导的学生，有培优的，有补差的，各科老师耐心细致地给学生分析出错的原因，讲解学生的疑惑。尤其是中午饭后至学生午休期间，老师们牺牲自己休息的时间，在办公室里、走廊里、教室里争相给孩子们辅导。

教育是爱的事业，"相伴"要有爱人爱己之心，有理解心灵的能力和引导成长的关怀。这种"伴成"教育理念，已经融入教师对学生严谨的教学中、耐心的倾听中、赞许的微笑中和温暖的抚慰中。学生在这里学习有自信，探索有空间，成长有温暖。

2.学生更加喜欢学习

新劳动教育课程群立足于学生的认知规律和思维能力的培养，开发了培智激趣的多样课程，从结构化预习中的计划制定，到发现课的学习疑惑，到生成课的大胆质疑，再到问题解决课的合作与分享，学生是学习的主人。

我们为每一个学科都开辟了一个奥妙无穷的学习新天地，让课本的知识不再枯燥，让学生徜徉于知识的海洋。探究课程，学生自己动手搭建实验室，自己确定实验课题，从学校水族馆的建立，到百草园植物社的开张，再到工业游学，为学生的奇思妙想找到了施展的空间。

七年级的杨洋就觉得自己很幸运，能够在六年级的时候转学来到我校。他说，吉他、舞蹈、瑜伽、演讲等每天的学习生活都那么有滋有味，每年的艺术节、师生共读一本书等活动也让他变得比以前更加快乐，更加自信，在这里他感受了多姿多彩的校园生活。

3.学校办学特色初显

近年来，我校被授予全国足球特色学校、山东省教育系统先进集体、山东省绿色学校、临沂市教育系统先进基层党组织、临沂市规范化学校、临沂市教学示范校、临沂市电化教学示范校、临沂市教学工作先进单位。学校在学业水平考试连年提升，考入职业院校的学生增长率位居全区第一。类型多样、功能整合、聚焦核心素养的新劳动教育课程体系，让课程有了生命，让课堂充满了灵动和温度，让自我管理成为学生的一种需要和内驱力的唤醒，最终让生命之花在这里灿烂绽放。

第七章　支　　撑

　　我校新劳动教育之所以能够在全国劳动教育的茂林中脱颖而出，并持续保持领先优势，除了依赖内在先进的制度优势外，还离不开党、各级政府和全国众多教育专家的支撑。

　　古罗马著名哲学家塞内加曾说："教育是条漫长的道路，榜样是条捷径。"正是由于看到了榜样的力量，我校把"劳动第一"的目标作为自己要争做的榜样，通过"一年抓规范，两年抓提升，三年大跨越"的工作步骤不断践行。

　　一是以核心价值观为内涵、以新劳动教育为特色的优秀学校文化，它为学校提供的是生生不息的长期牵引力；二是对全体师生的激励与约束体系，它为学校提供的是持续不断的内部动力；三是与新劳动教育全面接轨的科学规范的内部管理体系，它为学校提供的是长期持久的推动力。

　　牵引力、内部动力和推动力共同构成了学校机制的基本框架和主要内容。对于学校来讲，可以没有资源，但不能没有机制，有活力的机制是学校良性发展的源泉。而这份活力，这份内涵，这份支撑，就是政府、党、专家等多方"聚合"协作的结果。

一、引领

　　我校能在这么短的时间内取得这么快的发展，得益于党和国家政策的引领，尤其是劳动教育相关政策的推出，为我们学校的新劳动教育发展指明了方向。我校新劳动教育事业正处在发展的关键时期，其发展关系到学校每一个师生的未来。

　　我们当下正处在科学技术快速发展的时代，信息技术的发展给社会各方面带来了非常大的变化，也带来了很多的机遇和挑战。在这样的背景下，如何利用人工智能、互联网、大数据等技术促进教育的改革发展，是加快迈向新劳动教育标杆示范学校的关键步伐。学校要时刻多学习国家发布的有关劳动教育的方针政策，因为这是保证学校健康持续发展的根本问题。同时，学校还要摆正出发点，坚持立德树人，以培养德、智、体、美、劳全面发展的社会主义建设者和接班人为目标。

（一）政策：指明方向

党的十八大以来，习近平总书记立足新的时代坐标，对劳动和劳动教育做出重要论述。2018年全国教育大会上，习近平总书记要求把劳动教育纳入培养社会主义建设者和接班人的总体要求之中，明确提出构建德智体美劳全面培养的教育体系。

当时，第一时间学习到习总书记这些有关劳动教育的指示，从学校领导到每一位老师可谓心潮澎湃。因为我们一直以来就在进行着有关学校教育的探索，如何让每一个学生都能找到自己的人生方向和进步阶梯，如何找到学校发展的基调和底色？这是摆在所有农村中学面前的重要课题和难题。

为了破解这个难题，我们从2017年下半年开始就积极与临沂市商业学校、临沂电力学校等职业类院校对接，高标准建设了4000多平方米的"乡村少年宫"，建成了面点、烹饪、机电、非遗、石景制作、无人机、人工智能等36

个劳动兴趣社团。由学生根据自己的兴趣爱好自主选择，每周的开课时间可以根据学生情况灵活安排，旨在为"半程学子"提供更多尝试与自我发现的机会，实现兴趣爱好与职业规划相一致，让将来有可能步入职业类院校的学生，皆因为喜欢而选择，因为选择而坚持，因为坚持而走得更远。

在我们全校师生看来，习总书记的有关劳动教育的指示，恰好是对我们前期工作的肯定和指导。从此，我们明确了今后学校的发展方向和特色就是劳动教育，而我们把劳动教育与田园生活、兴趣社团、职业教育等融为一体，创设性地提出了新劳动教育这面品牌大旗。

今年3月，中共中央、国务院又印发了《关于全面加强新时代大中小学劳动教育的意见》（以下简称《意见》），就加强大中小学劳动教育进行了系统设计和全面部署。4月18日，学校校委会主持召开中共半程中学党委理论学习会议，专题学习了《意见》，听取学校劳动教育实施情况，并部署贯彻落实工作。

会上，我领学了《意见》全文，并作半程中学学生劳动教育工作调研分析报告。与会人员结合工作实际，交流了对《意见》的学习思考，一致认为，《意见》贯彻落实习近平总书记关于劳动教育的重要论述，就全面贯彻党的教育方针，加强大中小学劳动教育进行了系统设计和全面部署，《意见》的出台正当其时、意义重大、影响深远，下一步要紧密结合实际工作强化贯彻落实。

我在会上指出，新时代加强劳动教育，要融合时代要求，结合学校实际，因地制宜构建新劳动教育"伴成"模式。一是要注重围绕兴趣社团，发挥兴趣社团在五育中的重要作用，结合学科和专业开展劳动实践，使劳动教育孕育其中；二是要以志愿服务为抓手，强化志愿服务劳动的育人特色，着力培养学生的公共服务意识；三是要紧密结合职业教育，带领学生感知国家发展，认识自身实际，掌握职业技能，树立正确的职业观；四是要深化新劳动教育实践教学工作，完善体制机制，推动形成校内劳动实践的良好氛围。

大家在集体学习时达成共识，《意见》是贯彻落实培养德智体美劳全面发展的社会主义建设者和接班人教育目标的重要指导性文件，要认真学习领会《意见》精神，并在学校具体工作中全面贯彻落实各项要求。第一，要进一步提高对劳动教育重要意义的认识，以培养德智体美劳全面发展的社会主义建设者和接班人为目标，坚持五育并举、相互融合，全面深化新劳动教育工作。第二，要紧密结合实际，遵循育人规律、立足学生成长需求、发挥学校育人优势、积极联合社会资源，构建新劳动教育体系。第三，要强调育人实效，坚持"一滴汗水，一份收获"的实践原则，找准制约新劳动教育的重点难点，抓实抓牢新劳动教育。

（二）目标：首要问题

我们学校努力构建德智体美劳全面培养的新劳动教育体系，形成更高水平的人才培养体系，既要让前半段学生努力考上理想的高中，又让后半段的学生"学有所长、学有所去、学有所成"。一句话，我们的新劳动教育就是要让全体师生"百花齐放"。

在这个过程中，培养什么人，是教育的首要问题。培养并鼓励基础好的学生，让他们考入理想的高中，然后考入向往的大学，成为高素质社会主义人才是学校的使命，同时学校帮助那些成绩不理想的学生，通过学校的新劳动教育找到他们的人生目标，进入职业院校培养或者国防院校学习，未来成为建设祖国的职业人才和保家卫国的军人。因此，不放弃每一个学生，帮助每一个学生都拥有一个充满希望的未来，这也是我们新劳动教育的职责。

"习近平总书记在谈到培养人的问题时强调，要在坚定理想信念、厚植爱国主义情怀、加强品德修养、增长知识见识、培养奋斗精神、增强综合素质上下功夫，要树立劳动第一的教育理念，要全面加强和改进学校劳动教育、要在学生中弘扬劳动精神。这对于学校教学工作来说，具有极强的时代感和针对性，为我们培养农村中学生成为全面发展的人才，指明了方向。"我认为一定要把习近平总书记的重要讲话精神融入学校教学活动的各个方面，鼓励学生以更大的作为奋进新时代。

"中国正在为实现中华民族的伟大复兴而不懈奋斗，我们这一代生逢其时。"我校毕业生李文豪代表临沂商业学校获得山东省技能大赛一等奖载誉归来时说，"要成为一名合格的建设者和接班人，就必须坚定理想信念，努力实现德智体美劳全面发展，把自己的理想同祖国的前途、把自己的人生同民族的命运紧密联系在一起，为实现中华民族伟大复兴的中国梦贡献自己的青春力量。"

学生经过我校的新劳动教育，他们的思想境界，他们的个人能力，他们的理想都获得了全面的升华。我认为，习近平总书记强调要在学生中弘扬劳动精神，教育引导学生崇尚劳动、尊重劳动，懂得劳动最光荣、劳动最崇高、劳动最伟大、劳动最美丽的道理，长大后能够辛勤劳动、诚实劳动、创造性劳动。这具有很强的现实针对性，对我们学校形成更高水平的人才培养体系具有重大意义。

（三）人才：实施保障

一个人遇到好老师是人生的幸运，一个学校拥有好老师是学校的光荣，一个民族源源不断涌现出一批又一批好老师则是民族的希望。建设新劳动教育标杆示范学校，对教师队伍建设提出新的更高要求。

习近平总书记的重要讲话鼓舞人心、催人奋进："人民教师无上光荣，每个教师都要珍惜这份光荣，爱惜这份职业，严格要求自己，不断完善自己。做老师就要执着于教书育人，有热爱教育的定力、淡泊名利的坚守。"

于我个人而言，就是要严格要求自己，不断完善自己，搞好学校管理。同时为每个师生服务好，给他们创造快乐、幸福、美丽、温馨的成长环境。因此，学校利用各种机会和资源，为教师搭建成长平台。

为了给教师构建研讨、交流、实践、展示的新劳动教育教研互动学习平台，我校以"发展"为中心，对教师进行全员培训，还以《半程中学读书活动方案》为指导，成立了"青年教师书友会"；以"问题"为中心，对教师进行分类培训；以理论学习与研讨、校本教研活动、课堂教学实践等为载体，搭建教师发展平台，促进教师专业成长。通过校本研修，一批教师走上了"学习→探索→践行→反思→总结→提升"的"让学引思"教改之路，逐步形成了"劳动第一"的新劳动教育理念、"丰富灵动"的教学风格、"科学有效"的教学模式。

"教师是人类灵魂的工程师，是人类文明的传承者，承载着传播知识、传播思想、传播真理，塑造灵魂、塑造生命、塑造新人的时代重任。"我认为，这是习近平总书记对广大教师的赞誉，更是对教师职业提出的要求与期待。我们一定牢记习近平总书记的嘱托，砥砺前行、埋头苦干，把师德师风建设摆在首位，培养更多有理想信念、有道德情操、有扎实学识、有仁爱之心，能做学生锤炼品格、学习知识、创新思维、奉献祖国引路人的优秀教师。

要让广大教师安心从教、热心从教，就要不断提高教师待遇。学校将抓住全面深化新时代教师队伍建设改革的机遇，深化人事制度改革，激励优者从教，落实教者从优，关爱教师成长，提高教师待遇，维护教师权益，让广大教师有更多的获得感、荣誉感、幸福感，为"新劳动教育第一"建设提供更加坚强有力的人才支撑。

（四）课程：落地路径

2020年7月，教育部为深入贯彻习近平总书记关于教育的重要论述，全面贯彻党的教育方针，落实《中共中央国务院关于全面加强新时代大中小学劳动教育的意见》，加快构建"德智体美劳"全面培养的教育体系，又印发《大中小学劳动教育指导纲要（试行）》（以下简称《指导纲要》），主要面向学校，重点针对劳动教育是什么、教什么、怎么教等问题，细化有关要求，加强专业指导。

《指导纲要》要求学校根据学生年龄特点有序安排劳动教育内容要求，注重日常生活劳动习惯的养成，在生产劳动和服务性劳动方面，以使用传统工具、传统工艺的劳动为主，引导学生体会劳动人民的艰辛和智慧。

例如，在小学阶段，低年级学生以个人生活起居为主要内容，中年级学生以校园劳动和家庭劳动为主要内容，高年级学生兼顾家政学习、校内外生产劳动、服务性劳动；在初中阶段，注重围绕丰富职业体验，开展服务性劳动和生产劳动，理解劳动创造价值，指导学生积极参加大型赛事、社区建设、环境保护等公益活动、志愿服务，自主选择1~2项生产劳动，经历完整的实践过程。

在此基础上，我们学校将牢牢把握新劳动教育的方向和规律，于"凝聚学生劳动素养，促进学生全面发展"的课程目标，将课程划分为基础性劳动课程、创生性劳动课程、发展性劳动课程和学科性劳动课程群，让"劳动教育"真正落地。

为了办好半程老百姓"家门口的学校"，我校努力让学生们享受到公平而有质量的教育，充分尊重每一个学生的特点，进一步优化中学"新劳动教育课程体系指标"评价及评价体系，推动学校因材施教，引导学生德智体美劳全面发展。

二、后盾

教育所产生的决定性力量，不但会改变一个人的人生轨迹，还会改变家庭、家乡甚至一个地区的整体面貌。同样的，任何一所优秀的学校背后，都有着党和政府作为他们坚实的后盾。他们为学校凝聚了多方力量，为学校的发展建言献策，为学校的工作提供各种力所能及的支持。我校高举新劳动教育品牌大旗前行的每一步，都得到了来自党和政府等外界力量的肯定和支持。

（一）两个初心，心心相印

正是因为有了党和政府这个坚实的后盾，在新劳动教育启动前期，我们面临种种发展难题时，我才那么有底气、有信心、有信念相信自己一定能克服这些障碍，誓要走出一条坦途来！

我校坚持新劳动教育的初心是"把每一名教师当作亲人，把每一名学生当作自己的孩子"，凡是师生需要的，都力争做到极致，切实把"全心全意为师生服务"的办学思想落到实处，努力为师生创设幸福、舒适的学习生活环境。而学生又是一个家庭的未来，一个地方的未来，更是一个国家的未来。因此，我校新劳动教育的初心和地方政府为百姓谋福利、谋发展的初心是不谋而合的。

两个初心，合在一起就是人间大爱，共同成就伟大的教育事业。缘于此，我校新劳动教育从此开启了披荆斩棘、迎风破浪的新征程。

（二）多方视察，高度肯定

在政府的大力支持下，学校的发展驶上了快车道，得到了各界关注。从教育部，到临沂市兰山区，再到半程镇，各级领导来到我校视察工作，都给予了高度肯定和支持。

2017年11月6日下午，教育部后勤协会副会长朱宝铜，临沂大学原党委副书记、教育部农校对接科研项目负责人谢亚非教授，土壤营养学专家刘丰博士，临沂大学基建处处长高东兴，浙江商会会长、临沂大学传媒学院副理事长黄圣权教授，青岛浙江商会张会长、叶会长等一行12人到我校视察指导工作。兰山区关工委主任谢华东，兰山区副区长、半程镇党委书记王翠宝，半程镇镇长孙玮等领导陪同视察。

那是秋天的最后一天，朱会长一行乘着朦胧的月色，兴致勃勃地参观了校园，实地察看了学生餐厅、教工餐厅，听取了我关于学校"创建区内一流、市内领先、省内外有一定影响力的乡村特色学校"的工作目标和"一年抓规范、两年抓提升、三年大跨越"的工作步骤的详细介绍，重点听取了我校的后勤工作汇报。朱会长一行对我校的办学环境、办学理念给予充分肯定，尤其对我校创新管理、遵循规律办教育、短期内提升后勤保障服务能力给予高度评价，对餐厅严把原材料关、细化过程管理、开放式办餐厅的做法给予高度赞许，同时也提出了一些指导性意见。

朱会长表示："临沂是革命老区，近几年经济快速发展，教育事业也有了很大的提升。半程人杰地灵，半程中学发展也应该走在全区乃至全市前列，半程镇党委政府高度重视，中学的新任班子思路清晰、目标明确、视野开阔，学校的办学水平应该会有很大提升。我们确定把这儿作为联系点，长期跟踪调研、帮扶指导。"

朱会长一行的到来让我们备受鼓舞，我们决心按照教育部领导的希望和要求，努力工作，奋力拼搏，全力提升学校办学水平。

2019年10月19日上午，临沂市兰山区教育工委常务副书记、教体局党组书记、局长王金锋，区教体局党组成员、区教育事业发展中心主任苏振北，区教体局党组成员、副局长刘焕成，区教体局副主任科员邵冉等领导到我校金锣校区调研指导工作。半程镇副镇长刘焕香及金锣集团相关人员陪同。

王金锋局长一行实地察看了学校的校园道路、教学楼、餐厅等场所建设情况，到9月初开学启用的一年级学生教室查看教学设施配备情况，并听取了我的工作汇报。他对我校金锣校区的高起点规划、高质量建设、高标准配备给予了充分肯定，对我校的"伴成教育"思想和两年的实践成果给予了高度评价。

他要求学校结合当前开展"不忘初心、牢记使命"主题教育活动，树立"开放、创新"理念，借鉴省内外品牌学校的办学模式和管理机制，积极探索新的管理路径，力争通过二至三年的努力，办成与山东金锣全国影响力相匹配的教育集团，使之成为北城片区乃至全市、全省的品牌学校和文化高地，使之成为国际化高中办学的新样板和金锣集团以人为本企业文化的新载体。

2020年6月22日上午，兰山区教体局新教师培训考核工作组莅临我校检查指导新教师培训工作。我带领学校主要领导陪同检查。

我首先对检查组一行的到来表示热烈的欢迎，结合学校近年来的发展变化，详细汇报了我校新教师的培养、培训工作。检查组对我们学校近年来的发展变化给予了充分肯定，对大力度支持新教师成长的理念和做法给予了高度评价，也对新教师们的快速成长表示极大赞赏。随后，检查组对新教师进行随机抽取听课，并逐项检查了新教师们的备课、听课、作业布批等材料。老师们工整的笔记、翔实的记录见证了我校广大老师这一年来的成长变化。

此次检查指导，既是对学校新教师培训工作的问诊把脉，更是对学校工作的又一次促进和激励。工作组表示，相信我校全体新教师在今后的工作中，一定能秉承"伴成教育"思想，不忘初心，砥砺前行，担负起新时代新教师的神圣使命，为沂蒙教育事业做出贡献。

我校把领导的关怀和鼓励传达给每一位师生，并把领导的要求落实到教育教学的方方面面、教育管理的各个环节。不忘初心，牢记使命，脚踏实地，砥砺前行，在"伴成教育"思想的引领下，努力办好半程老百姓家门口的高品质教育。

（三）加大投入，全力支持

1. 硬件设施达标，经费保障到位

虽然身为一所村镇中学，但在党和政府的支持下，我校新劳动教育的硬件建设丝毫不打折扣。本着"高起点，高标准"的原则，我校保证学校音体美器材、图书、实验仪器配备合格，实现互联网接入、无线上网和日常信息化教学。更新了教师的办公设备，实现了人手一机，教室全面实现班班通，大大提高了教学效率。

2. 办学条件提升，学习环境改善

以前的半程是没有空调和暖气的。每每到了夏冬两季，我校老师和学生都要忍受酷暑和严寒的折磨。特别是到了寒冬时节，虽不至于出现山区孩子那种"霜打头发"的上学场景，但学生们上课时冻得直跺脚，老师拿粉笔的手都冻得发紫。

我校和政府高度重视此事，经过多方对接，争取了各级资金1000余万元，改善办学条件，实现了"冬有暖气，夏有空调"，学习办公环境得以大幅改善。学生们冬天在上课时，红扑扑的小脸都露出了温暖的笑容。

3. 办好安心食堂，建好温馨宿舍

学校事，无小事。往往人群最聚集的地方，就是最需要引起注意的重要之事。我国广大农村中学普遍存在着"吃饭难，难吃饭"的问题，这个问题在我们学校尤为严重，师生几千人的学校，竟然只有100多人去餐厅吃饭，而且吃过的没有一个说好。怎么办？

学校先来破冰，政府坚定做好学校的后盾。经过大刀阔斧的整改，短短一个月后，我校餐厅问题基本解决。现在，我校餐厅设施完备，实现"明厨亮灶"，就餐环境卫生干净，获评全区学校十佳满意餐厅。临沂市教育局原局长尹传斌到学校视察工作期间，盛赞学校餐厅是"临沂市最好的学校餐厅之一"。

我校按照教育部标准，建有宽敞明亮的学生宿舍，内部洗漱卫浴设施配备齐全、使用方便，浴室能保障学生"周周洗"。政府领导感叹："没想到，想不到，也不敢想，一个学校的解决问题能力这么强！这么干劲十足的学校，这么全心全意为师生谋发展的好学校，政府绝对是大力支持。"

4. 提升幸福指数，传递教育大爱

学校建设中，很多细节和爱的传递，政府不可能一一都想到。政府的政策就是为师生谋幸福、谋快乐，学校要做的就是贯彻原则，做一丝不苟的执行者。一千所学校，就有一千个不同标准，我们的标准是"没有最好，只有更好"，在老师幸福和学生快乐的基础上，植入温馨的爱。

我校特别关爱哺乳期和怀孕的女教师，为她们建立了温馨舒适的母婴休息室，配置完全由女教师根据需求定制。有孩子的老师再也不用担心孩子在家没人照顾了，她们可以把年幼的孩子带到学校，安心投入到教学工作中去。孩子们在母婴室里和各种可爱的玩具玩耍，时不时地发出"咯咯"的笑声来。身为母亲，女老师也会感同身受，就把这种幸福和快乐传递给学生。在爱的哺育下，学生学习的劲头就会更足。

2019年，学校又在政府的支持下，投入资金3000多万元，新建艺术楼、公寓楼各一栋，启动院墙整修、校园绿化、运动场改造提升等工程，建成全区标准化考点，学校整体面貌彻底改观，办学条件进一步优化。

很多时候，政府在决定项目时，都会反复论证，考虑各种利益得失。因为他们是老百姓的父母官，所花的每一分钱都是老百姓的钱，所以，每一分钱都要用好，都要用在刀刃上。在政府眼里，把资金投进学校，支持学校建设，是民心所向，是"功在当今，利在千秋"的好事。

（四）党建文化，引路护航

党建文化不但是学校可持续发展的坚强后盾，更是推动新劳动教育发展的有利因素。我校党支部不断创新党建工作方式方法，各项工作取得明显成效，特别是以党建来推进新劳动教育深入发展，既符合学校建设的需求，还能为新劳动教育输送"氧气"和"土壤"，完善学校建设，提升内涵。

1. 以党建文化作为主导思想

我校坚持以学期为单位，组织学生开展党课学习，进行新劳动教育专题讲座；以月为单位，定期策划、组织、开展形式多样且契合新劳动教育的党员活动；以年级党支部为单位，组织党员参加校内外新劳动教育活动；以班级为单位，学校各班党员在基层组织开展新劳动教育主题班级活动，传播劳动精神与劳动文化。

从整体到局部、从党委到基层、从党员到团员，层层有序渗透，我校将先进的新劳动教育思想和学校发展相结合，为学生成长铺垫道路，为其成才奠定基础，既发挥了党建文化的先进性，又良好地促进了校园文化建设，一举多得。

2. 以党建文化推动团队建设

我校有效加强老师与团委、党委之间的联系，挑选思想上追求进步、能力上寻求历练的高素质老师成为团委、党委干部，进行全面培养，使学校党团工作有序开展，为新劳动教育传播开通道路。在此基础上，打造了一批优秀的新劳动教育骨干团队。

我校陈凯老师，最初是团委工作的负责人，在学校党建文化的感召下，积极投身于新劳动教育教学工作，根据自己的兴趣爱好创办了吉他兴趣社团。他认真阅读大量的新课程改革资料，自学科研理论，用理论武装自己的头脑，把他认为有利于开展教学工作的经验都记录下来，并且在实际工作中、学习中不断完善自我。

在提高自己业务能力的同时，他积极参加教育科研活动，不断积累经验，把音乐教学与学校团队工作有机融合，曾多次荣获临沂市教育装备先进个人，兰山区优秀教师，兰山区团队先进工作者，兰山区教育宣传先进个人，兰山区优秀团干部，兰山区志愿服务先进个人等荣誉。

我校还善于发掘具有良好品质和潜能的学生干部，精心培养，扩大历练、磨炼空间，为学校发展、社会需求、党的传承、祖国建设输送有力人才。坚定地把党建文化作为长期发展路线以及思想引领，带动学校共青团建设，保障学生干部队伍的良性循环，保障共青团队伍的活力常青，保障为我党持续发展与建设的储备人才。

3. 以党建文化引导课程体系

坚持一个领导。坚持党对一切工作的领导，我校新劳动课程体系的建设，就是在党的思想引导下，进行整个体系的设计、建设、实践和发展。

深化两个融合。"两个融合"即党建工作与教育教学相融合，党建工作与师生思想状态相融合，让新劳动课程体系实现真正的"劳动相伴，点亮人生"。

坚持三个落实。把党建引领落实到学校战略规划和劳动课程规划上，把党性教育融入新劳动教育课程的日常教育实践中，把党建目标真正归结到立德树人和实际的教育教学中。

实现四个提升。在新劳动课程体系的实践过程中同步提升党员的综合素质，通过新劳动课程和新劳动素养的实现提升教职工幸福指标，体验到实现自己人生价值的满足感，从而提升学校的育人质量和提升办学满意度。

4. 以党建文化推动风气建设

我认为，班风、学风建设作为校园文化建设中的微观性建设不容忽视。运用党建文化自身的卓越性为班级建设、班级氛围提供路径，在传播中逐渐影响并推进班风、学风的建设，使班级成长获得土壤和氧气，变得凝聚整合；使班级拥有成长目标、共同理想，全面以班级为单位践行新劳动教育。

与此同时，合理增加校内外新劳动教育实践的互动，能更好地促进学生成长，以践行来历练，用践行去感悟。例如，在校内以政治辅导员指导，班干部以服务班级为己任，通过身体力行做好先锋带头模范，带领大家进行一系列校内岗位体验等。

在校外，班集体自行策划、组织一系列的新劳动教育活动，利用周末到养老院慰问老人、义务劳动及演出；利用寒暑假到贫困山区支教；利用课余时间到社区志愿服务。学生经过各种劳动教育的历练与积淀，促使正确劳动意识形态形成，树立正确的劳动观、人生观、价值观、世界观，全面推进自身建设，齐心发挥班集体作用力，有利于班风、学风建设，能有效从局部推动学校新劳动教育建设。

我校将继续坚持以党建为引领，用党的力量凝聚师生，以党建文化引领推动新劳动教育文化繁荣、推动新劳动教育教学质量提升、助力疫情防控、打赢校园保卫战。将继续坚持推进党建和学校各项工作深度融合，做到守土有责、守土尽责、守土担责，树牢"四个意识"，坚定"四个自信"，坚决做到"两个维护"，打造坚强战斗堡垒，确保学校各项工作健康有序发展。

我认为，加强党对学校工作的全面领导，就要把党的组织嵌入学校治理结构的各个层级，把党的领导融入办学治校的各个环节，使学校真正成为学生德智体美劳全面发展的成长沃土。

（五）地方面貌，焕然一新

政府对学校最基础的诉求，不是说学校培养了多少天才，而是学生和学生家庭整体素质的提升。这种提升，是显而易见的，发自内心的，往往就是一个细节便可全面彰显。

初冬时节，寒意渐浓，但在学校却是暖意满满。当时的上午，学校举行了"我与国旗共成长"主题活动暨爱心企业捐赠授牌仪式，让整个校园充满了温暖。当时镇政府主要领导和爱心企业家等社会人士，都出出在现场。大家都想看看过去那个落后校现在到底改善到什么程度，"养兵千日，用在一时"，支持了这么久的学校到底是什么样子。

活动开始时，原国旗护卫班的12位退役军人在学校全体师生、家长及领导和爱心企业家们的见证下，迈着整齐的步伐，手持国旗，孔武有力，像天安门的国旗护卫队一样走入会场，带来了一场震撼完美的升旗仪式表演和队列队形表演。响亮的口号、整齐的步伐、标准的手势，赢得了阵阵掌声。

活动中，原国旗护卫队的李蒙飞，为在场的2277名学生和2000多名家长上了一堂生动的国旗知识讲解课。让在场的观众不仅看到了标准版的升旗仪式，还学到了很多关于国旗的知识，受益匪浅。

现场所有参会人员加起来，超过了5000人。有的企业家，得知现场有5000多人时，不由得担心说："这毕竟是在农村，5000多人要是离场得产生多少垃圾。"还有的打趣道："这下打扫卫生的有的忙了。"

听到议论，我很坦然，对于过去，大家有想法这是难免的。但是今天，我相信半程中学一定会让所有人惊艳的。

活动结束时，近5000名师生和学生家长有序离开，全场未留下一片纸屑，企业家服了，赞叹："学校这种极高的管理水平，我们的企业都远远达不到，对校长、对学校，我们只有两个字，'赞'和'服'。"

现场的一位长年从事教育研究的专家，也在会后找到我说："今天，你们半程中学给我上了一课，给国人上了一课，就在山东的村镇里，有这么一所农村学校通过教育变革创造了一个奇迹，5000多人这么大型的活动结束，有序离场，竟然没有丝毫垃圾，这个案例，是我们教育的一个典范，同样也是新劳动教育成功的样板案例。"

事后，有领导找到我，也激动地告诉我："你来半程中学当校长，看到你们的餐厅，看到你们今天的表现，满分100，我给你打200。以后，你们半程中学的事规划好了，就大刀阔斧地干，我们政府是你们学校最坚强的后盾。"

三、动力

专业是一个组织良性发展永恒的动力。从2017年起，在分析学校发展定位的基础上，学校确定了以新劳动教育为引领，建设着眼成长、心向未来的师生成长共同体，建成教师幸福、学生快乐、家长满意、政府放心、社会赞许，省内外有一定影响力的齐鲁名校。

围绕这一目标，我校迅速成立了以学校领导为核心的创建工作领导小组和由党团员教师、骨干教师组成的创建工作推进小组。邀请专家组进行可行性论证，调整完善并制定了《半程中学新劳动教育标杆示范学校创建方案》，形成了"一个核心项目，三个发力点"的工作思路。

"一个核心项目"即山东省基础教育教学改革项目中的课题《农村初中劳动教育课程体系的开发实施研究》，"三个发力点"指的是"提升新劳动教育理念认识、提升学校发展品质、提升幸福师生的体验感"，确保了创建工作的有序、顺利进行。

"让农村孩子都有一条契合自身兴趣的发展出路，让每个孩子都能健康、快乐地成长"，是我校追求的教育理想和奋斗目标。为有效推动新劳动教育的深入开展，我校顺应国家课程管理体制的变革，促进学生素质全面发展，充分利用与开发学校、家庭及社会教育资源，为学科探究性学习与综合实践活动的顺利开展开创全新的局面。

"让每一个孩子接受更好的教育，培养全面发展的学生"一直是学校努力的方向。学校依托新劳动教育特色的深入研究，以进一步挖掘学生潜能，提升学生的综合能力为发展方向，更深化的目标是提炼新劳动教育核心文化，深化学校内涵发展，围绕学校特色发展，明晰学校的办学理念、校训、校风、教风、学风，形成彰显学校人文特色和育人品位的校园文化。

（一）专业贯穿发展过程

1.课程建设

2017年下半年以来，我校开展了红红火火的兴趣社团活动。与田园生活和职业教育相融合后，学校发现，新劳动教育活动能有效地将知识性与趣味性有机结合，适合中学生心理生理特点，在动手、动脑、动口的劳动教育实践过程中训练思维的敏捷性、灵活性、广泛性，发展想象力，提高创造力。经常进行新劳动教育活动能有效培养学生发散性、聚合性的创新思维能力，辅助学生掌握和巩固学科知识，提高运算技巧、逻辑思维以及各种劳动能力。同时还能提升学生的数学猜想能力。

在新劳动教育的教学中，学生的思维不受任何曾经的挫折和失败的影响，任意驰骋，在全新的领域中，他们发挥着最大的猜想能力，全身心地投入，体验着一次又一次的劳动过程。在大胆实操中一改以往的谨小慎微、想象力缺乏、创造力低下的现象，而以旺盛的表现、大胆的猜想，甚至是出人意料的劳动思路来对待。这种动态的思维过程，对于培养同学们的创造性和探究性大有裨益的。

对于新劳动教育这项活动，学生乐于参与，家长支持认可，是因为这项活动利于促进学生的全面发展。因此，我们学校迅速确定新劳动教育为学校校本课程，并决心将其进行研究和实践，打造成学校的亮点项目。

我校以"劳动相伴，点亮人生"为课程建设理念，基于具体的课程目标以及课程设置的整体原则，从已有课程体系中总结经验，保留优势，改变劣势，从课程的时间、空间和主体的维度形成学校的课程实施规划。

2017年10月至今，学校成立了以校委会的领导核心的新劳动教育研发小组，陆续邀请国内知名专家对我校教师和学生进行了分层、分段培训。保证所有师生把新劳动教育学会、学精并灵活运用。还到上海市、杭州市、慈溪市、齐齐哈尔市等地的名校参加交流活动，了解新劳动教育的各种优势，借鉴实施经验，取长补短。

为了培养学生对新劳动教育的学习兴趣，方便学生在校园里随时体验劳动教育的乐趣，研究各种劳动技巧，营造劳动教育研究氛围，学校开设了烹饪、面点、机电一体换、中医药、创客教育等30多个社团。由学生根据自己的兴趣爱好自主选择，每周的开课时间可以根据学生情况灵活安排，旨在为"半程学子"提供更多尝试与自我发现的机会，实现兴趣爱好与职业规划相一致，让将来有可能步入职业类院校的学生，是"因为喜欢而主动选择"，而不是像以往一样，因为成绩差，"破罐子破摔"，才进入职校。

通过新劳动教育训练，学生的劳动能力明显提高，他们对劳动的学习兴趣大幅度提升，各学科成绩也明显进步，同时也锻炼了学生的协调能力、合作能力、语言表达能力等，得到了家长及社会的广泛认可。

2. 专家团队

如火如荼的新劳动教育建设激励了教师的斗志，提升了学生能力。我校作为一所农村学校，条件有限，却依然能够做出亮眼的成绩来，这种观念鼓舞着学校的全面发展。学校先后获评全国足球特色学校、山东省教育系统先进集体、山东省绿色学校、临沂市教育系统先进基层党组织、临沂市规范化学校、临沂市教学示范校、临沂市电化教学示范校、临沂市教学工作先进单位等荣誉称号。

学校的发展并非一帆风顺，作为一所农村中学，最大的瓶颈就是人才。专业化师资的缺乏时刻制约着学校的新劳动教育发展。此时，学校已经开发新劳动教育课程建设，组织比赛多次，获奖多人，对于大多数人来说已经不再新鲜。尤其是在同类型的农村中小学里，我们学校绝对是首屈一指。除市级比赛外还没更高级别的平台，学校大环境的评比也少了下来，自上而下慢慢趋于平淡。这种平淡是基于农村师资薄弱的大环境，人才发展已经到了一个临界点，亟待突破，仅仅依靠自身力量，是很难做到的。

2020年3月20日，学校科研师训项目正式签约启动。金锣集团与校长会全国理事会理事长、华夏行知（北京）教育科技研究院院长、教育报刊社人民教育家研究院创始院长徐启建正式签署合作协议，双方一致认为，当前劳动教育大有可为，双方将不惧风雨，不畏险阻，全力打造全国一流的教育品牌，树立农村教育发展新样态。

校长会是国内领先的教育咨询机构，拥有众多一线专家资源。我曾多次与校长会的专家进行交流，专家对我校面临的发展状况进行了全面解读，明确了存在的问题及以后的发展思路，即新劳动教育发展更高更全，从中提炼文化，引领学校内涵发展。

3.内涵发展

我们学校一面把新劳动教育做得更高更全，一面集思广益提炼精神文化，结合新劳动教育标杆示范学校创建逐步落实计划。学校通过组织班级全员各种形式的新劳动教育实践活动和比赛带动全体学生参与，达到人人喜欢、人人精通的目的；营造良好的校园氛围，时时处处体现新劳动教育特色，让学生时时处处接触到新劳动教育，时时处处受到熏陶。

现在学校的新劳动教育的实践、展示以及特色营造已经基本完成。新劳动教育中的各个兴趣社团分工合作，各负其责并交流互助，从而学校提炼出其专业的精神。紧接着，通过各种新劳动教育实践教学和实践，互相切磋交流，在学习中成就自己和他人。

（二）专业提升教育水平

1.提升教学水平

我校在每年区教研室组织"名师课堂讲演"竞赛前，首先教研组内开展赛课活动，组内展评、互通有无、共同提升。既是学习过程，又是提升、交流、内化、实践的过程，不管是谁的课都建言献策，组内成员自动产生最优报名。过程有效果，结果无异议，让活动的真实效果发生。

在近四年活动中，年轻老师的课堂有了质的飞跃，在各级展评中崭露头角。张健玲老师在2019年获市级讲课一等奖，刘波老师获区级优课一等奖并连续多年在区优质课评选中获奖，孟凡宇老师也获得区优质课二等奖两次。

在以学生为主体的班级管理前提下，学校实行了全校范围内的新劳动教育量化考核评比模式。并在专家的帮助下，搭建了新劳动教育考评和标准体系，从老师的任课安排、教学成绩，到班级的纪律、卫生、团员活动，再到新劳动教育的各项实践等，全部采取量化考核评比。每项活动明确优劣差距，胜者知所胜，败者知所败，明确目标，比学赶超，打造出了整个集体的竞争活力。

2. 提升教研水平

我校是最基层的农村中学，教师人数少、兼课多，生源单一，周边环境和家长环境较差，学校教学水平、理念、手段相对落后，这是我校前段时期的真实状况。

鉴于此，我校定下了以基于学校、基于教师、基于实践为教研原则，以不求枝叶繁茂，但求扎根新劳动教育沃土为教研理念，以天天有反思，周周有交流，月月有收获，年年有提高为宗旨的教研模式，旨在结合实际解决最现实的问题，并制订阶段性发展计划，明确了近几年来教学改革研究的方向。

以小组竞争促管理、以合作互助促后进、以展示评价促提升的效果在近几年来的教研实践中得以体现。学生自我管理，其效果比教师批评、沟通孩子的父母要好得多。作业不交，组员督促，学习不足，组员互助，表现不好，其他组员着急，以此带动了全体学生的发展。

3. 促进课堂升级

在每年的全校教师进修培训会上，校长会专家提出的"新劳动教育课堂升级计划"使学校深受启发，这也正与我校提炼的专业文化不谋而合。经过参与校长会平台组织的一系列活动，实地考察，经过不断学习、摸索后，我们成立了以校委会为核心的新劳动教育课程研讨小组，并组织专家驻校进行系统的培训。

在教研组成立后，我们针对新劳动教育课堂提升进行了集中研讨，研讨内容包括：怎么才能让学生主动学习？能否通过办法让学生主动参与？怎么通过明确的小组分工策略使小组合作效率提高？如何培养学生团队合作的意识？如何时刻关注后进生掌握知识的情况？这一系列的问题都是学校急需解决的。

针对这些问题，教研组内部展开了激烈的讨论。如何将理论与课堂结合？从2019年10月起，我校刮起了教研助力课堂提升的听课风暴，全校教师一一进行讲课、磨课。从课前上课单设计（就是对整个课堂的设计和预案）到课中学生学习状态以及课后掌握情况，可谓是各显神通、精彩纷呈。

比如：郑新发老师在七年级的助学单设计时，结合整个中学阶段内容贯穿数学始终，并鼓励学生用多重形式系统整理补充，让学生理解和掌握起来更加通透；刘圣春和王鸿两位老师针对金锣校区五年级小学生的年龄特点和理解能力，课堂设计简洁明了，主要以故事和动画形式引起小朋友的学习积极性；赵娜老师把学校和以往的工作经验相结合，扬长补短，学生不管是语言表达方面还是解题思路方面都有了很大的提升；数学教研组最后总结吸纳了所有老师的优点，进一步改进了助学课堂，实现了质的提升。

上课单的形式设计，因为教学内容不同，预习的侧重点也不同。针对不同的课型，预习的内容和方式也会有相应的变化，如新授类的会增加探究的成分、复习类的会增加整理的成分。围绕不同的课型，准备不同的上课单。不求形式固化，但求真实效果发生。

上课单下发后，学生根据助学单预习第二天要学的知识，那么老师要怎样了解学生预习的深度和对知识的掌握程度呢？我校的老师是这样做的：如果时间允许的话会先把上课单收起来，大体了解一下情况，如果时间不允许的话，会充分利用小组长的作用。

全校有36个兴趣社团，每个兴趣社团人数不同，将全社团分为了5~8个小组不等（各个社团允许不同），每个小组选出一名组长，由组长组织和组员完成汇报。课前3分钟，先让所有小组长检查其他几位同学的完成情况，同时老师巡视了解学生的预习情况，再由小组长汇报完成情况。课堂伊始，小组长用较短的时间组织组员讨论交流一下自己的预习情况并且分配任务，然后老师再指定某个小组做出汇报。汇报过程中，其他同学可以进行提问、补充、质疑、辩论、反驳，学生们就在辩论质疑中把新学的知识掌握了，老师则是在同学们没办法解决某个知识难点时做出指点、补充（期间学生个人或小组表现好的获得赋分奖励），最后老师带领学生一起将所有的劳动知识点整理一遍让学生的知识结构化零为整。然后再做几个练习，以便老师进一步了解学生的掌握情况。

原来学校的教学模式是"满堂灌""一个人的狂欢，一群人的孤单"。而在这种课堂教学模式下，学生们的主体意识被忽略。整个课堂变得没有生机和活力。在课堂上，他们不能自由充分地表达自己的见解、表露自己的情感、表明自己的观点、表现自己的欲望，最大限度地压抑了自己的潜能，真正做到了"老师的狂欢，学生们的孤单"。

所以，我校的教师也改变了以前背教案、满堂灌式知识输出的方式。课堂中，教师适时地介入，师生、生生进行思维的交流和碰撞，充分享受共同交流与分享的快乐，学生的主体地位得到了充分的尊重与展现。新劳动教育课堂："改变教师'主宰''控制'的意识，改变学生'顺从''依附'的地位，把机遇和挑战交给学生，把学习的主动权还给学生，让教学活动真正发挥出帮助、促进、催生的作用"。

课堂研究还在持续中，在今后的课堂上，老师还应该继续往后退，学生继续向前靠。学生不仅能主动提出问题，还能共同解决问题，让学生真正成为课堂的主人。课堂继续提升，课改继续前行！

4.助力学生发展

（1）激发创造激情

创新是一个民族进步的灵魂，是国家文明发达的不竭动力，一个没有创新能力的民族难以屹立于世界民族之林。

我们学校的郑新发老师对于科技创新方面有着较高的兴趣。学校给予充足的支持，设立独立工作室，给予科技创新活动大力支持。在他的带领下，学校掀起了参加创客体验、无人机、3D打印等新劳动教育课程的高潮，学校毕业生李文豪代表临沂商业学校获得山东省技能大赛一等奖，学校毕业生贾俊豪在第45届世界技能大赛获得季军等，在各类技能比赛，学校毕业生一百余人获奖。

（2）书画陶冶情操

为全面贯彻党的教育方针，弘扬传统文化，改进美育教学，提高师生审美和人文素养，我校邀请书法美术学双博士、西安美院副教授、硕士研究生导师、书法系主任、书法学学科建设带头人贺文龙先生到临沂半程中学布展开坛、传授技艺、阐述人生。

贺先生以"美育与中国书画"为主题，深情讲述中国传统文化背景下的书法绘画艺术。他从西安厚重的历史、周秦汉唐文化讲起，娓娓述说西安美院与中国书画传统，美育与人的提升与塑造，书画研修和自己的成长历程。该报告内容高屋建瓴，展现了极高的艺术造诣；妙语连珠，以学生喜闻乐见的样态，完美呈现了高深的书画艺术世界。

与会120多名师生参观了贺教授的书画作品展，展出的30余幅作品质朴纯真、清雅简约，继承了书画大师吴昌硕、潘天硕、沙孟海的书画法脉。置身其书画作品之中，古雅淳厚气息扑面而来，观展师生无不惊叹贺教授书画作品的清逸雅洁、书风苍劲，更惊叹作品主人勤勉执着的艺术追求。在展出现场，贺先生为师生讲授书画作品的创作技巧、经验和体会，让同学们零距离感受到书法绘画的艺术魅力。

（3）剪纸浸润心灵

苏霍姆林斯基说："孩子的智慧在他们的手指尖上。"而剪纸就是一项指尖艺术，是一项富含寓意的传统民间艺术形式，渗透着中华传统文化。一张纸，一把剪刀，就可以缔造出各种古朴典雅、独具风韵的画面。

我校决定把剪纸作为学校的一项特色来发展，学校的杨莹老师在这方面很有造诣，被邀请担任授课老师，并成立了剪纸社团。每周三下午，学生在杨老师的指导下进行学习。

杨莹和学校邀请的民间艺人一起带领孩子们了解剪纸艺术历史，知晓剪纸特点，掌握剪纸方法，让孩子们通过自己动手实践体验剪纸的独特魅力，加深对传统文化的了解和认同，同时提高学生的审美情趣、自身修养和学习能力，让浓郁的剪纸文化浸润着孩子们的心灵，使剪纸这一民间艺术在校园里得到发扬光大。

到现在为止，大批师生掌握了剪纸艺术。学生及教师的作品连续四年在学校迎新春剪纸作品展上分两个展区布展，在当地文化艺术节上，我校学生的作品更是屡次获奖，在现场得到了相关专家的一致好评。

（4）话剧荡涤灵魂

"真没想到，我们乡下学生也能登上省舞台！"

我们学校的音乐教师姜秀娟和任教道德与法治的李传波一起带的学生话剧社团登上了山东省教育频道。"我喜欢话剧，所以就组建了学校的话剧社团。"姜秀娟参加工作10多年来，虽然多次拿过市里的大奖，但对于今年能带着农村娃们在省舞台亮相，是她连想也不敢想的事情。

"最兴奋的还是参与演出的40多个学生。"在姜老师的眼里，"每一个学生都那么聪明，那么可爱"。姜老师在课本剧、声乐教育、舞台艺术等方面给予学生大力指导，改善了更多农村孩子的精神面貌，帮助他们在理解文本、演绎文本的基础上，提升自己的艺术灵魂，为学校的素质教育增添浓重一笔。

（5）舞蹈激扬青春

七年级的民族舞在学校的文艺会演中大放光彩，学校特意打造了一个专业化的舞蹈社团，配备了多位专业老师，有学校之前的音乐老师，也有刚刚大学毕业的新老师。同时，为了提升师生幸福指数，学校还特意聘请了专业的瑜伽教练。民族舞这种舞蹈形式农村孩子接触少，所以多次展演中学生喝彩不断。

今年新分配的教师中，张老师就是临沂大学体育舞蹈专业毕业，对民族舞就是教练级水准。所以张老师带起了民族舞社团，带动一批孩子学好民族舞。看到孩子们如此喜欢，如何让更多的孩子能够学到呢?于是张老师就自行编排了一套带民族舞动作的操，很受学生欢迎，学校就让其发扬光大，民族舞蹈操就成为我校的课间操必练项目，得到学生一致拥护。

（6）从军保家卫国

在农村，当兵是广大农村子弟的最好选择之一。但是随着国家对兵员素质的要求不断提升，不是单纯身体素质好就可以当兵，学历方面，有的地方已经要求大专以上学历才可以当兵。而这条学历要求，就会断送很多农家子弟的当兵梦。

　　学校通过和沂蒙国防教育学校合作，成立了少年军校班，让立志当兵的孩子有了腾飞的翅膀。"农村家庭培养一个孩子不容易，碰到孩子们人生转折点时，我如果不付出全力而是无能为力，那是最大的失职。"这是我真实的想法。

　　在兼顾文化课的基础上，学校的两个少年军事班全程军事化管理，每天都要进行国防训练，他们的学习成绩可能不是出类拔萃，但是他们的精神面貌，他们的斗志，他们保家卫国的情怀在学校的教育和培养下，不断彰显。

　　关于专业文化的提炼及运用，学校还在不断前行中。新劳动教育课堂的深度、厚度、广度还有待进一步提升，各种社团活动和校本课程的开发还需高层次引领。未来，我们坚信学校的课堂专业度提升一定会更加绽放光芒。

第八章 收　　获

成就感是一种容易让人"上瘾"的感觉，它能够最大限度地激发个体自驱力，也是让努力得以持之以恒的能力源泉。成就感从何而来？有了收获，也就有了成就感，成就感就是见证自己的努力是值得的。

在我看来，我校以新劳动教育为最大特色，率领全校老师践行新劳动教育，想要师生长期保持最初的激情，关键就是要看到收获。当每位师生都有着为之努力的目标与动机，并且发现自己正在慢慢朝着"新劳动教育第一"的美好目标靠近时，就会产生更多的动力。如果感觉不到自己变得更好，在心态上就失去了持续下去的信心，哪里还有心思去继续坚持努力？

一、践行使命助力学校发展和师生成长

教师是立于阳光之下的最伟大的职业。对于老师来说，学校并非仅仅只

是养家糊口、安身立命的岗位平台，更是实现专业成长，体现职业价值和人生意义的精神家园。

教师发展与学校发展息息相关，学校发展与教师发展相得益彰。如果把学校比作一艘船，校长作为掌舵人，是学校的核心与灵魂，学校的良性发展与师生的幸福成长就是其使命所在。因此陶行知先生说：要评价一所学校，首先要评价他的校长。同时，学校的内涵发展、师生的优质发展也会反过来促进校长的专业成长。故而我们说，学校和校长是互相成就的。

我在农村长大，自幼怀揣着一份对"知识改变命运"的美好向往。从临沂师专毕业后，我如愿成为一名人民教师。从教26年来，在教育教学领域积累了丰富而宝贵的经验。2017年我初任校长，便面临着多方"大考"：教师懈怠、校园环境脏乱差、社会评价度不高、优质生源大量流失等突出问题如同顽症缠绕着这所孱弱的农村老校。

我没有退缩，而是迎难而上，全身心地投入到教育事业中。从学习、借鉴、引进优秀教育方法到自主创新教育理念，凭借着不懈的努力和坚持，这些问题也迎刃而解。

短短四年时间，我校发生了惊人的变化：学生流失数从500余人直减为零，并开始接收城区反流学生；四年连获全区教育教学工作镇街中学第一名；升入重点高中学生数量实现翻番；"问题餐厅"华丽变身为"全区十佳"；争取资金3000多万，学校固定资产实现翻番；荣获临沂市教育系统先进基层党组织、全国足球特色学校等殊荣；办学经验被《中国教育报》《中国教师报》等百余家媒体广泛报道……我很欣慰自己能够成为这样一名将浓郁的"乡村教育情怀"外化为"有温度、有宽度"的办学实践的"乡村学校好校长"。

1. 大爱如花，心田留香

1994年，我大学毕业，怀揣着当一名人民教师的梦想，来到兰陵贾庄中学任教。初为人师，我的想法很简单，就是要让更多的孩子走出乡村，成为能选择自己生活的人。从此，我满腔热情地耕耘在农村学校的三尺讲台上，用爱心感染学生，从不计较个人得失。

"雷老师人很憨厚，但他心特别细，刚开始我学习并不好，多亏碰到了雷老师，使我对写作产生了浓厚的兴趣，并对我的职业选择和人生道路产生了深刻的影响。今天我恰好有事路过半程，专门过来看望一下老师。"我曾经的学生，来自兰陵县的李森曾对来访的记者这样说道，"记得那是1996年时，雷老师刚带我们班，一次早晨上早自习，他过来辅导，看到我同桌没到，就询问干什么去了。因为早晨起来在宿舍还看到了，我就告知了老师；听我说后，老师二话没说就离开了，到了中午同桌来了才知道，因为身体不舒服，他没有起来，雷老师过去后发现他正发高烧，就直接带着他出去看病了。这种事情雷老师做过很多，既关心我们学习，又关心我们生活，至今让我难以忘怀。"

学生的未曾忘怀，是对我教师工作的最大肯定。"生活即教育"，在认真教书的同时，我努力走进学生中间，带领孩子们春游踏青、夏赏荷花、秋觅山果、冬舞白雪，山涧大树下、溪旁清流间，都留下了孩子们幸福的欢声笑语。"亲其师信其道"，我教的学生成绩优异、品行端正，个别辍学的孩子重返校园，许多厌学的孩子重燃进步的激情。正是因为初涉教育之路的我不惧辛苦，才获评全市未成年人思想道德建设先进个人。

在呵护孩子天性的基础上，我遵循学生成长规律和认知规律，从观察生活、记录生活入手，培养学生的写作兴趣，并通过阅读经典提高素养，组建"山韵"文学社，自费出版社刊，让学生体会到共同成长的力量。在"作文周刊杯"全国中学生作文大赛中，我辅导的学生17人获奖，我也因此获评全国优秀辅导教师。

多年来，我坚持对教学改革思考与探讨，发表各级论文20余篇，出版写作工具书《中学生作文新探索》一书，参与"阅读、想象、表达——阅读教学新探索"等多项市、县科研课题，获评临沂市科研型骨干教师。

2. 不忘初心，勇挑重担

2017年8月，是我一生难忘的特殊日子，通过校长职级制改革的严格程序，在兰山区教体局工作十年之久的我，肩负着沉甸甸的使命，来到临沂半程中学任校长。回到熟悉的农村校园，看到孩子们红扑扑的脸蛋，就仿佛又看到了童年的自己；看到满腔热情的青年教师，也再次体会到自己初为人师的那份激情。

当踌躇满志的我走进校园，教师懈怠、校园脏乱差、生源外流等一大群"拦路虎"迎面而来。上任伊始，面对学校千头万绪的复杂困境，我坚持问题导向，从师生反应最强烈的地方抓起。

学校新一届领导班子深入调研问题，多方听取意见，确立了"依法治校、夯实基础、改革创新、立德树人"的工作主题，"一年抓规范、两年抓提升、三年大跨越"……一场雷厉风行的改革在这所农村中学拉开了帷幕。

向环境宣战。针对脏乱差的校园环境，我带领全体教师开展卫生大清扫，堆积7年之久的垃圾被清理，启用3年的教学楼第一次供上了水，青年教师们赤着脚丫手持水枪忙着冲刷地面，全体教干还戴着"白手套"检查卫生，学校一下子变得干干净净，达到了"手之所触无灰尘，目之所及无杂物"的标准要求。

良心办餐厅。家长看学校，首先选什么？一位资深半程家长说了一句非常震撼的话："选什么？选餐厅！一所餐厅都办不好的学校，教育教学肯定做不好。餐厅，是一所学校的真正良心！"对此，我高度认同。我们要办好一所学校，首先就一定要把餐厅办好。

为此，我们对餐厅了进行一番整改，从环境到人文，从管理到操作，从监管到评价，从品质到安全，从美味到营养等，整个餐厅迎来了完美蝶变，成了临沂众多中小学餐厅里的"一道亮丽风景线"。美味的餐品也让每次来我校的家长和来宾都赞不绝口！

我每天都会最后一个走进餐厅,我每次走进餐厅的时候饭菜都还是热的,这是基本要求。一所学校要做到让孩子们喜爱,首先餐厅一定要"让师生满意,家长点赞",要做有良心有温度的教育,餐厅是第一个要温暖学生的地方!

经过和师生的一起努力,学校不仅实现了校容校貌日新月异的变化,更重要的是教师精神形象和专业素养的不断提升,使学生的行为习惯发展蜕变,学业成绩不断进步,学校教学质量持续攀升,新劳动教育的办学特色初步彰显。

3.校长师生,共同成长

在学校、教师和学生发展的同时,作为学校团队重要的一员,在和学校师生共同努力的过程中,校长的教育信念、职业理想和专业素养也会得到相应的提升。在内外因素的影响下,校长的责任意识、学习意识、发展意识都逐步得到强化,教育情怀、大局意识、合作精神、示范引领、卓越追求等方面也得到增强,校长一定要想得比别人远、干得比别人多、做得比别人好,在管理过程中练就高尚的人格、高远的视野、高贵的品质、高度的责任、高强的才能,实现校长和教师、学生共同成长。

我在半程中学主政的4年里,从校园环境的规划改造、学校文化的传承创新、管理机制的变革规划,到教师队伍的优化提升、新劳动教育特色的影响辐射、促进均衡的担当坚守等,我和校委会班子、学科同人们,组成学习研究和合作互助的发展共同体、命运共同体,我们一起谈事业理想、职业情怀、专业素养,一起学习劳动教育,变革创新、谋划发展,一起备课上课、听课评课、研讨课题,一起参加工作学习、文体娱乐、聊吧沙龙。大家坚定的事业信念、执着的职业理想、朴实的教育情怀、敬业的师道规范、严谨的工作态度、无私的奉献精神,都深深地感染着我、影响着我、激励着我,就像一股奋勇向前、永不停息的巨浪,推动半程中学这艘航船,载着数千名师生,也带着我不断地向前,向前。

四年的校长生涯,老师、学生和学校也成就了我个人的发展:带头参加学习进修,破格参评高级职称,积极引领教育科研,参与完成了山东省教育科学研究院资助的课题"校本课程体系构建与学校特色发展研究",并全面负责山东省基础教育教学改革项目中的课题"农村初中劳动教育课程体系的开发实施研究"的研究，以及其他国家和省市重大课题，具备了丰富的课题研究经验。主要课题成果和研究内容，多次在国家级、省级刊物发表获奖，先后被评为区、市、省优秀教育工作者、教学能手、学科带头人，以及书香校园先进模范校长等，并被《中国教育报》《中国教师报》和《山东教育报》、山东电视台等媒体广泛报道。

"教书育人，是我一路前行的动力，也是从小立志的追求。今后的日子里，我将一如既往地坚持把每一名学生当作自己的孩子，把每一名教师当作自己的亲人，誓把学校建设成为学生快乐、教师幸福、家长满意、政府放心、社会赞许的幸福乐园。"对于未来，我充满信心。

二、坚持"教师第一"的立场

劳动第一，一个重要的指标就是把老师的发展和培养放在第一位。因为，教师的发展决定学生的成长。

在我校，每个教师都被视为"特别会工作，特别会生活，特别能创新，特别能奉献"的最重要的人，而学校的管理人员，包括校长，都要身体力行四句话：以教师为本，替教师着想，为教师服务，助教师成长。"促进教师专业发展是学校管理工作的立足点和归宿。"

"学校的办学思想中提到'全心全意为师生服务，给每一个生命向上的理由'。我们要关注学生的成长，也要关注教师的发展，名师才能出高徒。"这是我一直认为的。

首先，要让每个教师都怀抱职业理想。教育是慢的艺术，成效周期长，一年两年甚至多年过去了，有的教师仍然默默无闻，毫无成就感。这样就容易形成职业倦怠，我们就需要通过新劳动教育来引领教师的职业理想。

其次，亲近优秀才可能突破平庸。让老师不断学习教育名家的思想、成长经历，感受名家的风范；不断推出本校的教育前贤，聆听前辈的艰苦奋斗史，感悟成功背后的执着；不断推出身边的先进人物，比如一大批高级教师、优秀共产党员、优秀班主任等，体验身边人如何面对机遇与挑战，感受成功者的快乐与人生价值。"让教师们感到在半程中学从教是幸福的，是可以干出一番事业的。"

同时，学校引导教师做好职业发展规划。结合开展"学生心目中的好老师形象设计""家长心目中的好教师形象设计"等活动，学校让每一位教师都自觉定下奋斗目标。学校每年还要评一批"师德模范""优秀教师"和"教坛新秀"。对于青年教师，半程中学给予了"特别的关怀"。近几年来，学校招聘了大量教师，青年教师已占全校教师70%左右。我们把他们看作学校的财富和优势。

"让每一个努力工作的教师，都能得到精彩的成长回报。"大批教师的成长，必须有良好的文化精神氛围。我们经常思考，如何让新劳动教育为学校打造全新的精神家园。我认为："一个好的学校，要让教师感受集体的力量和'家'的温馨。学校的新劳动教育文化建设，一定要为教师营造一个优美舒适的工作环境，建设一个高度认可的制度环境，创设一个愉悦和谐的心理环境。"

老师的心声：

（一）相伴同行，飞得更高

张丽老师

山黛远，月波长，暮云秋影蘸潇湘。转眼秋风又起，不知不觉间，我来到学校工作已经两年了。这一年多的时间，于漫长的人生来说不过渺渺一瞬，但这四百多个日夜对我却意义非凡。

回想去年九月，我背着行李与书囊走入学校，秋日金色的阳光洒在我的身上，也铺满了我前方的路。

从小到大我大部分的时间都是在学校度过的，本应熟悉的环境却因为身份的转变而陡然陌生起来，现在一切都以另一种全新的方式展开在我眼前。

我努力适应着一切新事物，每天备课、上课、培训，看似忙碌却收效甚微。

学校为了帮助新教师尽快熟悉业务、尽快成长起来，为我们安排了很多活动，其中有一项是新老教师帮扶。学校安排帮扶我的老教师是我们八年级的历史备课组组长——高翔老师，恰好高老师的办公桌就在我的对面，如此更加方便了我向师父求教。

　　师父作为一名老教师，不仅是学校的业务骨干，还负责班主任、管委会等各种工作，每天都非常忙碌。尽管如此，师父还是会抽出时间来指导我备课上课，传授我管理学生的方法。此外，学校每周一次的集体备课也为我们提供了一个很好的学习交流机会，同科目的老教师给予了我很多的指导和帮助，让我更有信心面对教学和各项工作。

　　在一天天的忙碌中，我慢慢地成长起来，在上好课的同时，我渐渐地开始把目光转向学生。

　　一次上课时，我正讲着近代史中以丧权辱国闻名的《辛丑条约》，突然发现有位女同学一直低着头好像在写着什么东西。这位同学我是比较熟悉的，因为每次课代表统计的没完成作业的名单上十次有八次都是能见到这位小范同学的名字的。我一边继续讲课，一边悄悄地走到了她的身边。果然，如我料想的一般，她心思全然没在课堂，正画漫画呢。顿时我怒不可遏，劈头盖脸训了小范同学一顿，还让她下课之后跟我回办公室。

　　办公室里，我指着她课本问她为什么不专心听课，而搞这些乱七八糟的东西，她低着头小声说："老师，这不是'乱七八糟的东西'，今天咱们不是学《辛丑条约》嘛，你看前面那个木偶小人代表清政府，后边的是操控它的外国侵略者。"我仔细一看，好像确实有那么点意思。她接着说："老师，我觉得历史挺枯燥的，知识点也很难记，所以我就想着把它们画出来，这样好理解一点。"

　　确实，历史这门学科要记的知识点很多，也很细碎，很多同学都兴趣不大。我对她说："是老师错怪你了，漫画确实是一个学习历史的好方法，可以继续保持，但是画漫画要选择合适的时间，课上我们有学习任务，课下也可以画嘛，另外作业也要按时完成。"送走小范同学之后，我开始了反思，看来是时候需要去做出一些改变了。

　　在请教了一些老教师之后，我开始尝试改变上课的方法，制作课件时多多利用图片、视频、歌曲，还会插入一些历史小故事，增加课堂的生动性与趣味。批改作业时我也会顺手画上一些鼓励性的小漫画，带动孩子们的积极性。很快，孩子们在课堂上表现得越来越积极了，成绩也提高得很快，尤其是小范同学，由之前的60来分已经跃升到80多分了。

初二快要结束的时候，小范同学送给我一个小小的千纸鹤和一幅漫画小像，说谢谢我没有放弃她。千纸鹤很精致，漫画很有趣，小范同学也很可爱。

像小范同学这样的孩子还有很多，他们正处在人生的路口，太多的选择摆在他们面前，但是究竟该往何处去他们却并不清楚。学校去年开展了一个劳动教育课程，我觉得很好，一方面可以健全孩子的人格，另一方面也能稍稍明确自己未来的发展方向。

孩子们未来的路还很长，我所能做的仅仅只是陪伴他们走过这短短三年，然后守望在他们身后，希望我们的一切努力能化作点点晨星，相伴同行，为孩子前进的路上洒下一丝微光。

在这短短一年多的时间里，我改变了很多也成长了很多，深刻体会到了做老师的艰辛与美好。为了这份美好，我愿意奉献出自己全部的青春与热血，陪伴孩子们走过这梦想花开的一程，然后飞向更广阔的天地。

（二）劳动的魅力和伟大

杨莹老师

劳动教育是学生德智体美劳全面发展的主要内容之一，是中国特色社会主义教育制度的重要内容，是使学生树立正确的劳动观点和劳动态度，热爱劳动和劳动人民，养成劳动习惯的教育，能直接决定着学生的劳动精神面貌、劳动价值取向和劳动技能水平。

全国教育大会闭幕后，劳动教育在教育体系中占据非常重要的位置，这也是不少教育人都在思考和探索的问题。而临沂半程中学也在学生中开始探索如何弘扬劳动精神。因此，为贯彻落实新劳动教育理念，我校举办了许多新劳动教育活动，作为临沂半程中学的一名老师，我也带领学生们投身于新劳动教育中。

学校曾举办了跳蚤市场活动，让学生们体验了一把当老板的乐趣，现场气氛活跃，各班组织的摊位也各有特色，商品琳琅满目，吸引了学生、老师和部分家长的参与。同学们开动脑筋，想方设法招揽生意：有的到处发宣传单招揽顾客，有的用有趣别致的店名吸引客人，还有的学生打好了商品名和价格牌。各种促销方式应有尽有：有的买一送一，有的通过自制的纸喇叭叫喊，还有的拿着商品四处推销，场面好不热闹。

并且，同学们以小组为单位布置摊位，分工明确，各司其职：有的理货，有的算账，有的推销。展铺琳琅满目：玩具、图书、文具、饰品等应有尽有；摊主各尽其能，努力推销自己的商品。别具特色的广告语，朗朗上口的叫卖声，吸引了不少的"买家"。不少班级的销售员递送商品、找钱的动作都变得娴熟，各班的摊位忙而不乱，"顾客"们也大多买到了自己想要的商品。跳蚤市场在热烈的气氛中井然有序地进行着，同学们都严格遵守市场规则，卖方热情大方的服务态度与语言，买方诚信诚实的买卖与交易，体现出同学们的良好素质。各位买主也在交流着自己的收获，为自己能买到便宜又实用的东西而欣喜不已。通过本次跳蚤市场的活动，参与的同学卖出了自己平时闲置一旁的物品，将它们"变废为宝"，同时又让同学们不仅明白了小商贩赚钱的辛苦，获取自己劳动成果的不容易，同时也体验到了劳动所带来的快乐。

同时，这让我深有感触，因为通过这次活动，我看到了，平日里文静内向不爱说话的同学，仿佛也找到了真实的自己，变得开朗起来，投身于热情的购物活动中，找到了生意人的乐趣。有的同学甚至平日里不爱劳动，花钱大手大脚，如今却学会了还价，也知道了父母赚钱的不容易，学会了勤俭节约。

随着"新劳动教育"课程群的开发实施，在半程中学，"上中专、读职校"已不再是成绩差的无奈选择，而是为了发展兴趣、增长技能、职业理想而做出的人生抉择。比如学校成立了面点班、乐器班、剪纸社团等。

还记得疫情在家时，剪纸社团的孩子们创作不断，也让疫情期间的假期生活变得多姿多彩，富有情趣。剪纸要求同学们有耐心、够细心，在细心和耐心的交融之中刻下绚丽的图案。剪纸是一项手脑并用的实践活动，学习剪纸不仅能锻炼学生双手的灵活性和协调性，培养学生的耐心和细心，提高学生的动手能力，而且有利于培养学生对剪纸这一民间艺术的认识和理解力，了解民俗风情、熟悉生活；帮助学生形成正确的审美能力，陶冶情操。正如苏霍姆林斯基所说："儿童的智慧在他的手指尖上。"一张薄纸，一把剪刀，培养了学生的动手能力、观察能力、概括能力、审美能力和创造能力，陶冶了学生的心灵，让孩子们感受到动手实践的快乐。

通过剪纸课，我看到了孩子们飞速的改变。例如，有的孩子粗心大意，平时丢三落四，然而通过剪纸课，我看到了他细心的一面。很多学生能够沉下心来做这件事，并且做得一次比一次好，一次比一次细心。在传承中华传统文化的同时，孩子们变得非常快乐，非常享受。与剪纸类似的，学生们还曾经自己动手制作月饼，他们可是相当的执着，当他们看到自己做的月饼成型后，都很有成就感，他们将做好的月饼送给学校的老师和同学，并向他们送上了节日的祝福。这让我看到了平时孩子们不曾被我看到的可爱的一面，他们变得更爱劳动，也更爱身边的人。

在学校里，我们看到的是劳动的"日常化"，学校时刻引导孩子从身边的"小劳动"做起，自主劳动在这里成为一种习惯，它贯穿于学生日常的生活和学习中，劳动没有边界，它既存在于学校，也存在于家庭和社区。他们在劳动中发现生活之美，在劳动中体验收获，感知收获的快乐，使学生崇尚劳动、尊重劳动，懂得劳动最光荣、劳动最崇高、劳动最伟大、劳动最美丽的道理，以后在社会中能够辛勤劳动、诚实劳动、创造性劳动。

（三）成长感悟

姜婷婷老师

从大学毕业踏入教师这个行业已经十年了，这十年来，在学校领导无微不至的关怀下，在同事的热心帮助和自身的刻苦努力下，在半程中学这个摇篮里我收获到了成长的快乐，我感觉自身的综合素质正在逐渐提高。半程中学是一个融洽的大集体，上至领导，下至同事，处处体现了一种人与人之间相互关怀的温情。学校在管理方面也是处处渗透着"以人为本"的理念，不仅仅重视学生，更善待每一位老师。

每一个年轻教师，在成长过程中都会遭遇困境，每当回顾自己成长的经历，我都会深深地感到，学校是我们青年教师成长的摇篮，她使我们由懵懂走向成熟。我也深深地感到，学校为每一位教师，尤其是我们青年教师提供了一次又一次实现自身价值的良好机会。

让我感受最深的就是学校青年教师培养工程，我也是学校青年教师培养工程的一个受益者。学校领导高度重视并关注着青年教师尤其是新教师的成长，为了全面提升青年教师的素质，促进青年教师专业成长，坚持"青年教师导师制"，发挥老教师的"传、帮、带"作用；学校还积极创造条件，鼓励并支持我们参加校内外各种教学观摩和青年教师讲课比赛，积极吸收青年教师参加教育科研工作。雷明贵校长鼓励教师特别是年轻教师走出去，见世面，长见识，借鉴教书育人的他山之石。回想起自己这些年参加的各级教学比赛，我深刻地体会到是学校集体的力量让我获得了一次又一次的荣誉。雷校长把我们英语组每一位老师的参赛作为提升全体教师教学素质的好机会。只要老师们需要磨课，使用会议室、录播室，一律绿灯。学科教学团队一起沟通、一起切磋，互相启发，共同提高。学校为提高我们青年教师的业务能力和科研水平，搭建了一个又一个平台，帮助我们青年教师迅速成长。

我个人的成长还离不开同事的帮助和支撑。尺有所短，寸有所长，每位教师都有自己的优势和长处，靠单打独斗已经不能适应教育教学的需要，合作共赢是时代发展的必然趋势。同行之间相互学习，相互帮助，要在平时的集体备课、公开课打磨中虚心学习，相互取长补短，共同进步。作为青年教师，我们要虚心向学校的名师学习，把前人的宝贵经验作为我们自己成长的养料；我们要加强同事之间的交流与合作，在成长的路上携手并肩。

回想自己十年的教学心路历程，有三点感想和体会想和大家一起分享：

一、热爱学生、对学生负责，是一个教师最重要的品德。台湾教育家高震东有一句名言："爱自己的孩子是人，爱别人的孩子是神。"作为一个教师，就是把学生当作自己的孩子一样，真心实意地为学生的进步和成才着想。这是职业所要求的，也是教师这个光荣称号所要求的。把教育自己孩子的心态用到自己的学生身上，才能让课堂教学事半功倍，水到渠成。

二、每个人都有自己的价值追求。作为一个教师，三尺讲台就是自己的岗位，人生价值首先体现在课堂价值，所以应努力使这种价值最大化，认真地讲好每一次课，在课堂上做到最好的发挥。事实上，任何一个教师都希望自己能讲一手精彩的课，得到领导、同事和学生的认可。有位哲人说："人性深处最大的欲望，莫过于受到外界的认可与赞扬。"把自己的工作做好，得到他人的尊重，是每一个人与生俱来的天性。我们每一位青年教师都应该在自己的教学工作中体现和张扬这种天性，追求自己的课堂价值。要想讲好课，首先要有这种欲望和激情，有这种价值追求。

三、干哪一行都需要基本功。作为一个青年教师，对一批又一批的青年学生传道、授业、解惑，在三尺讲台上体现自己的人生价值，我们更要讲究教学基本功。过去说要给学生一碗水，教师得有一桶水，现在要求教师得有一条河，是活水，是时时更新的知识。所以，做一个称职的教师是不容易的，我们必须坚持学习，坚持研究。

路漫漫其修远兮，吾将上下而求索。作为青年教师，我们要在半程中学这个舞台上展示自己的激情和才华，致力于自身的发展，用勤学和善思书写成长，推动学校教育事业的发展。

（四）筑梦路上　因为有你

心之所向　素履以往
——你好，半程中学

张元思老师

步履踏过278公里的不舍，怀揣着初为人师的憧憬与忐忑，小心翼翼地跨过三维路和育才路的树影斑驳。九月七日，这个寻常又非同寻常的周一，我与28名新教师一起，来到这个"款语温言"、执着筑梦的地方——半程中学。

九月的半程秋意深浓，初曙见地上落桂莹莹……

你好，半程中学！我们正式见面了！

"七"义为"切断"，我说它更为"伊始"，亦是"师"心所向的初心。朗朗的读书声中藏满微醺的桂香，也藏满了初来此处的局促不安，大概我也是刚入学的"初一新生"吧。郑新发校长和李玉杰主任坐在对面，说"陪伴"，说"成长"，也说"相伴相成，自力笃行"，字字是开拓前行的刻度，句句是执着筑梦的温度。他们说"我们是奉献者，亦是筑梦者；我们是守护者，更是陪伴者。"我们脸庞轻侧，瞳仁清澈。就这样与比那天温度还要温暖一度的"你"——半程中学，正式走在一起！

那一刻在教室里等待着我们的七年级的学生们，他们是这段路程上奔跑的成长者，而我们则是这段路上的筑梦者。

"一群排成人字形的大雁，徐徐地朝南飞去。太阳赤灿灿，雁阵渐渐地融进那耀眼的光芒里。一首生命的诗，在蓝空中吟唱。"南飞的雁群在寂寥的秋天总是能给人以温情的力量，它们相伴相携，奋力飞翔完成长途的迁徙，求得生命之诗的华丽吟唱。在半程中学，我们这帮筑梦者就如这雁阵的领头雁，坚守在学生身边。用热爱与坚守为他们护航，用责任与担当伴彼此成长。

筑梦路上，我们给予温度的陪伴。"伴"由"半"添"人"而成，是人之情感与互相陪伴合而为一的表达。何其幸运做一位语文老师，用文字参与学生的情感与波澜。他写"您是一位严厉的父亲，以分数高低衡量优秀与否，动辄打骂，'坑人鬼'是您每次踹我时赋予我的标签。我渴望做您眼中优秀的孩子，并愿意为此付出任何努力，我渴望您看见我笨拙地努力换取的点点进步，我更渴望我那点点进步能够换取您满意的目光。但是我所做出的一切努力都没有意义了，您离开了，我再也没有机会……"我想越过文字给予他一个温暖的拥抱，可又担心过多的关心会伤害到他。找他出来散步，小小的身躯里透着无畏的坚强，手躲在袖子里面，声音微微颤抖就如这秋风中萧瑟的路灯忽明忽暗。"老师，我从未怪过我的父亲，只是觉得有些孤单，从来没有老师这样跟我聊天。您不用担心我，我已经长大了。"他稚嫩却坚强的脸庞，他单纯又美好的善良，就像是那天下午映在学校连廊里温柔的夕阳，温暖蔓延在彼此贴近的瞬间。何其幸运成为你们的老师，陪伴你们，何尝又不是你们陪伴我呢？

筑梦路上，我们从未停下探索的脚步。打造"新劳动"教育课程体系，开设特色校内劳动课程，使学生能够在特色化打造的过程中真正受益。建设着眼成长、心向未来的师生发展共同体的办学目标，搭建"相伴相成"校本课程体系，着重培养爱人爱己、内心温暖、自主成长的阳光少年是我们三百多个半程筑梦人心心念念的目标。如何突破劳动教育等于体力劳动或劳动体验的狭隘认知，如何更好地激发学生潜力，如何更好地塑造学生的劳动价值观，我们一直在追寻，在思考。

筑梦路上，我们都是点亮夜空的微光。如何让课堂更加精彩，如何让学生有兴趣，如何让学生全部参与其中，如何让自己的学生成为一个有思想、有温度的少年……是充满挑战的历练；备课，详案改了又改，划了又划。上课，一丝不苟，字字句句斟酌修润……是富有创造力的工作；批改作业、修改习作、反思教学、撰写心得，处理学生的生活事宜……是繁忙的事业。教室旁边办公室里凌晨长明的灯光就叫"陪伴"吧。这一百多个日日夜夜就在这平凡的岁月更迭中度过，压力意味着责任，负重才能踏实，因为对"教师"这个词语的敬畏与热爱，我们丝毫不敢怠慢。我们用筑梦人的姿态，用陪伴、热爱、坚持和时光来一场博弈吧，平凡的日子会因努力打磨出历久弥新的光芒。

筑梦路上，道阻且长。希望在每一个半程教育故事里都有我们奋力写下的几笔。希望在这些故事里我们随时光将自己锤炼成一穗穗稻谷，丰富、扎实、不畏不惧，怀揣着沉甸甸的希望。

心之所向，素履以往！也愿我们在半程做一个温暖的筑梦人，陪伴学生走向更好的前方，更远的未来！

（五）成长蝶变

李慧老师

"新劳动"教育——自我成长，华丽蜕变。

劳动是创造物质财富和精神财富的过程，是人类特有的基本社会实践活动。劳动教育是发挥劳动的育人功能，对学生进行热爱劳动、热爱劳动人民的教育活动。那么，你是否听说过"新劳动"教育？

2019年9月，被分配到临沂半程中学，我有幸接触到了学校的"新劳动"教育特色课程体系，重新构建了我对劳动教育的认知。临沂半程中学通过"新劳动"教育促进学生德智体美劳全面发展，突破劳动教育等同于体力劳动或劳动体验的狭隘认知，建设丰富、有机、多元的课程体系，实现"以劳树德、以劳增智、以劳健体、以劳育美、以劳创新"的目标。

临沂半程中学"新劳动教育"课程包含田园、家政、社区体验、职业体验、创新劳动和传统工艺。课程体系本着综合与完整相结合，开放与创新相统一的原则，让学生充分展现自己。临沂半程中学的家务劳动课程，让劳动教育在家中绽放异彩。由于半程学校位于市郊区，属于农村学校，天然的地域优势让孩子们有了更多劳动的机会。学生在家中可以直接接触到农作物的栽培、家禽家畜的养殖以及传统手工业的学习。寒暑假与周末期间积极劳动，帮助家庭洗衣、做饭、打扫卫生，或者动手做一些手工制作，用实际行动表达了对家庭的感恩和对亲情的感恩之情。

给我印象最深的是，班里一个学生，通过创新劳动课程实践活动，用3D打印机亲手制作了一个笔筒，孩子看到通过自己的努力换来成功的收获时，自己喜欢的笔放在自己制作的笔筒中，脸上绽放出快乐幸福与骄傲自豪的神情，在学习上更加努力认真，孩子告诉我他未来想研究网络设计、无人机等技术，现在他发奋努力，为着自己的梦想砥砺前行。

孩子们的校内岗位体验课程，如炊事员、管理员、协调员，一方面可以体验各个岗位的辛劳，另一方面，学生以学校小主人的身份对学校的不足提出建议。学生最喜欢的是走进社区，帮助孤寡老人，普法教育义务宣传等，在提高自身品质的同时为社区居民提供了暖心的帮助。学校的丰富多彩的"新劳动"教育特色课程让学生在单调枯燥的学习中放飞心灵。

对于"新劳动"教育，一开始我并不理解，认为劳动教育就是让孩子简单做家务，学生学好习，念好书即可。经过一年多的对劳动教育的学习，我对劳动教育的内涵和外延的理解更加深入。首先，最感谢学校提供了相当多的外出学习调研的机会，让我有机会接触到劳动教育，接触到全省乃至全国对劳动教育的研究。其次，跟随校内专业老师一起进行山东省基础教育教学改革研究项目重点课题的研究，内容为"农村初中劳动教育课程体系建构与实施研究"，将劳动教育进行系统化研究与实践，制定出了"新劳动教育"的课程标准。这是我自毕业后第一次参与课题研究，收集大量资料并进行实地调研与研究，有老教师的指点，我迅速成长。

如今的临沂半程中学，建立了"新劳动"教育特色课程体系，打造成为农村"新劳动"教育新品牌，老师和学生在"新劳动"教育这片沃土中奋力成长，树立学校成为农村教育发展新样态，临沂半程中学一定为成会以劳动教育为特色、五育并举、质量一流的高品质学校。

三、让学生站在学校的中央

在我看来，要办一所真正意义上的新劳动教育标杆示范学校，学校的终极目标就是把每一个孩子都培养成社会的栋梁之材。这样的学校才是有意义的、有内涵的，有伟大生命力和前途的。

2017年以来，我校坚持"伴成教育"思想，牢记"给每一个生命向上的理由"的办学初衷，以"培养笃学日进、温暖有力的世界中国人"为育人目标，确立创建"教师幸福、学生快乐、家长满意、政府放心、社会赞许的省内外有一定影响力的齐鲁名校"的办学目标，坚持"相伴一程，守望一生"的教育追求，以新劳动教育品牌特色创建为抓手，努力办好老百姓家门口的高品质学校，实现了办学质量和管理水平的井喷式提升，推动学校内涵式发展。

我认为教育的公平公正，并不意味着平均主义地对待每一个学生，如果那样，就会造成"学习好的孩子永远学习好，学习差的孩子永远学习差"，这是教育的失败。我们要关注学生的差异性，关注后半段孩子的成长发展，特别关注有特殊困难的个体，给予他们特别的爱。

半程地处城乡接合部，随着经济的发展，当地的老百姓逐渐富裕起来，开始重视教育，他们本身没有能力去改变的自己的命运，而是把所有的希望寄托于学校，完全释放在孩子身上。可以说，对于家庭而言，孩子就是整个家庭最大的希望，所以老师要用百分百的责任感、关怀、爱去对待每个孩子。我认为新劳动教育最大的使命，就是打破"分数重于成长"的片面认识，让劳动教育关爱下的每个学生都能健康地向上向善发展。

陶行知先生谈教育时说："高尚的精神如同山间明月、江上清风一样，是取之不尽、用之无穷的。"新劳动教育的意韵，就是高尚的精神与学校的物、景、人、事等融为一体，又通过学校的教育教学透视、洋溢出来。半程中学这种高尚的精神是丰富的，无论是给予还是接受，只要是爱的情感传递，彼此都会生成幸福的感受。

我和校委会的领导班子充分认识到，学校对教师的成长应当负起责任，主动给予各种支持，让教师把学校当成家，这是新劳动教育的巨大魅力。老师有了这种"学校即家"的观念，就会视学生如儿女，一切是那么的幸福和谐。正是新劳动教育的伟大实践，使学校成为师生心灵向往的人生乐园，成为学生不断进步的成长学园，成为他们刻骨铭心的心灵家园。

学生的心声：

（一）征途是星辰大海

周云凯

我叫周云凯，毕业于临沂半程中学，现就读于临沂电力学校电力系统及其自动化技术专业。

曾几何时，因为中学在校学习成绩一直比较差，由此导致在校生活迷茫，对未来人生没有规划没有目标。但即使学习不上心，授课老师及班主任并未对我放弃，开始逐渐培养我对学习的兴趣。因为各位恩师的指导，我慢慢开始了学习方法的改变，虽相较于之前有所改变，但这还远远不够。一次偶然，看到了学校组织的参观临沂电力学校的活动，在这次活动中突然对电力这个行业产生了浓厚的学习兴趣。后来从老师那里了解到有关临沂电力学校电力系统及其自动化技术三二连读的专业。真正的转变从这时起，对学习迷茫的我终于找到了新的学习目标，未来一定要去学电力专业。对未来有了新目标的我开始了新的学习之路。半年后，我顺利考进了电力系统及其自动化技术三二连读专业。

在电力学校学习的这段日子里，在专业老师的指导下，我开始了高压技术、继电保护等专业的技术学习。学会了有关变电站综合自动化技术，还学会了高压技术、电气安装原理、继电保护与自动装置等课程的相关知识。在高压技术的学习下，我学会了固体介质的老化、组合绝缘的特性、六氟化硫气体绝缘等专业知识。在继电保护的学习中，我学会了微机保护、线路相间短路的电流保护、线路接地保护和距离保护等非常专业的技术知识。不仅如此，在学校的实践课上，更多的实践技术被授课老师一一传授。在吸收这么多关于电力系统行业专业知识以及实践以后，我对这个行业有了更高层次的理解和热爱。我的技术水平也上到了新的台阶。

即使学了这么多专业技术知识，但对于这个行业、对于自己的人生来说这只是冰山一角，还远远不够。在以后的学习中我会继续严格要求自己，学无止境，我们的征途是星辰大海。

（二）从学生"贾老师"到真正的"贾老师"

贾俊豪

我是贾俊豪，现在的我，更喜欢大家称呼我"贾老师"。

即使是"贾老师"，每次被人这么称呼时，我还是忍不住感慨，当年在中学时，自己居然是"问题学生"：不学习，爱打架，上课起哄让老师难堪……那时候，父母和周围人经常叹气："这孩子，恐怕完了。"我自己一度也以为，自己"完了"，甚至看到扫大街的环卫工人，我会想，自己老了的时候，是不是也会那么辛苦地去做这份工作。初三时，老师跟我谈了一下人生规划，他建议我继续读书，他说初中学历如果没有一技之长的话，未来的人生可能会很难。很幸运，我听从了劝告，报考了山东交通技师学院，选择了自己喜欢的汽车保养专业。

学习技术最大的好处是，帮我克服了内心的厌学情绪。老师们都是技术大牛，他们用眼睛能看到、手能摸到的技术把我彻底征服。我彻底爱上了这里的学习氛围。每天去钻研车辆出现的一些疑难问题，我自己搞不明白的，就去问周围的同学，同学搞不明白的，我就去"骚扰"老师。学习果然是一件公平的事情：只要付出足够的努力，就一定能见到收获。学校看到了我的努力和成绩，果断帮我报名参加了第45届世界技能大赛重型车辆技术项目比赛，我居然获得了季军。当站在领奖台上，我以为自己在做梦。更大的惊喜还在后面，这次大赛的优异成绩，让我直接被学校留任，成了现在的"贾老师"。至此，我有了安身立命的本钱。

我的人生，从山东技师交通学院步入正轨，这是个开始，我对自己的人生信心满满。人生不止，学习不止，奋斗不止。

（三）成为"学霸"，令人激动

李文豪

我是李文豪，毕业于半程镇中学。

中学时成绩很不理想，那时候的我懒散叛逆，是爹妈眼里的"坏孩子"，爱打架，不学习……自然地，让老师们头疼了很久。幸亏班主任老师没有放弃我，他建议我可以学习一些技术类项目，在他的建议下我选择了临沂市商业学校的测绘专业，学习测绘。

老师的建议很好，我发现这个专业是我喜欢并擅长的。学习很顺利，这给了我极大的信心，之前的一些不良习惯和爱好，统统被抛到了脑后，我满脑子都是测绘方法和数据，满脑子都是CAD制图的一些技巧……那段时间，我像疯了一样学习，原来，找到人生目标是这么快乐的一件事。老师们看我成绩突出，给我报名参加了2019年度山东技能大赛零部件测绘与CAD成图技术项目，不负众望，我获得了一等奖，体会了一把当年学霸们站在主席台领奖的感觉。接下来，我又参加了2019年度临沂市技能大赛零部件测绘与CAD成图技术项目大赛，毫无悬念，我仍然是一等奖。

成为"学霸"，哪怕只是工科的学霸，也是一件令人激动的事情，爸爸跟我说，"艺多不压身"，学的越多，以后我就更能为自己的人生负责。所以，我决定继续攻读自己感兴趣的学科。我知道，未来一定是一片光明。

（四）成为自己内心的状元

杨 静

我叫杨静，是半程镇中学的毕业生。现在在临沂市商业学校读烹饪专业。

发现自己喜欢烹饪，还要感谢母校——半程中学。记得那一次在活动室，当我在懵懂中做出人生第一个歪歪扭扭的柳叶包时，一瞬间脑海中绽开了绚烂的烟花——原来自己有喜欢做的事，原来做自己喜欢做的事，是那么开心。在这之前，我因为学习能力差，成绩差，一直自卑迷茫，不知道自己的人生方向在哪里。此刻，我决定，去专门学习烹饪，我要做有用的人。

在老师的帮助下，我顺利报考了临沂市商业学校的烹饪专业。在这里，我的学习如鱼得水：面点老师指点我做各种美味的甜点，那些面包店里的食物通过自己的双手做出来的时候，感觉自己棒极了！在热菜老师的指导下，我的刀工进步飞速，那些细细的土豆丝原来我也可以轻松切出来，并把它们变成美味的菜肴。雕刻老师更是让我双手拥有了魔法，什么水果蔬菜，都可以拥有美妙的造型，它们为食物增光添彩……我知道了，这样的人生，是有方向的，只要努力下去，我不仅可以让自己在快乐中学习，更能让自己拥有一技之长，在以后的人生中，我一定会拥有自己的事业。

人家说"三百六十行，行行出状元"，我要加油，成为自己内心的"状元"！

（五）母校给了我良好的成长环境

葛晓榕

时光荏苒，转眼间离开母校已经六年了。三年的生活点滴不是只言片语可以囊括的。从刚踏入校园时的懵懂无知到略知一二，三年的光阴，让我从不谙世事的孩童成长为有一定思想和目标的青少年。

初中三年的时光是难忘的，直到现在我依然清晰地记得每天都要睡眼蒙眬地早起去跑晨操，记得每天中午狂奔去食堂抢美味的饭菜，记得熬夜到凌晨才做出来的数学题，记得需要背三节课才背出的英语课文，记得冬天大家一起在操场上打的雪仗，记得夏天下暴雨厕所旁倒下的那棵大树。这一切，都在我脑海中一一浮现。

相信数学应该是很多人的痛，我也不例外。记得初二那年，我还因为数学太难而放弃过一段时间。从一开始的认真听讲，到左耳朵进右耳朵出，再到趁着老师不注意偷偷地在下面睡觉。恶果该来的还是来了。数学试卷发下来的时候大脑里一点东西都没有，交上去的卷子只是比发下来的多了班级姓名还有被我蒙上的选择题，成绩下来了我的数学成绩只有30多分。我最害怕的事还是来了，被班主任叫去谈话了。我的班主任也是我的数学老师，从她第一次给我们开班会开始，我对她的印象一直是很严厉的。我做好了挨批的准备，忐忑地进了办公室。没想到我错了，班主任其实是一个很温暖的大姐姐，她找了个板凳让我坐下，慢慢地和我谈心，告诉我：初二是个转折点，数学确实会比初一难，遇到不会的题可以问同学问老师，大家都会帮助我的，而不是选择自暴自弃。老师让我每天晚自习的时候去办公室找她，她帮我把之前落下的知识给补回来。渐渐地我没那么害怕数学了，反而对数学产生了兴趣。也是在那次以后我没那么害怕老师了，每次我有烦心事都会去找她，她都会很耐心地开导我，还会给我讲一些她上学时候的趣事。对一个尚未成熟的少年来讲，有一个能指引你前进的人太重要了，我很幸运可以遇到一位良师。

有人说改变一生命运的有三要素：一本好书，一群良师益友，美好的环境。这些我都遇到了，母校给了我良好的成长环境。三年时间学校开展过各种大大小小的活动，我印象最深刻的是有一次劳动节放假，学校组织我们一起去敬老院帮助爷爷奶奶打扫卫生，我被分配的任务是拖地，在家里不干活的我，第一次拖地还被夸奖了一番，有了满满的成就感，于是我干得更卖力了。可能这就是属于小孩子的幸福吧！走的时候我们的带队老师告诉我们：劳动让人们拥有了幸福的生活，现在你们是学生，需要做好的是好好学习，回到家里多帮助家长做家务，等到你们长大了就会发现，辛勤的劳动，不仅能养活自己和家人，还能得到他人的肯定和尊重。一个人无论从事什么职业，只要肯干，肯努力，就会在某一个领域实现自己的价值，取得非凡的成就。这次活动对我的影响深远，直到现在我还是相信，美好的生活一定是靠自己的辛勤劳动创造出来的，未来亦是如此。

作为一名校友，我时刻关注着母校的发展，看到母校不断取得辉煌的佳绩，我的内心也是无比的骄傲。日出日落，月圆月缺，三年的时光教会我的太多，是母校让我知道了迎着朝霞该如何努力，沐浴着阳光该如何奋斗，逆着风雨该如何坚持。多想再回到母校，看一看记忆中的一草一木，一砖一瓦……

（六）勤以养性，劳以修身

崔宏月

岁月不居，时节如流。不知不觉中我从临沂半程中学毕业已经过去三年了。尽管时光的刻刀不断地一笔一笔去雕琢打磨，在临沂半程中学的三年仍然是我心头难以替代的珍贵记忆，也是让我的人格更加健全的丰富经历。

在这里，我想强调一下劳动对于我们的重要意义，强调一下"勤以养性，劳以修身"。

"黎明即起，洒扫庭除""民生在勤，勤而不匮"。自古以来，劳动都是社会生活中不可缺少的一部分。古时人民的劳动可以让中国版图上升腾起巨龙似的万里长城，而现代的劳动让我们筑起跨越海洋的港珠澳大桥，一朝天堑变通途。因此，在任何时候、任何地点，劳动于社会、于个人，都是不可或缺的一部分。而我们现在处于稳定安宁的幸福生活，让很多人贪图安逸享乐，都忘记了劳动的重要意义，拒绝劳动，"懒癌"一词也由此诞生。

我们是不能忘记劳动的，处于中国大地上千千万万的劳动人民都是不能被忘记的。"锄禾日当午，汗滴禾下土。""足蒸暑土气，背灼炎天光。"诚然，我不能否认劳动的辛苦，但也绝不能因为辛苦而忽视劳动对于我们人格塑造的重要价值，忽视我们在劳动中的所得。让我们来想象一下，当我们在烈日骄阳下劳动，汗水浸湿衣服，口干舌燥，疲惫不可控制地伴随血液流动遍及全身，在这个时候，大家都想放弃，而这时候，能坚持挺过的人就是最终的胜利者，他收获了更强的意志力，更持久的毅力。并且当你在筋疲力尽之后，喝到的水就是最甘甜的水，吃到的饭菜是最香甜可口的饭菜，当天睡的那一觉必然也是难得的美梦。在体验过劳动的辛苦之后，我们也更能体会"一粥一饭，当思来之不易"的意义，更加尊重可爱的劳动人民。我们在劳动中获得的成长，最终会以其他的方式回馈给我们的人生。现在的时代，是属于劳动者、奋斗者的时代。在这个时代，劳动的人最可爱，奋斗的人最幸福。

我很感谢在临沂半程中学接受的劳动教育，让我在之后的人生路上凭借着从劳动中获取的意志力、学会的坚持，一步一步走到现在，并且仍一步一步向我最终的理想殿堂走去。

在那段难忘的记忆里，劳动充实了我三年的学习生活。在"燕草碧如丝，秦桑低绿枝"之时，我们会清理学校花坛的杂草，让校园的每一株花草迎着清风，自在盛开；在蝉鸣燥热的盛夏，我们在体育课上肆意奔跑，热风中夹杂的都是汗水咸咸的味道；在"月落乌啼霜满天"的秋天，我们会抓住秋天的尾巴，清扫秋天写给我们的落叶信笺；在银装素裹的寒冬，我们会齐聚在操场，呼着白色的冷气，喊着响亮的口号，迈着整齐的步伐，围着红色跑道一圈一圈跑下去，就像青春没有尽头，我们看不见青春的尾巴。在一年一年的劳动中，我一点点的成长，我背上了重重的行囊，带着我三年的收获，挥手告别亲爱的母校，奔向更远的诗和远方。

所以，在这里，作为一位过来人，我希望你们，我亲爱的学弟学妹们，不要忘记劳动，不要拒绝劳动，不要成为一名懒癌患者，明白劳动所具备的深刻意义，铭记"勤以养性，劳以修身"，飞向属于你们的远方。

最后，"桃李不言，下自成蹊"，祝愿母校越来越好，老师们平安喜乐，万事胜意！

（七）青春不说再见，梦想触手可及！

张美浩

庚子年岁，骊歌响起，又是一届学子毕业时。回想起三年前，学校发展面临困境，高分生源"腰斩"，学校陷入低谷。于是触底反弹，在新一届领导班子的坚强领导下，学校上下，教干教师，学生家长，团结一致，顽强拼搏，历经三年艰苦奋斗，终交出完美答卷，实现升入高中资格的学生人数创历史新高，接近300人！其中，张美浩就是这些优秀学子里的一员。

张美浩，美丽大方，如邻家女孩般温柔娴静，今年以优异的成绩考入临沂一中北校区。三年前的她也面临艰难的择校选择，但她毅然决然地选择了半程中学。三年的拼搏，理想的高中，无不印证了在半程的家门口也能享受到最优质的教育。

三年来，张美浩在半程中学见证了伴成教育的点点滴滴，极大地开拓了眼界，养成了良好的学习习惯，找寻到了自己的人生方向。初中阶段学习时间紧迫，任务繁重，压力大。在张美浩的脑海里，无论是晚自习还是就寝，班主任老师总是陪伴在她们身边，无论张美浩学习上遇到难题还是生活中遇到困扰，老师都会及时找她沟通、交流、指导并给出合理的建议，这让张美浩少走不少的弯路。张美浩说："初中三年让我特别感动特别难忘的是杜萍萍老师和何凡老师，她们的陪伴和指导是我成功的基石。"

张美浩说："温暖有力，阳光向上，这是母校给我的最大收获。三年的初中时光，老师的陪伴让我难以忘怀，老师的乐观和热情将铭记心间。"所有这些都让她无论经受什么样的挫折，都能笑对风雨。

相伴一程，守望一生，三年的初中生活如白驹过隙，但母校会一直关注所有半程学子，愿你们能努力拼搏，实现人生理想。

四、让图表站在成长的中央

临沂半程中学的新劳动教育发展情况如何，首先得从学生的成长路径谈起，学生的成长路径就必然绕不开课程与课堂，而课表与课程记录是最能够真实反映学校教育发展的关键所在。下面的一幅图、一本本课程记录、一张张表格，正是临沂半程中学的莘莘学子的成长印迹，也是新劳动教育的历史鉴证，

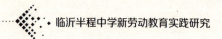

是收获教育成果的衡量坐标。

（一）

临沂半程中学"劳动相伴，点亮人生"新劳动教育年级课程表

课程类别	实施年级	课程内容	课程主题	课程形式	课时设置	成果形式
基础性劳动	一年级	家政服务	劳动使我的家变得更美丽	劳动实践	隔周一节	实践记录手册
	二年级	校内岗位体验	劳动在校园里无处不在	劳动实践	隔周一节	实践记录手册
	三年级	社区服务	爱社区，爱劳动	劳动实践	隔周一节	实践记录手册
创生性劳动	四年级	传统技艺创作	我传承，我发展，我快乐	劳动实践	隔周一节	实践记录手册
	五年级	田野实践	感受土地和大自然的力量	劳动实践	隔周一节	实践记录手册
	六年级	科技创作	科创，让劳动生活更美好	理论学习劳动实践	隔周一节	实践记录手册
发展性劳动	七年级	职业认知	我为劳动感到自豪	理论学习劳动实践	每月两次	活动记录
	八年级	职业体验	各行各业都有各自的精彩	理论学习劳动实践	每月两次	实践记录手册
	九年级	职业探究	用探究推进劳动的进步和发展	理论学习劳动实践	每月两次	研究报告

（二）

半程中学生态种植课

观察记录本

（1～3年级）

校区：＿＿＿＿＿＿＿

班级：＿＿＿＿＿＿＿

姓名：＿＿＿＿＿＿＿

2020年9月

劳动名言

1. 当劳动是种快乐时，生活是美的；当劳动是一种责任时，生活就是奴役。——高尔基

2. 学习是劳动，是充满思想的劳动。——乌申斯基

3. 生产劳动和教育的早期结合是改造现代社会的最强有力的手段之一。——马克思

4. 劳动是人类的命运。——荷马

5. 如果人只是为了自己而劳动，他也许能成为有名的学者、绝顶的聪明人、出色的诗人，但他绝不可能成为真正的完人和伟人。——马克思

6. 幸福只会给予不怕劳动的人，多年忘我劳动的人。——苏霍姆林斯基

7. 劳动可以使身体得到休息，劳动可以使精神得到休息。——俾斯麦

8. 知识是从刻苦劳动中得来的，任何成就都是刻苦劳动的结果。——宋庆龄

9. 完善的新人应该是在劳动之中和为了劳动而培养起来的。——欧文

10. 有总是从无开始的；是靠两只手和一个聪明的脑袋变出来的。——松苏内吉

11. 社会主义制度的建立给我们开辟了一条到达理想境界的道路，而理想境界的实现还要靠我们的辛勤劳动。——毛泽东

12. 劳动永远是人类生活的基础，是创造人类文化幸福的基础。——马卡连柯

种植小达人档案

我的种植宣言

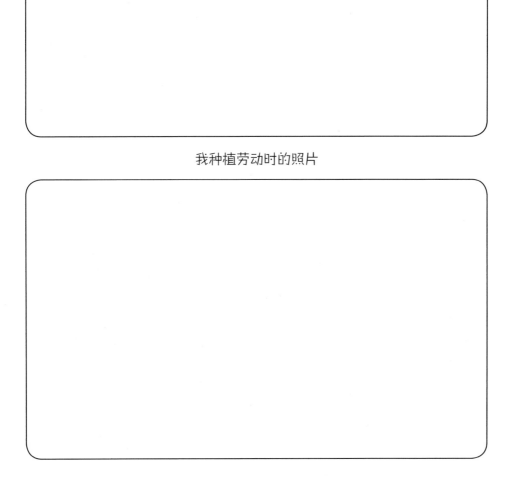

我种植劳动时的照片

第_____成长周　　　　日期_____　　　　天气_____　　　　心情_____

当天的气候情况：温度：_____　　　湿度：_____　　　光照：_____　　　风力：_____

记录植物的样子	照顾我的宝贝 （对应处打"√"）
（涂涂画画）	晒太阳（　　）
	施肥（　　）
	浇水（　　）
	和植物聊天（　　　）

茎的长度	叶子数量	我还发现了

第_____成长周　　　　日期_____　　　　天气_____　　　　心情_____

当天的气候情况：温度：_____　　　湿度：_____　　　光照：_____　　　风力：_____

记录植物的样子	照顾我的宝贝（对应处打"√"）
（涂涂画画）	晒太阳（　　）
	施肥（　　）
	浇水（　　）
	和植物聊天（　　）

茎的长度	叶子数量	我还发现了
1 2 3 4 5 6 7 8 9 10 11 12		

第_____成长周　　　日期_____　　　天气_____　　　心情_____

当天的气候情况：温度：_____　　湿度：_____　　光照：_____　　风力：_____

记录植物的样子	照顾我的宝贝（对应处打"√"）
（涂涂画画）	晒太阳（　　）
	施肥（　　）
	浇水（　　）
	和植物聊天（　　）

茎的长度	叶子数量	我还发现了

第_____成长周　　日期_____　　　天气_____　　　　心情_____

当天的气候情况：温度：_____　　　湿度：_____　　　光照：_____　　　风力：_____

记录植物的样子	照顾我的宝贝（对应处打"√"）
（涂涂画画）	晒太阳（　　）
	施肥（　　）
	浇水（　　）
	和植物聊天（　　）

茎的长度	叶子数量	我还发现了

第_____成长周　　　日期_____　　　天气_____　　　心情_____

当天的气候情况：温度：_____　　湿度：_____　　光照：_____　　风力：_____

记录植物的样子	照顾我的宝贝（对应处打"√"）
（涂涂画画）	晒太阳（　　）
	施肥（　　）
	浇水（　　）
	和植物聊天（　　）

茎的长度	叶子数量	我还发现了
1 2 3 4 5 6 7 8 9 10 11 12		

我的劳动周记

第（　　　）周

第（　　　）周

第（　　　）周

第（　　　）周

半程中学新劳动教育生态种植课过程评价表

班级：_____   学生姓名：_____   班主任：_____

	评价内容	自评	小组评	教师评
劳动态度	1.认真参加活动			
	2.能仔细观察思考问题			
	3.在研究劳动中能积极动手动脑			
	4.在劳动中按时完成任务			
合作意识	1.在活动中能积极参与小组活动			
	2.在研究活动中主动帮助别人			
	3.在研究活动中主动寻求帮助			
	4.能虚心地听取别人的建议、批评			
	5.在小组活动中充分发挥了作用			
	6.愿意和别人一起分享研究成果			
探究实践能力	1.在研究过程中能独立发现问题			
	2.认真查找相关资料			
	3.积极解决此类问题			
总评				

评价说明：优秀（A）、良好（B）、合格（C），在评价栏里打上A、B、C等级。

半程中学新劳动教育生态种植课劳动成果展示表

我的植物长大了，给它拍张照片吧！
通过观察植物生长过程，我发现了植物生长的秘密：
通过观察植物生长的过程，我有许多感受：

（三）

半程中学"走进家务活动"

记录本

（4~6年级）

校区：＿＿＿＿＿＿＿

班级：＿＿＿＿＿＿＿

姓名：＿＿＿＿＿＿＿

2020年9月

劳动名言

1. 当劳动是种快乐时，生活是美的；当劳动是一种责任时，生活就是奴役。——高尔基

2. 学习是劳动，是充满思想的劳动。——乌申斯基

3. 生产劳动和教育的早期结合是改造现代社会的最强有力的手段之一。——马克思

4. 劳动是人类的命运。——荷马

5. 如果人只是为了自己而劳动，他也许能成为有名的学者、绝顶的聪明人、出色的诗人，但他绝不可能成为真正的完人和伟人。——马克思

6. 幸福只会给予不怕劳动的人，多年忘我劳动的人。——苏霍姆林斯基

7. 劳动可以使身体得到休息，劳动可以使精神得到休息。——俾斯麦

8. 知识是从刻苦劳动中得来的，任何成就都是刻苦劳动的结果。——宋庆龄

9. 完善的新人应该是在劳动之中和为了劳动而培养起来的。——欧文

10. 有总是从无开始的；是靠两只手和一个聪明的脑袋变出来的。——松苏内吉

11. 社会主义制度的建立给我们开辟了一条到达理想境界的道路，而理想境的实现还要靠我们的辛勤劳动。——毛泽东

12. 劳动永远是人类生活的基础，是创造人类文化幸福的基础。——马卡连柯

劳动小达人档案

我的劳动宣言

我认真劳动时的照片

第_____周　　　星期_____　　　天气_____　　　心情_____

劳动内容	
劳动过程 （步骤）	
劳动效果	
心得体会	
自我评价	
家长评价	

第_____周　　星期_____　　　天气_____　　　心情_____

劳动内容	
劳动过程 （步骤）	
劳动效果	
心得体会	
自我评价	
家长评价	

第_____周　　星期_____　　天气_____　　心情_____

劳动内容	
劳动过程（步骤）	
劳动效果	
心得体会	
自我评价	
家长评价	

第_____周　　星期_____　　天气_____　　心情_____

劳动内容	
劳动过程（步骤）	
劳动效果	
心得体会	
自我评价	
家长评价	

第_____周　　　星期_____　　　天气_____　　　心情_____

劳动内容	
劳动过程（步骤）	
劳动效果	
心得体会	
自我评价	
家长评价	

我的劳动周记

第（　　）周

第（　　）周

第（　　）周

第（　　）周

半程中学新劳动教育家务劳动课过程评价表

班级：_____ 学生姓名：_____ 班主任：_____

	评价内容	自评	小组评	教师评
劳动态度	1. 认真参加活动			
	2. 能仔细观察思考问题			
	3. 在研究劳动中能积极动手动脑			
	4. 在劳动中按时完成任务			
合作意识	1. 在活动中能积极参与小组活动			
	2. 在研究活动中主动帮助别人			
	3. 在研究活动中主动寻求帮助			
	4. 能虚心地听取别人的建议、批评			
	5. 在小组活动中充分发挥了作用			
	6. 愿意和别人一起分享研究成果			
探究实践能力	1. 在研究过程中能独立发现问题			
	2. 认真查找相关资料			
	3. 积极解决此类问题			
总评				

评价说明：优秀（A）、良好（B）、合格（C），在评价栏里打上A、B、C等级。

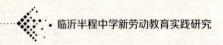

半程中学新劳动教育成果展示表

家务劳动未开始前的照片
通过我的劳动后的效果照片
通过家务劳动活动，我有许多感受：

（四）

半程中学职业体验

记录本

（7~9年级）

校区：_____

班级：_____

姓名：_____

2020年9月

劳动名言

1. 当劳动是种快乐时，生活是美的；当劳动是一种责任时，生活就是奴役。——高尔基

2. 学习是劳动，是充满思想的劳动。——乌申斯基

3. 生产劳动和教育的早期结合是改造现代社会的最强有力的手段之一。——马克思

4. 劳动是人类的命运。——荷马

5. 如果人只是为了自己而劳动，他也许能成为有名的学者、绝顶的聪明人、出色的诗人，但他决不可能成为真正的完人和伟人。——马克思

6. 幸福只会给予不怕劳动的人，多年忘我劳动的人。——苏霍姆林斯基

7. 劳动可以使身体得到休息，劳动可以使精神得到休息。——俾斯麦

8. 知识是从刻苦劳动中得来的，任何成就都是刻苦劳动的结果。——宋庆龄

9. 完善的新人应该是在劳动之中和为了劳动而培养起来的。——欧文

10. 有总是从无开始的；是靠两只手和一个聪明的脑袋变出来的。——松苏内吉

11. 社会主义制度的建立给我们开辟了一条到达理想境界的道路，而理想境界的实现还要靠我们的辛勤劳动。——毛泽东

12. 劳动永远是人类生活的基础，是创造人类文化幸福的基础。——马卡连柯

职业达人档案

我的职业宣言

职业体验时的照片

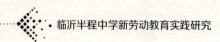

时间：_____ 地点：_____

		体验职业的名称					
职业资讯	该职业的工作资料	工作场所		工作时间		薪资	
		加班情况		休假情况		福利	
	入职条件	学历要求		能力要求			
		性格特质要求		特殊条件限制			
	该职业的人才供需状况						
	该职业的发展展望						
	学校哪些课程对此职业有帮助						
生涯经验	主要承担的工作任务						
	在职业体验中遇到的困难						
	职业体验中的成长情况						

续表

生涯经验	对自己未来的生涯发展有何影响	
该职业一天的工作状况实录		
职业体验后的心得与反思		
实践单位意见		负责人签名：　　　（盖章） 年　　月　　日

时间：_____ 地点：_____

		体验职业的名称						
职业资讯	该职业的工作资料	工作场所		工作时间			薪资	
		加班情况		休假情况			福利	
	入职条件	学历要求		能力要求				
		性格特质要求		特殊条件限制				
	该职业的人才供需状况							
	该职业的发展展望							
	学校哪些课程对此职业有帮助							
生涯经验	主要承担的工作任务							
	在职业体验中遇到的困难							
	职业体验中的成长情况							

续表

生涯经验	对自己未来的生涯发展有何影响	
该职业一天的工作状况实录		
职业体验后的心得与反思		
实践单位意见	负责人签名：　　　　　（盖章） 　　　年　　月　　日	

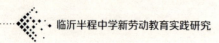

时间：_____   地点：_____

		体验职业的名称					
职业资讯	该职业的工作资料	工作场所		工作时间		薪资	
		加班情况		休假情况		福利	
	入职条件	学历要求		能力要求			
		性格特质要求		特殊条件限制			
	该职业的人才供需状况						
	该职业的发展展望						
	学校哪些课程对此职业有帮助						
生涯经验	主要承担的工作任务						
	在职业体验中遇到的困难						
	职业体验中的成长情况						

续表

生涯经验	对自己未来的生涯发展有何影响	
该职业一天的工作状况实录		
职业体验后的心得与反思		
实践单位意见	负责人签名：　　　　（盖章） 年　　月　　日	

我的职业体验周记

第（　　　）周

第（　　　）周

第（　　　）周

第（　　　）周

（五）

山东临沂半程中学新劳动教育评价量表

实施背景	半程学校砥砺迎新, 立足学校现实基础, 探索出具有学校特色的新劳动教育课程体系及其科学有效的实践模式。为进一步深入高效地开展新劳动教育, 学校从学生、教师、家长和社会等不同主体视角出发, 设计评估量表, 全面收集新劳动教育相关信息, 以提供宏观可量化的数据支持
设计思路	按评估对象细分为四大部分, 分别面向学校、学生、教师、家长进行评估, 采用学校自评、学生自评、教师自评、家长他评等形式。每一部分均设置相应的评估指标, 并对每一项具体指标所占分值及权重作详细说明
使用方法	使用对象: 供学校使用 填写方式: 为方便数据分析, 优先线上填写, 无法完成线上评估的, 填写纸质量表后交回学校统一录入 量表分析及呈现方式: 按最终结果计算各指标分数之和, 根据总分范围划分评定等级, 以饼图等可视化方式呈现

评估对象	评估项目	项目说明	评估指标	评估要点	分数	评估方式
学校	课程及教学质量提升情况（30分）	学校开发"半程新劳动教育课程体系", 面向不同年级分层级分阶段地实施, 极大程度地改善学校整体教学质量, 提高学校教学质量的地区排名	课程体系建设（20分）	链接专家资源, 成立专家课研组（6分）		学校自评
				建立科学可行的新劳动教育课程体系（10分）		
				建立课程实施与维护制度, 保障课程体系的动态调适与更新（4分）		
			整体教学质量（10分）	教学质量取得突破性提升, 学校综合排名在本地区显著提高（10分）		
	教师能力提升情况（15分）	学校制订"课研引领, 带动提升"计划, 积极开展新劳动教育教师培训, 加强教师劳动教育通识性知识和活动教学技能培训	培训规划（8分）	链接社会资源（如机构或高校）合作开展新劳动教育教师培训计划（8分）		
			培训效果（7分）	教师更加明确劳动教育方面的专业素养和教学技能的提升方向（7分）		
	升学与能力发展情况（25分）	在新劳动教育课程影响下, 半程学子的升学率显著提高, 绝大多数学生都能够升至高中或职校深造。学校积极开展多元化的兴趣社团、参与社会性职业大赛活动, 丰富学生的社会性体验	生涯规划能力（3分）	学生更加明确自身职业生涯规划, 更加清晰自己的求学方向, 比如学生能够清楚自己将来升高中, 还是进入职校提升职业技能（3分）		
			升学与深造意识（16分）	提高学生整体发展水平, 品牌职校或高中升学率大幅上升（8分）		
				学生毕业后继续求学深造的意愿与比例有显著提高（8分）		
			社会性活动体验（6分）	增加学生参与校级及以上职业比赛活动的机会, 拓宽学生社会视野和体验（6分）		

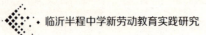

续表

学校	实施覆盖率和个性化程度（10分）	学校面向全体学生，全面地开展新劳动教育。同时，结合学生发展需求提供个性化的解决方案。	全体学生全面参与（5分）	全面开展新劳动教育，有效保障全体学生接受新劳动教育的覆盖率（5分）	学校自评	
			个性化发展方案（5分）	充分整合利用校内外资源，依据学生不同发展需求提供个性化解决方案（5分）		
	社会关注与认可情况	学校开展新劳动教育引来教育部门和社会媒体的广泛关注，引来诸多报道并且获得了诸多社会荣誉	社会关注（10分）	上级领导莅临本校视察新劳动教育（5分）		
				社会媒体报道本校新劳动教育（5分）		
			社会荣誉（10分）	学校参与市级以上社会活动的获奖情况（10分）		
学生	个性发展（60分）	学校树立了以劳树德、以劳增智、以劳健体、以劳育美、以劳创新的课程目标体系，并结合学校实际开发丰富的教材和资源，为学生提供层级化的、个性化的学习方案。在提高学生的知识与技能、社会与情感、创造性思维和问题解决能力等方面都取得了明显的成效。	知识与技能（10分）	理解新时代劳动教育的意义与重要性，认为劳动有利于身心等方面的发展（2分）	学生自评	
				掌握更多的生活劳动常识，劳动技能有明显提升（8分）		
			社会与情感（10分）	加强小组合作精神，提高与他人合作共事的能力（5分）		
				获得积极的情感体验，掌握科学的情绪处理方法（5分）		
			创新性思维与问题解决能力（20分）	加强知识和经验的横向迁移，促进知识的结构化整合（8分）		
				对问题的分析与诊断能力明显提高了，懂得运用跨界知识创造性地解决问题（12分）		
			心理与健康（10分）	能够保持相对愉悦和平和的心态面对困难（5分）		
				平时更加注重多劳动以保持身体的健康（5分）		
			生活与品德（10分）	培养广泛的生活兴趣，更加深入地了解自己的兴趣方向（5分）		
				理解并尊重劳动人民，懂得珍惜他人的劳动成果（5分）		

续表

学生	个人规划 （40分）	学校注重使用科学测评工具和信息化技术作为实施新劳动教育的辅助工具，帮助学生了解自己、获取更多元的信息，重视对学生资源获取能力和生涯规划能力的培养	自我定位 （5分）	使用课程中的自我测评工具，更加了解自己的性格、兴趣、特长等（5分）	学生 自评
			职业认知 （5分）	拓宽对不同职业的认知，了解两种及以上职业的能力要求和工作特征（5分）	
			资源获取能力 （15分）	能够根据自身发展方向，应用信息技术等手段获得相应的教育资源支持（15分）	
			发展选择与计划 （15分）	通过课程学习，找到更适合自己的发展方向（15分）	
教师	研究与教学设计能力 （40分）	学校确立"课研引领，带动提升"计划，通过省级专题课题立项，以项目制形式有计划有目的地提升教师的科研、科研以及教学设计等能力	学科统整能力 （10分）	以"劳动+"形式开展，提高教师跨学科知识统整能力（10分）	教师 自评
			活动设计能力 （10分）	提高教师对综合实践活动的设计、组织与实施能力（10分）	
			课堂教学技能 （10分）	大幅度提高课堂应变、即时评价等教学技能（10分）	
			课程研发水平 （10分）	营造良好的课研氛围，激发课研热情，课研水平有明显提升（10分）	
	专业素养提升 （60分）	实施新劳动教育，对教师专业素养提升有明显的促进作用，表现在教师的职业认知与价值认同感方面、通识性和专业性知识水平、自我学习与提升能力、沟通协作能力以及信息素养与应用能力等方面	职业认知水平 （5分）	通过开展新劳动教育课程，教师深化和拓宽自我职业认知（15分）	
			职业价值认同 （5分）	提升自我成就感，更加肯定自己的职业价值（5分）	
			通识性知识水平 （10分）	拓宽通识性知识，了解新劳动教育的特征、意义与重要性（10分）	

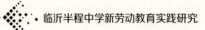

续表

教师	专业素养提升（60分）		专业性知识水平（10分）	掌握开展新劳动教育活动的基本常识（10分）	教师自评
			自我提升能力（15分）	通过开展新劳动教育课程，增强自我学习与提升能力（15分）	
			沟通协作能力（10分）	开展新劳动教育课程，提升与学生、家长、同事之间的沟通协作能力（10分）	
			信息素养与应用能力（5分）	通过开展新劳动教育课程提高信息技术使用能力，比如提高信息化水平、PPT制作与讲授水平及网络学习资源的获取、整合与共享能力（5分）	
家长	认同程度（75分）	"半程新劳动教育"将学校的新劳动教育理念和行动与家庭真正地链接，获得家长的广泛认可与支持	价值认同（10分）	深入了解新时代劳动教育的意义和学校开展新劳动教育的必要性（10分）	家长他评
			成果认定（50分）	开展新劳动教育课程后，孩子面对学习和生活的态度更加积极主动（10分）	
				开展新劳动教育课程后，孩子的学习和生活能力及灵活性得到明显提升（20分）	
				学校开展新劳动教育课程后，孩子更清楚自己的发展方向（10分）	
				学校开展新劳动教育课程后，孩子能够获得适合自己的发展路径（10分）	
			家庭影响（15分）	学校开展新劳动教育后，家庭更加注重培养和发展孩子的劳动能力（15分）	
	参与程度（25分）	学校积极运用信息技术建设家校互动平台，为家长参与学校新劳动教育活动提供便捷渠道	家校关系（25分）	通过家校合作等方式参与学校新劳动教育活动（25分）	
关键数据评价	新劳动教育校本课程开发情况		开发数量		备注：
			开发类型		备注：
	"新劳动教育"视域中教师培训情况		培训次数		备注：
			培训人数		备注：
	新劳动教育实施覆盖率		参与年级		备注：
			参与人数		备注：

关键数据评价	新劳动教育影响下学生升学情况	升入普高人数			备注：
		升入职校人数			备注：
等级评价		等级分类	A. 90分及以上　　B. 75分及以上 C. 60分及以上　　D. 60分以下		评价意见
		权重说明	在总体评价中，学校自评占30%，学生自评占25%，教师自评占25%，家长他评占20%		
		总体评价	总分：	0	等级：
		学校	总分：	0	等级：
		学生	总分：	0	等级：
		教师	总分：	0	等级：
		家长	总分：	0	等级：

（六）

山东临沂半程中学新劳动教育评价量表分表1——学校自评						
实施背景	半程学校砥砺迎新，立足学校现实基础，探索出具有学校特色的新劳动教育课程体系及其科学有效的实践模式。为进一步深入高效地开展新劳动教育，学校从学生、教师、家长和社会等不同主体视角出发，设计评估量表，全面收集新劳动教育相关信息，以提供宏观可量化的数据支持					
设计思路	按评估对象细分为四大部分，分别面向学校、学生、教师、家长进行评估，采用学校自评、学生自评、教师自评、家长他评等形式。每一部分均设置相应的评估指标，并对每一项具体指标所占分值及权重作详细说明					
使用方法	使用对象：供学校使用 填写方式：为方便数据分析，优先线上填写，无法完成线上评估的，填写纸质量表后交回学校统一录入 量表分析及呈现方式：按最终结果计算各指标分数之和，根据总分范围划分评定等级，以饼图等可视化方式呈现					
评估对象	评估项目	项目说明	评估指标	评估要点	分数	评估方式
学校	课程及教学质量提升情况（30分）	学校开发"半程新劳动教育课程体系"，面向不同年级分层级分阶段地实施，极大程度地改善学校整体教学质量，提高学校教学质量的地区排名	课程体系建设（20分）	链接专家资源，成立专家课研组（6分）		学校自评
				建立科学可行的新劳动教育课程体系（10分）		
				建立课程实施与维护制度，保障课程体系的动态调适与更新（4分）		
			整体教学质量（10分）	教学质量取得突破性提升，学校综合排名在本地区显著提高（10分）		

续表

山东临沂半程中学新劳动教育评价量表分表1——学校自评					
学校	教师能力提升情况（15分）	学校制订"课研引领、带动提升"计划，积极开展新劳动教育教师培训，加强教师劳动教育通识性知识和活动教学技能培训	培训规划（8分）	链接社会资源（如机构或高校）合作开展新劳动教育教师培训计划（8分）	学校自评
			培训效果（7分）	教师更加明确劳动教育方面的专业素养和教学技能的提升方向（7分）	
	升学与能力发展情况（25分）	在新劳动教育课程影响下，半程学子的升学率显著提高，绝大多数学生都能够升至高中或职校深造。学校积极开展多元化的兴趣社团、参与社会性职业大赛活动，丰富学生的社会性体验	生涯规划能力（7分）	学生更加明确自身职业生涯规划，更加清晰自己的求学方向，比如学生能够清楚自己将来升高中，还是进入职校提升职业技能（7分）	
			升学与深造意愿（15分）	提高学生整体发展水平，品牌职校或高中升学率大幅上升（8分）	
				学生毕业后继续求学深造的意愿与比例有显著提高（7分）	
			社会性活动体验（3分）	增加学生参与校级及以上职业比赛活动的机会，拓宽学生社会视野和体验（3分）	
	实施覆盖率和个性化程度（10分）	学校面向全体学生，全面地开展新劳动教育。同时，结合学生发展需求提供个性化的解决方案	全体学生全面参与（5分）	全面开展新劳动教育，有效保障全体学生接受新劳动教育的覆盖率（5分）	
			个性化发展方案（5分）	充分整合利用校内外资源，依据学生不同发展需求提供个性解决方案（5分）	
	社会关注与认可情况（20分）	学校开展新劳动教育引来教育部门和社会媒体的广泛关注，引来诸多报道并且获得了诸多社会荣誉	社会关注（10分）	上级领导莅临本校视察新劳动教育（5分）	
				社会媒体报道本校新劳动教育（5分）	
			社会荣誉（10分）	学校参与市级以上社会活动的获奖情况（10分）	
等级评价			等级分类	A.90分及以上　B.75分及以上 C.60分及以上　D.60分以下	评价意见
			学校	总分：　　　　　　　　　等级：	

（七）

山东临沂半程中学新劳动教育评价量表分表2——学生自评

实施背景	半程学校砥砺迎新，立足学校现实基础，探索出具有学校特色的新劳动教育课程体系及其科学有效的实践模式。为进一步深入高效地开展新劳动教育，学校从学生、教师、家长和社会等不同主体视角出发，设计评估表，全面收集新劳动教育相关信息，以提供宏观可量化的数据支持
设计思路	按评估对象细分为四大部分，分别面向学校、学生、教师、家长进行评估，采用学校自评、学生自评、教师自评、家长他评等形式。每一部分均设置相应的评估指标，并对每一项具体指标所占分值及权重作详细说明
使用方法	使用对象：供学生使用 填写方式：为方便数据分析，优先线上填写，无法完成线上评估的，填写纸质量表后交回学校统一录入 量表分析及呈现方式：按最终结果计算各指标分数之和，根据总分范围划分评定等级，以饼图等可视化方式呈现

评估对象	评估项目	项目说明	评估指标	评估要点	分数	评估方式
学生	个性发展（60分）	学校树立了以劳树德、以劳增智、以劳健体、以劳育美、以劳创新的课程目标体系，并结合学校实际开发丰富的教材和资源，为学生提供层级化的、个性化的学习方案。在提高学生的知识与技能、社会与情感、创造性思维和问题解决能力等方面都取得了明显的成效	知识与技能（10分）	理解新时代劳动教育的意义与重要性，认为劳动有利于身心等方面的发展（2分）		学生自评
				掌握更多的生活劳动常识，劳动技能有明显提升（8分）		
			社会与情感（10分）	加强小组合作精神，提高与他人合作共事的能力（5分）		
				获得积极的情感体验，掌握科学的情绪处理方法（5分）		
			创新性思维与问题解决能力（20分）	加强知识和经验的横向迁移，促进知识的结构化整合（8分）		
				对问题的分析与诊断能力明显提高了，懂得运用跨界知识创造性地解决问题（12分）		
			心理与健康（10分）	能够保持相对愉悦和平和的心态面对困难（5分）		
				平时更加注重多劳动以保持身体的健康（5分）		
			生活与品德（10分）	培养广泛的生活兴趣，更加深入地了解自己的兴趣方向（5分）		
				理解并尊重劳动人民，懂得珍惜他人的劳动成果（5分）		

续表

山东临沂半程中学新劳动教育评价量表分表2——学生自评					
学生	个人规划（40分）	学校注重使用科学测评工具和信息化技术作为实施新劳动教育的辅助工具，帮助学生了解自己、获取更多元的信息，重视对学生资源获取能力和生涯规划能力的培养	自我定位（5分）	使用课程中的自我测评工具，更加了解自己的性格、兴趣、特长等（5分）	学生自评
			职业认知（5分）	拓宽对不同职业的认知，了解两种及以上职业的能力要求和工作特征（5分）	
			资源获取能力（15分）	能够根据自身发展方向，应用信息技术等手段获得相应的教育资源支持（10分）	
			发展选择与计划（15分）	通过课程学习，找到更适合自己的发展方向（10分）	
等级评价			等级分类	A. 90分及以上　　B. 75分及以上 C. 60分及以上　　D. 60分以下	评价意见
			学生	总分：　　　　　　等级：	

（八）

山东临沂半程中学新劳动教育评价量表分表3——教师自评						
实施背景	半程学校砥砺迎新，立足学校现实基础，探索出具有学校特色的新劳动教育课程体系及其科学有效的实践模式。为进一步深入高效地开展新劳动教育，学校从学生、教师、家长和社会等不同主体视角出发，设计评估量表，全面收集新劳动教育相关信息，以提供宏观可量化的数据支持					
设计思路	按评估对象细分为四大部分，分别面向学校、学生、教师、家长进行评估，采用学校自评、学生自评、教师自评、家长他评等形式。每一部分均设置相应的评估指标，并对每一项具体指标所占分值及权重作详细说明					
使用方法	使用对象：供教师使用 填写方式：为方便数据分析，优先线上填写，无法完成线上评估的，填写纸质量表后交回学校统一录入 量表分析及呈现方式：按最终结果计算各指标分数之和，根据总分范围划分评定等级，以饼图等可视化方式呈现					
评估对象	评估项目	项目说明	评估指标	评估要点	分数	评估方式
教师	研究与教学设计能力（40分）	学校确立"课研引领，带动提升"计划，通过省级专题课题立项，以项目制形式有计划有目的地提升教师的科研、科研以及教学设计等能力	学科统整能力（10分）	以"劳动+"形式开展，提高教师跨学科知识统整能力（10分）		教师自评
			活动设计能力（10分）	提高教师对综合实践活动的设计、组织与实施能力（10分）		
			课堂教学技能（10分）	大幅度提高课堂应变、即时评价等教学技能（10分）		
			课程研发水平（10分）	营造良好的课研氛围，激发课研热情，课研水平有明显提升（10分）		

			山东临沂半程中学新劳动教育评价量表分表3——教师自评		
教师	专业素养提升（60分）	实施新劳动教育，对教师专业素养提升有明显的促进作用，表现在教师的职业认知与价值认同感方面、通识性和专业性知识水平、自我学习与提升能力、沟通协作能力以及信息素养与应用能力等方面	职业认知水平（5分）	通过开展新劳动教育课程，教师深化和拓宽自我职业认知（5分）	教师自评
			职业价值认同（5分）	提升自我成就感，更加肯定自己的职业价值（5分）	
			通识性知识水平（10分）	拓宽通识性知识，了解新劳动教育的特征、意义与重要性（10分）	
			专业性知识水平（10分）	掌握开展新劳动教育活动的基本常识（10分）	
			自我提升能力（15分）	通过开展新劳动教育课程，增强自我学习与提升能力（15分）	
			沟通协作能力（10分）	开展新劳动教育课程，提升与学生、家长、同事之间的沟通协作能力（10分）	
			信息素养与应用能力（5分）	通过开展新劳动教育课程提高信息技术使用能力，比如提高信息化水平、PPT制作与讲授水平及网络学习资源的获取、整合与共享能力（5分）	
等级评价			等级分类	A. 90分及以上　B. 75分及以上　C. 60分及以上　D. 60分以下	评价意见
			教师	总分：　　　　　　　等级：	

（九）

	山东临沂半程中学新劳动教育评价量表分表4——家长他评
实施背景	半程学校砥砺迎新，立足学校现实基础，探索出具有学校特色的新劳动教育课程体系及其科学有效的实践模式。为进一步深入高效地开展新劳动教育，学校从学生、教师、家长和社会等不同主体视角出发，设计评估量表，全面收集新劳动教育相关信息，以提供宏观可量化的数据支持
设计思路	按评估对象细分为四大部分，分别面向学校、学生、教师、家长进行评估，采用学校自评、学生自评、教师自评、家长他评等形式。每一部分均设置相应的评估指标，并对每一项具体指标所占分值及权重作详细说明
使用方法	使用对象：供家长使用 填写方式：为方便数据分析，优先线上填写，无法完成线上评估的，填写纸质量表后交回学校统一录入 量表分析及呈现方式：按最终结果计算各指标分数之和，根据总分范围划分评定等级，以饼图等可视化方式呈现

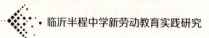

续表

山东临沂半程中学新劳动教育评价量表分表4——家长他评						
评估对象	评估项目	项目说明	评估指标	评估要点	分数	评估方式
家长	认同程度（75分）	"半程新劳动教育"将学校的新劳动教育理念和行动与家庭真正地链接，获得家长的广泛认可与支持	价值认同（10分）	深入了解新时代劳动教育的意义和学校开展新劳动教育的必要性（10分）		家长他评
			成果认定（50分）	开展新劳动教育课程后，孩子面对学习和生活的态度更加积极主动（10分）		
				开展新劳动教育课程后，孩子的学习和生活能力及灵活性得到明显提升（20分）		
				学校开展新劳动教育课程后，孩子更清楚自己的发展方向（10分）		
				学校开展新劳动教育课程后，孩子能够获得适合自己的发展路径（10分）		
			家庭影响（15分）	学校开展新劳动教育后，家庭更加注重培养和发展孩子的劳动能力（15分）		
家长	参与程度（25分）	学校积极运用信息技术建设家校互动平台，为家长参与学校新劳动教育活动提供便捷渠道	家校关系（25分）	通过家校合作等方式参与学校新劳动教育活动（25分）		家长他评
等级评价			等级分类	A. 90分及以上　　B. 75分及以上 C. 60分及以上　　D. 60分以下		评价意见
			家长	总分：	等级：	

第九章 未 来

　　未来的竞争是人才的竞争，人才的竞争是教育的竞争。

　　新中国历经从站起来、富起来，到逐步强起来，始终坚持把教育作为国之大计、党之大计，把教育摆在优先发展的战略地位。

　　2020年3月20日，中共中央、国务院出台《关于全面加强新时代大中小学劳动教育的意见》，让劳动教育课成了学生的必修课，让劳动教育成了学校、家庭、社会的必选项，把劳动教育摆上了重要日程，推向了新的高度。

　　劳动教育是中国特色社会主义教育体系的重要内容，是全面贯彻党的教育方针、坚持立德树人的根本举措，是新时代学校的使命与担当，也是家庭及社会不可推卸的共同责任。

　　中小学时段的孩子，就像是刚出熔炉的玻璃，有无限种成形的可能，把孩子培养成我们期望的那种形——"德智体美劳"全面发展的中国特色社会主义事业的建设者和接班人，教育不可缺位，劳动教育也不可或缺。

　　劳动教育是学生成长成才的"必修课""基础课"，历来是中华民族的传统美德，从传说中的盘古开天辟地混沌初开以来，是劳动，让人们从结绳记事、钻木取火的时代走向了现代文明，走向富足。勤劳智慧的华夏儿女用辛勤的劳动，创造了五千年的璀璨历史文明。

　　要让劳动重新成为青少年心中的荣誉，学习贯彻落实好关于劳动教育的要求，让劳动教育真正、有效地行动起来，是大家当前共同的紧迫任务。

　　马克思曾说："未来教育对所有已满一定年龄的儿童来说，就是生产劳动同智育和体育的结合，它不仅是提高社会生产的一种方法，而且是造就全面发展的人的唯一方法。"在马克思关于劳动的学说中，人的发展、社会发展与"教劳结合"具有统一性，其根本旨趣意在社会发展。

苏霍姆林斯基认为，"离开劳动，不可能有真正的教育"。众所周知，劳动是一个十分复杂的概念，既包括简单劳动，也包括复杂劳动。今天，以人工智能、大数据、云计算、物联网等为标志的科技因素，为生产劳动注入了崭新的内涵，而且，劳动的形式也早已超出了基于体力消耗的物质生产劳动范畴。

比如，我们该怎样理解篮球明星姚明当选全国"劳动模范"呢？为此，我们既要看到物质生产劳动，还要看到数字形式等各种非物质生产劳动。不仅要看到生产劳动，还要看到义务、责任、自立意义上的非生产劳动等，并在教育与劳动相结合的过程中，实现人自身的全面发展。

更为关键的是，新时代教育的功能属性早已发生了根本改变。我国新时代教育为人民服务、为中国共产党治国理政服务、为巩固和发展中国特色社会主义制度服务、为改革开放和社会主义现代化建设服务，已经成为新时代教育的新功能、新属性。新时代，我们必须突破传统认识，去达到教育与生产劳动相结合的新境界，即新时代新的教育与新劳动、新创造进行新的结合。

在2019年全国教育大会上，习近平总书记首次把劳动教育纳入党的教育方针，他强调要在学生中弘扬劳动精神，教育引导学生崇尚劳动、尊重劳动，懂得劳动最光荣、劳动最崇高、劳动最伟大、劳动最美丽的道理！

劳动教育的重要性，怎么强调都不过分。从身体力行的劳动中获取经验与知识，正是人类文明起源和发展的主要方式。大到创造力的发掘，小到生活常识的累积，都离不开劳动实践。

忆起学校开展劳动教育的经历，我印象深刻。

最初，我把学生带到学校旁边的临沂中小学综合实践基地，看到学生连农场里的韭菜和麦苗都分不清，这让我很痛心。还有一些教师为了惩罚学习不好的学生，就派他们去打扫卫生。

"这完全是把劳动教育的本义带偏了。"

"劳动教育要杜绝'无劳动无教育、有劳动无教育'的情况。"在我看来，孩子四体不勤、五谷不分，没有劳动谈何教育；有些教师、家长因为孩子不好好学习就罚他们劳动，这只有劳动没有教育。劳动是载体，教育才是本义。

风向标下，《关于全面加强新时代大中小学生劳动教育的意见》又要求把劳动素养评价结果作为衡量学生全面发展情况的重要内容，作为评优评先的重要参考和毕业依据，作为高一级学校录取的重要参考或依据。消息一出，便引起了社会各界的广泛关注。

在这个充满希望和挑战的时代，劳动教育点燃了我们学校每位老师心中那个属于自己的教育梦想。以前这个梦想，可能一直在飘浮在空中，看着很美，但是没有抓手让它落地。随着新劳动教育不断在我们学校开花结果，我们的教育梦想变得越来越圆润，越来越贴近人心。

德国哲学家海德格尔说"教育在路上、在旅途中"。当我们怀揣梦想，载梦前行时，我们能"望得见山、看得见水、记得住乡愁"吗？当我们走到教育原点、回归我们的精神家园时，才发现半程这片美丽的热土和学校里那一个个可敬又可爱的老师们正静静地伫立在我们新劳动教育的大旗之下，没有年轮，永不老去。

"乡村教育是立国之大本"。穿越岁月的时空年轮，我们看到毛主席在革命最艰难的时代，写下"星星之火，可以燎原"的伟大论述，中国人民从此点燃了走向胜利的希望之火。再回归教育，我们的教育先辈晏阳初、梁漱溟、陶行知、黄炎培等教育大家，兴起了一场极具影响的"乡村教育运动"，他们主张教育工作者要"到乡村去"，用自己的实际行动做乡村教育的推进者，为中国农村教燃起了一把教育变革之火。

时至今日，我们的乡村已发生了翻天覆地的变化，乡村教育也取得了长足的进步，但是美丽的乡愁却无处安放，因为城乡生活还在一定的差距，城乡教育还没有得到均衡的发展。

我们是当代教育的受益者和幸运儿，时代赋予我们"人类灵魂工程师"的职责，事业给予我们的"师德的表率、教学的专家、育人的模范"的期待。乡村教育孕育了我们，党和政府培养了我们，作为山东省的优秀教师，作为基础教育的名校长、名教师，我们能为当下的乡村教育做些什么？我们该如何回报社会，为乡村教育贡献我们的智慧和力量呢？

现在，半程中学已经凭借新劳动教育由落后校变成了临沂乡村教育的领头羊。这种改变，不是蜻蜓点水，而是真正地深入每一个师生内心深处的蝶变。

当这种蝶变演变成"蝴蝶效应"时，微小的变化，就如星星之火，在临沂，在兰山区，在半程点燃了劳动教育的希望之火。

领导、同人、专家学者等纷纷来到学校，或指导慰问，或取经学习，或科研探讨，目的就是让这新劳动教育的星星之火，从半程出发，立足兰山，照亮临沂，引领齐鲁大地。

于是，主打新劳动教育品牌的"伴成"教育学校发展共同体应运而生。共同体采用"一体化+发展联盟"的模式运作，目的是缩小校际差异，提高每一所学校的整体办学水平。

共同体内，半程中学与半程中学金锣校区属于"一体化"办学模式，采取"紧密型单法人"的管理体制，实行人事、经费、制度、业务、评估"五统一"的管理模式。

共同体内，牵头学校与临沂中小学生综合实践基地、半程中心小学、孙沟小学、永太小学、东哨小学、沙汀小学、团埠小学、南庄小学、临沂市兰山区教师进修学校附属小学、半程中心幼儿园属于"发展共同体"办学模式，采取"松散型多法人"的管理体制，共同体内各学校法人、财务、师资独立，实行管理互通、研训联动、质量同进、文化共建、项目合作、捆绑考核等"六大行动"。

这个"伴成"教育学校发展共同体，即劳动教育共同体。在我看来最大的优点可以概括为在全面贯彻新劳动教育的基础上，整合优质资源，充分发挥名师的示范引领作用，提升乡村教育在学校管理、队伍建设、教育科学、教育科研等方面的质态，实现基础教育优质均衡发展。

从带领一个校区，到带领两个校，再到带领十几所学校，我们变得更加强大有力。"成功不是一个人能飞得多高，而是一群人能走得多远，抑或一群学校抱团发展"。学校本就是一个"陪伴"的场所，是一个共同体的概念，是由"人人"组成，由"人人"建设，同时也让"人人"受益，让共同体受益，让社会受益。

我们都知道，一滴水是微不足道的，但汇成江河就有了巨大的能量。目前是在兰山区范围内，未来我们希望，全市的中小学学校都能行动起来，积极加入"劳动教育共同体"的行列，大家一起立足劳动教育，深挖探讨学校发展规划、文化建设、团队培养、课程开发、专业成长等，在充满生命活力的劳动教育现场中答疑解惑，传递新劳动教育理念，研讨新劳动教育思想，探索新劳动教育的教学方法。在行动中，我们愿意奉献我们的微薄之力，在实践中体现我们的生命价值。

劳动教育共同体，不仅是一种倡议、一份计划、一个同盟，更是一份责任、一种担当、一腔情怀。它是我们实现教育梦想、留住美丽乡愁的一个载体，也是我们回报乡梓、实现人生追求的一方舞台。

"我们坚信，大家今天的行动可谓星星之火，明天的新劳动教育可成燎原之势，我们定会满载一船星辉，在星辉斑斓里放歌劳动教育！"